KOLLEG POLITIK UND WIRTSCHAFT

Wirtschaftliche Globalisierung und internationale Beziehungen

Krisen, Strukturen und Perspektiven

Unterrichtswerk für die Oberstufe

bearbeitet von:
Christine Betz
Hartwig Riedel
Kersten Ringe
Jan Weber

C. C. Buchner Verlag · Bamberg

Kolleg Politik und Wirtschaft

Wirtschaftliche Globalisierung und internationale Beziehungen

Krisen, Strukturen und Perspektiven

Bearbeitet von Christine Betz, Hartwig Riedel, Kersten Ringe und Jan Weber

1. Auflage 1 [5 4 3] 2016 2015 2014
Die letzte Zahl bedeutet das Jahr des Druckes.
Alle Drucke dieser Auflage sind, weil untereinander unverändert, nebeneinander benutzbar.
Dieses Werk folgt der reformierten Rechtschreibung und Zeichensetzung.

Redaktion: Meike Rademacher
Gestaltung und Satz: creo Druck & Medienservice GmbH, Bamberg / Julia Weismantel, Bamberg
Druck und Bindung: creo Druck & Medienservice GmbH, Bamberg

www.ccbuchner.de

ISBN 978-3-661-73002-8

ZUR BENUTZUNG DER LEHR- UND ARBEITSBÜCHER

Unsere Oberstufenreihe **Kolleg Politik und Wirtschaft** mit Grundlagenbänden zu den wichtigsten Lehrplanthemen aus Politik, Wirtschaft und Gesellschaft geht in die nächste Generation. In den neu bearbeiteten Titeln tragen wir verstärkt der sich durchsetzenden **Kompetenzorientierung** Rechnung. Ziel der Bände bleibt es, den Schülerinnen und Schülern Anregungen zur selbstständigen Arbeit zu geben und den Unterrichtenden Hilfen für einen methoden- und handlungsorientierten Unterricht anzubieten.

Zum Aufbau der Kapitel

Der Kapitelaufbau folgt dem Doppelseiten- bzw. 4-Seiten-Prinzip. Dieser Aufbau erleichtert die Strukturierung der Unterrichtsstunden.

Einführung	Jedes Kapitel beginnt mit einem Problemaufriss, einer Lernstandserhebung und der Formulierung der im Kapitelverlauf zu erwerbenden Kompetenzen.
Materialien	Die Materialienseiten sind multiperspektivisch angelegt und vertiefen zentrale Themenaspekte. Sie ermöglichen einen vielseitigen und kompetenzorientierten Unterricht. In Infokästen und in der Randspalte werden zentrale Begriffe und wichtige Zusatzinformationen knapp erklärt, um eine genaue fachwissenschaftliche Verwendung zu erleichtern. Die Darstellung aktueller Kontroversen fördert die Urteilskompetenz der Schüler.
Aufgaben	Jede Themeneinheit schließt mit Aufgaben ab, die gezielt auf die Probleme und Zusammenhänge vorangegangener Lernsequenzen eingehen. Angebote in der Randspalte zum Helfen (H) und Fordern (F) unterstützen die Binnendifferenzierung des Unterrichts.
Methoden	Methodenseiten nehmen für das jeweilige Thema zentrale Fachmethoden und Arbeitsweisen auf und stärken so die Methodenkompetenz.
Zusammenfassungen	Orientierungswissen am Ende der Unterkapitel sichert das erworbene Wissen und ermöglicht eine Wiederholung zentraler Inhalte.
Kompetenzen anwenden	Kompetenzseiten runden die Kapitel ab und wenden die am Kapitelbeginn formulierten Kompetenzen mit komplexen Aufgabenstellungen an.

Das **Register** dient dem Auffinden zentraler **Begriffe** und ermöglicht **Querverbindungen** innerhalb der einzelnen Themengebiete. Zentrale Fundstellen (Basisartikel, Infokästen) der Begriffe sind daher fett gedruckt.
Aufgrund der besseren Lesbarkeit wird im Folgenden darauf verzichtet, immer beide Geschlechter anzusprechen („Bürgerinnen und Bürger"...), auch wenn selbstverständlich beide gemeint sind.

INHALT

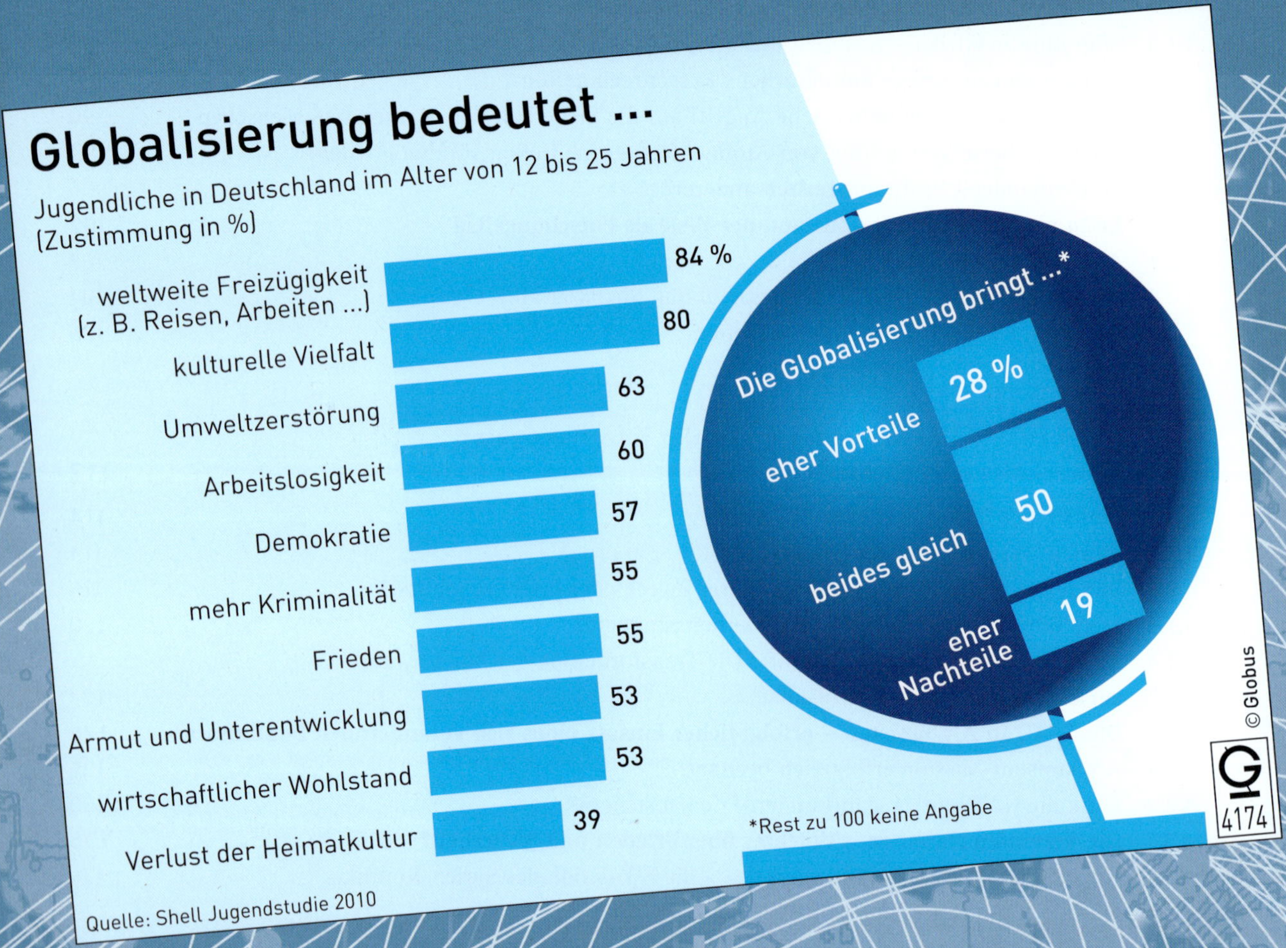
Globalisierung bedeutet ...
Jugendliche in Deutschland im Alter von 12 bis 25 Jahren
(Zustimmung in %)
weltweite Freizügigkeit (z. B. Reisen, Arbeiten ...) 84 %
kulturelle Vielfalt 80
Umweltzerstörung 63
Arbeitslosigkeit 60
Demokratie 57
mehr Kriminalität 55
Frieden 55
Armut und Unterentwicklung 53
wirtschaftlicher Wohlstand 53
Verlust der Heimatkultur 39
Die Globalisierung bringt ...*
28 % eher Vorteile
50 beides gleich
19 eher Nachteile
*Rest zu 100 keine Angabe
© Globus
4174
Quelle: Shell Jugendstudie 2010

1

Globalisierung – die Vernetzung der Welt

Wir kaufen Waren, deren Einzelteile in vielen verschiedenen Ländern gefertigt wurden, fliegen über das verlängerte Wochenende nach London, erfahren überall und zeitnah, was im letzten Winkel der Welt geschieht und erleben, wie internationale Konzerne gewaltige Umsätze erwirtschaften. Dies alles hat mit der wirtschaftlichen Globalisierung zu tun. Doch was genau ist gemeint, wenn wir von Globalisierung sprechen, welche Ursachen und Auswirkungen hat die Globalisierung? Der wirtschaftliche Strukturwandel, für den seit den 1990er Jahren der Begriff Globalisierung verwendet wird, erfasst nahezu sämtliche Lebensbereiche und entfaltet eine zuvor ungekannte Dynamik. Information, Kommunikation und Mobilität sind zentrale Ressourcen, aus denen sich der Globalisierungsprozess speist. Die vielfältigen Ausgestaltungen und Folgen der Globalisierung zeigen sich in den veränderten Lebensbedingungen in Deutschland, in regionalen Bündnissen wie der EU, in der Dynamik des globalen Welthandels und den internationalen Wirtschaftsbeziehungen allgemein.

Was wissen Sie schon?

Wie schätzen Sie Globalisierung ein? In der Umfrage der Shell Jugendstudie werden verschiedene Aspekte bewertet. Vergleichen Sie die Umfrageergebnisse mit Ihren eigenen Einschätzungen. Begründen Sie jeweils Ihre Einschätzungen in kurzen Sätzen.

Globalisierung bedeutet	Stimme zu	Stimme nicht zu	Begründung
weltweite Freizügigkeit			
kulturelle Vielfalt			
Umweltzerstörung			
Arbeitslosigkeit			
Demokratie			
mehr Kriminalität			
...			

KOMPETENZEN

Am Ende dieses Kapitels sollten Sie Folgendes wissen und können:

... Bedingungen und Ursachen für Globalisierung bzw. den internationalen Strukturwandel unterscheiden.

... die Stellung Deutschlands bzw. den Wirtschaftsstandort im internationalen Handel erläutern und beurteilen.

... sich mit den wirtschaftlichen, politischen, sozialen und ökologischen Auswirkungen des Globalisierungsprozesses auseinandersetzen, insbesondere mit den Auswirkungen der Globalisierung auf Arbeitnehmer, Konsumenten, Unternehmen und den Staat in Deutschland.

... das eigene Verhalten – auch nach ethischen und ökologischen Kriterien – auf globalisierte Bedingungen anpassen.

1.1 Dimensionen der Globalisierung

1.1.1 Lässt sich Globalisierung messen und erklären?

M 1 ● Globalisierung als Naturgesetz?

M 2 ● Entwicklungsdimensionen der Globalisierung

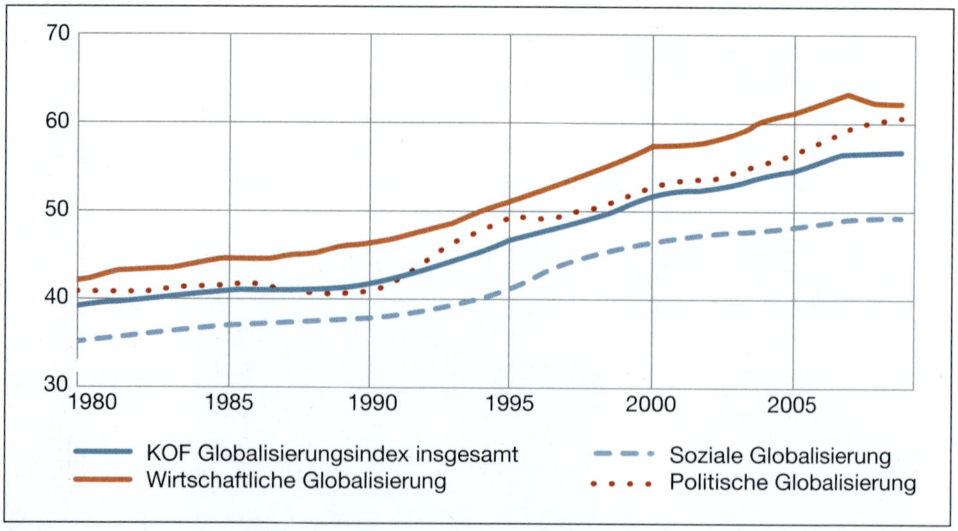

Der KOF Index misst die Globalisierung auf einer Skala von 1 bis 100. Die Werte der zugrunde liegenden Variablen werden in Perzentile unterteilt. So werden extreme Ausschläge geglättet und es kommt zu geringeren Schwankungen im Zeitablauf. Im Schaubild werden die Durchschnitte der Indizes aller Länder abgebildet.

ETH, KOF Konjunkturforschungsstelle, KOF Globalisierungsindex 2012, Medienmitteilung 16.3.2012

Perzentile
sind Prozentangaben. Wird die Körpergröße eines Kindes in Perzentilen ausgedrückt, bedeutet dies, dass die Körpergröße in Bezug auf die Körpergrößen der Altersgenossen angeben wird. Eine Körpergröße auf der 50. Perzentile bedeutet, dass 50% der Kinder gleichen Alters und gleichen Geschlechts kleiner als das betreffende Kind sind; Körpergröße auf der 3. Perzentile bedeutet, dass 3% der vergleichbaren Kinder kleiner als das betreffende Kind sind.

Der KOF Globalisierungsindex misst die wirtschaftliche, soziale und politische Dimension der Globalisierung. Er dient der Beobachtung von Veränderungen in Globalisierungsprozessen über einen langen Zeitraum. Der KOF Globalisierungsindex 2012 untersucht mithilfe von 23 Variablen 187 Länder und den Zeitraum von 1970 bis 2009.

Die **wirtschaftliche Dimension des KOF Index** misst einerseits die tatsächlichen Handels- und Investitionsströme sowie andererseits das Ausmaß, in dem die Länder Handels- und Kapitalverkehrsrestriktionen anwenden, um ihre eigenen Volkswirtschaften zu schützen.	*Wirtschaftsströme*: erfasst Daten zum Handel (Direktinvestitionen und Portfolioinvestitionen). Handel wird als Summe der Exporte und Importe eines Landes definiert; Portfolioinvestitionen sind die Summe der Aktiva und Passiva eines Landes. Enthalten sind darin die Summe der Bruttozuflüsse und -abflüsse an ausländischen Direktinvestitionen. *Index der Kapitalverkehrskontrollen:* Länder, die keinerlei Zölle erheben, werden mit 10 bewertet. Nähert sich der durchschnittliche Zollsatz 50 % (diese Schwelle wird von den meisten Ländern der dort verwendeten Stichprobe normalerweise nicht überschritten), geht die Bewertung gegen Null.
Der KOF Index klassifiziert die **soziale Globalisierung** in drei Kategorien. Die erste bezieht sich auf persönliche Kontakte, die zweite enthält Daten zu Informationsflüssen und die dritte misst kulturelle Nähe.	*Persönliche Kontakte:* Dieser Index soll die direkte Interaktion zwischen Menschen in verschiedenen Ländern erfassen. Er enthält internationalen Telefonverkehr und den Grad des Tourismus (ankommend und ausgehend). *Informationsflüsse:* Der Index enthält die Anzahl der Internetanbieter und -nutzer, der Kabelfernsehen-Abonnenten, die Anzahl der Telefon-Hauptanschlüsse, die Anzahl der Radiogeräte (jeweils pro 1.000 Personen) und den Anteil ausländischer Tageszeitungen (pro 1.000 Personen). Als Näherungswert für *kulturelle Nähe* wird die Anzahl an McDonald-Restaurants in einem Land herangezogen.
Der KOF Index misst auch die **politische Globalisierung.**	Als ein Maß für den Grad der politischen Globalisierung werden die Anzahl an Botschaften und High Commissions in einem Land, die Anzahl an internationalen Organisationen, in denen das Land Mitglied ist, und die Anzahl der UN-Friedensmissionen, an denen das Land teilgenommen hat, erfasst.

Zusammenstellung nach Axel Dreher, KOF Swiss Economic Institute ETH Zürich, Messung der Globalisierung, Vortragsskript, Statistisches Bundesamt, 23.11.2007

M 3 ● Vorreiter und Schlusslichter der Globalisierung

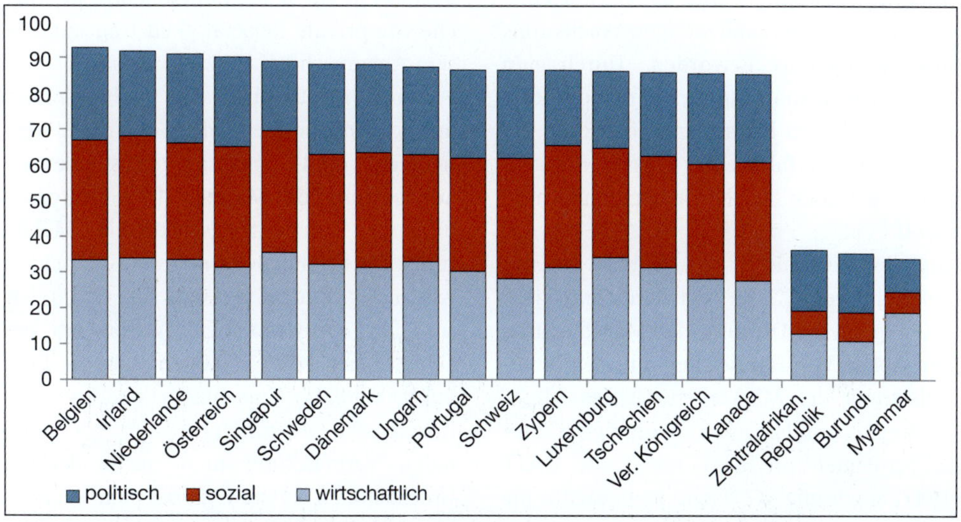

Die Länder Osttimor, Kiribati, Äquatorialguinea, Laos, Salomonen, Eritrea, Afghanistan, Komoren, Westjorganland und Gaza, Liberia und Sao Tomé und Principe bilden laut ETH die eigentlichen Schlusslicher des Indexes, hier fehlen jedoch Daten.

ETH, KOF Globalisierungsindex 2012, Medienmitteilung 16.3.2012

KOF für Deutschland

Der KOF Globalisierungsindex für Deutschland stieg in den 1990er Jahren stetig an. Zu Beginn des neuen Jahrhunderts verlor dieser Prozess jedoch an Dynamik. Seither ließ sich eine Seitwärtsbewegung mit einigen zyklischen Änderungen beobachten. Deutschland steht derzeit auf Platz 22. In der wirtschaftlichen Globalisierung rangiert Deutschland auf Platz 44 und damit um drei Plätze unter dem Vorjahresergebnis. In der politischen Globalisierung ist Deutschland dagegen auf Platz 17 aufgestiegen (Vorjahr: Platz 20). Bezüglich der sozialen Globalisierungskomponente finden wir Deutschland auf Platz 16.

ETH, KOF Globalisierungsindex 2012, Medienmitteilung 16.3.2012

M 4 ● Globalisierung – die Problemstellungen

Autorengrafik

M 5 ● Welche Faktoren treiben die wirtschaftliche Globalisierung an?

Die Globalisierung erfasst heute nahezu alle Bereiche des Wirtschaftens. Insbesondere ist eine starke Zunahme des Handels von Fertigprodukten zwischen den Industrienationen zu verzeichnen (intra-industrieller Handel). Gleichzeitig entwickeln sich Schwellenländer – vor allem südostasiatische Staaten – zu wichtigen Exportnationen. Die Bedingungen, die diese Entwicklungen fördern, sind vielfältig.

Die Expansion des weltweiten Handels mit Gütern wäre ohne die starke Verbilligung von Transport- und Kommunikationskosten seit den 1940er Jahren nicht möglich gewesen. Die Seeschifffahrt und die Erfindung des Containers sind dabei zum Fundament des hohen und stetigen Wachstums des Welthandels geworden. Durch den Containertransport spielen Transportkosten beim Export kaum mehr eine Rolle. So kostet die Überfahrt einer Flasche Rotwein von Australien nach Deutschland rund zwölf Cent.

Globaler Austausch von Gütern ist nur möglich, wenn Güter frei handelbar sind. Die allgemeine Öffnung der Märkte durch den Abbau von Handelshemmnissen (Liberalisierung der Märkte) durch das Allgemeine Zoll- und Handelsabkommen (General Agreement on Tariffs and Trade, GATT 1947) sowie die WTO seit 1995 stellte die politischen Weichen für die Ausweitung internationaler Arbeitsteilung ebenso wie die Öffnung ehemals abgeschirmter Volkswirtschaften gegenüber dem Weltmarkt (z. B. China, Russland).

Weitere Bedingungen für den Globalisierungsprozess lassen sich auf der Angebots- und der Nachfrageseite beobachten: Auf der Nachfrageseite zeigt sich eine deutliche Tendenz zur Angleichung der weltweiten Verbraucherbedürfnisse bei Konsumgütern (Konvergenzthese). Diese wird durch einen sich annähernden Wissens- und Informationsstands hervorgerufen, der wiederum eine Folge des weltweiten Einsatzes von Kommunikationsmitteln ist. Diese effizienten Kommunikationsmittel ermöglichen einen länderübergreifenden Erfahrungsaustausch. Auch die zunehmende berufliche wie private Reisetätigkeit trägt zu diesem Austausch bei (Akkulturation).

Wesentliche Ursachen der Globalisierung auf der Angebotsseite, der Seite der Unternehmen, sind Marktsättigungstendenzen auf bestimmten Märkten (z.B. Automobilmarkt, Unterhaltungselektronik, Mobilfunk). Die Erschließung neuer Absatzmärkte wird nötig. Zudem verkürzt sich durch den scharfen internationalen Wettbewerb die Lebensdauer von Produkten (kürzere Produktzyklen). Die Forschungs- und Entwicklungskosten lassen sich bei einer rein nationalen Vermarktung nicht mehr decken. Unternehmen agieren global, um so über höhere Umsätze Gewinne zu erwirtschaften (Größenvorteile, economies of scale).

Autorentext

M 6 ● Transport- und Kommunikationskosten

a)

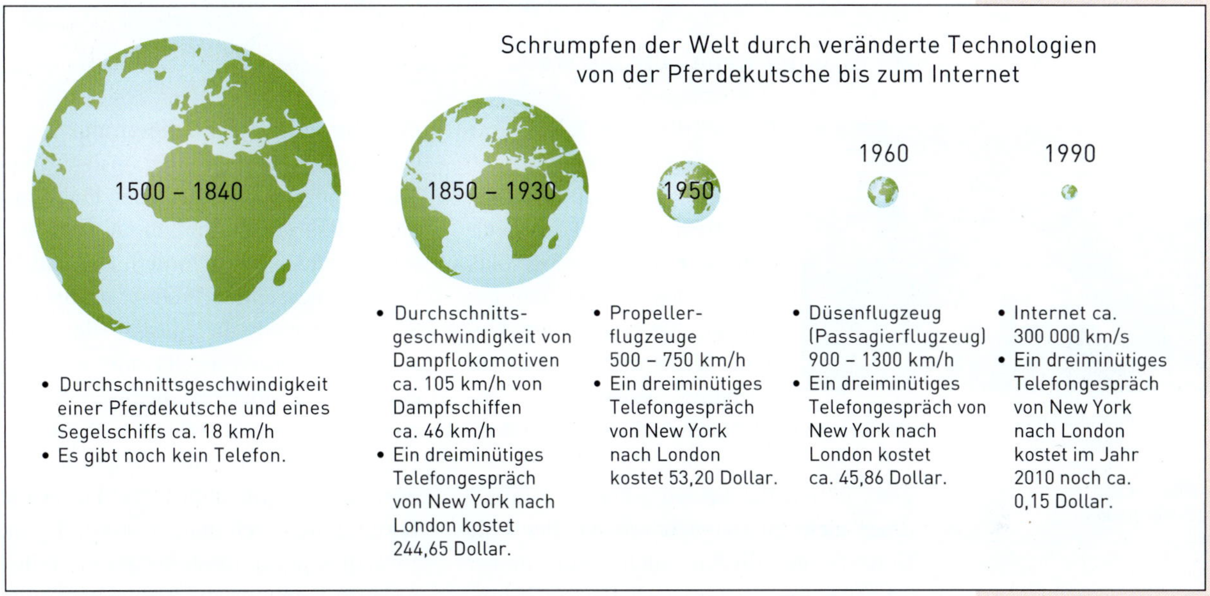

b)

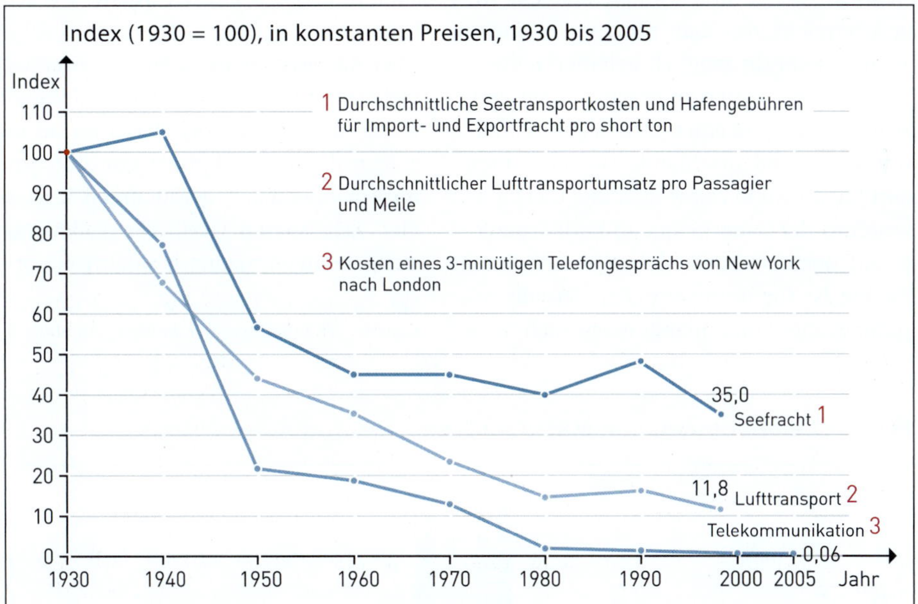

Matthias Busse: HWWA Discussion Paper Nr. 116; BDI: Außenwirtschafts-Report 04/2002, Lizenz: Creative Commons by-nc-nd/3.0/de Bundeszentrale für politische Bildung, 2009, www.bpb.de

Aufgaben

1. Interpretieren Sie die Karikatur M 1. Formulieren Sie dazu mögliche Reaktionen des Lehrers auf die Schülerantworten.
2. Werten Sie die Schaubilder M 2 und M 3 aus.
3. Gestalten Sie anhand der Materialien eine kurze Rede mit dem Titel: „Was bedeutet Globalisierung?“ (M 2 – M 6).

H zu Aufgabe 3
Berücksichtigen Sie in Ihrer Rede die Dimensionen des KOF Globalisierungsindex sowie die antreibenden Faktoren für Globalisierungsprozesse.

F Beurteilen Sie die Aussagekraft des KOF-Globalisierungs-indexes.

1.1.2 Die wirtschaftliche Dimension. Wie entwickeln sich globale Handelsströme?

M 7 ● Güter gehen um die Welt...

Die neue Generation an Containerschiffen wird 400 m lang sein und Platz für 18.000 Container haben.

Der Schriftsteller Jules Verne träumte einst davon, in 80 Tagen um die Welt zu reisen. Sein Held Phileas Fogg betätigte sich als Reiselogistiker und erreichte durch das geschickte Vernetzen verschiedener Verkehrsträger eine für damalige Verhältnisse unglaubliche Reisegeschwindigkeit. Von dem, was heutzutage in puncto Transport abgeht, hätten die beiden Abenteurer allerdings nicht zu träumen gewagt. Denn die Güterströme fließen nicht nur immer schneller und weiter, sie haben auch hinsichtlich Menge und Komplexität ein Niveau erreicht, das man noch vor wenigen Jahren kaum für möglich gehalten hätte.
Wie moderne Gütersteuerung funktioniert, zeigt das Beispiel eines großen Automobilwerks in Süddeutschland. Täglich laufen dort knapp 1.500 Lastwagen und 65 Güterwaggons der Bahn knapp 70 Entladepunkte auf dem Werkgelände an. Jeder dieser Punkte ist für bestimmte Zulieferteile zuständig. Zusätzlich hierzu muss auch noch der Abtransport der Tagesproduktion von gut 2.000 Fahrzeugen organisiert werden. Transportieren bedeutet aber längst nicht mehr, dass etwas nur von A nach B geschafft wird – das Befördern ist längst fester Bestandteil des Produktionsprozesses. So gehört etwa die „Just-in-time"-Lieferung mancherorts bereits zum alten Eisen. Das neue Zauberwort heißt „just in sequence". Dahinter verbirgt sich, dass der Zulieferer nicht nur für die bei der „Just-in-time"-Logistik übliche exakte zeitliche Taktung der Lieferungen sorgt. Er muss zusätzlich gewährleisten, dass die Teile bei Ankunft bereits in der Reihenfolge sortiert sind, in der sie weiterverarbeitet werden.
[...]
Über das Meer wurden zuletzt zweimal so viele Güter transportiert wie 1991. Möglich wurde die Erfolgsstory der Branche nicht zuletzt durch den Einsatz von Containern im Frachtwesen. [...] Mit ihnen lässt sich viel Zeit sparen, weil der Ladevorgang weitgehend automatisch abläuft.

iwd – Institut der deutschen Wirtschaft Köln, Nr. 31, Logistik – In acht Tagen um die Welt, 2.8.2007, S. 4

M 8 ● Die ökonomischen Machtzentren

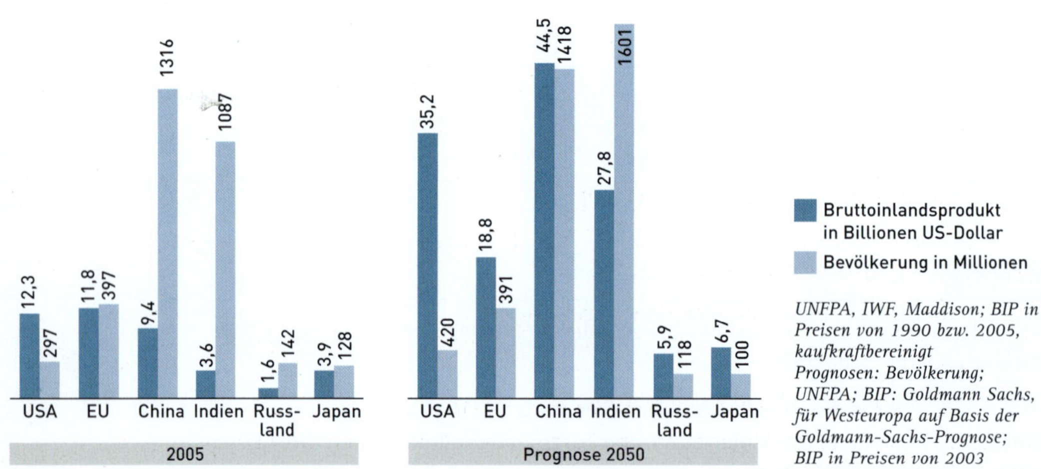

UNFPA, IWF, Maddison; BIP in Preisen von 1990 bzw. 2005, kaufkraftbereinigt Prognosen: Bevölkerung; UNFPA; BIP: Goldmann Sachs, für Westeuropa auf Basis der Goldmann-Sachs-Prognose; BIP in Preisen von 2003

M 9 ● Die globalen Handelsströme

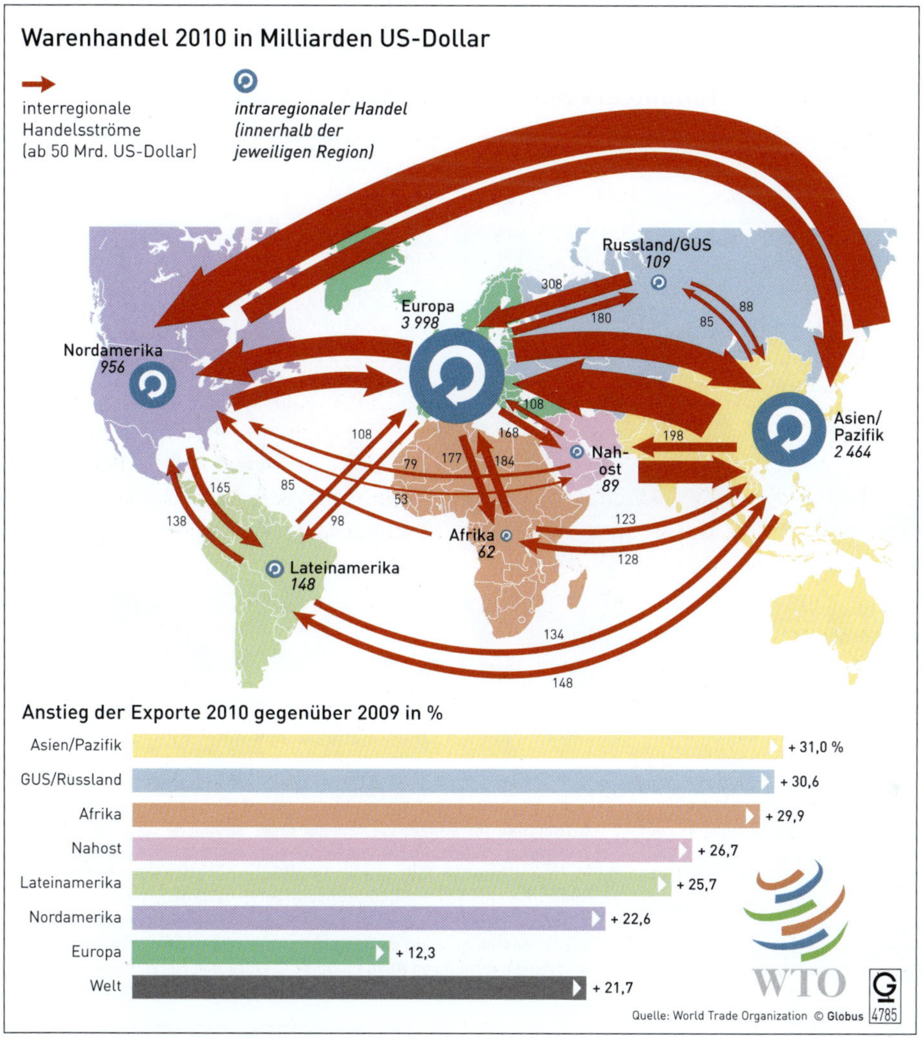

Aufgaben

1. Erläutern Sie die Bedeutung von Transport- und Kommunikationskosten für die Entwicklung des globalen Handels (M 6, M 7).
2. Bilden Sie Gruppen und fassen Sie die wichtigsten Erkenntnisse der Grafiken M 8, M 9 zusammen. Sie können die Arbeit so verteilen:
   a) Wie stellt sich der interregionale Handel 2010 dar?
   b) Wie ist die Größe des interregionalen Handels im Vergleich zum intraregionalen Handel zu sehen?
   c) Welches sind die auffälligsten Veränderungen von 2010 zu 2009?
   d) Wie könnte sich der interregionale und intraregionale Handel im Jahre 2050 entwickelt haben? Fertigen Sie dazu eine Skizze an.

1.1.3 Wie bringt ein Fußball die Welt in Bewegung? Globale Produktionsnetzwerke und deren Auswirkungen

M 10 ● Der Weltfußball als Beispiel für globale Arbeitsteilung

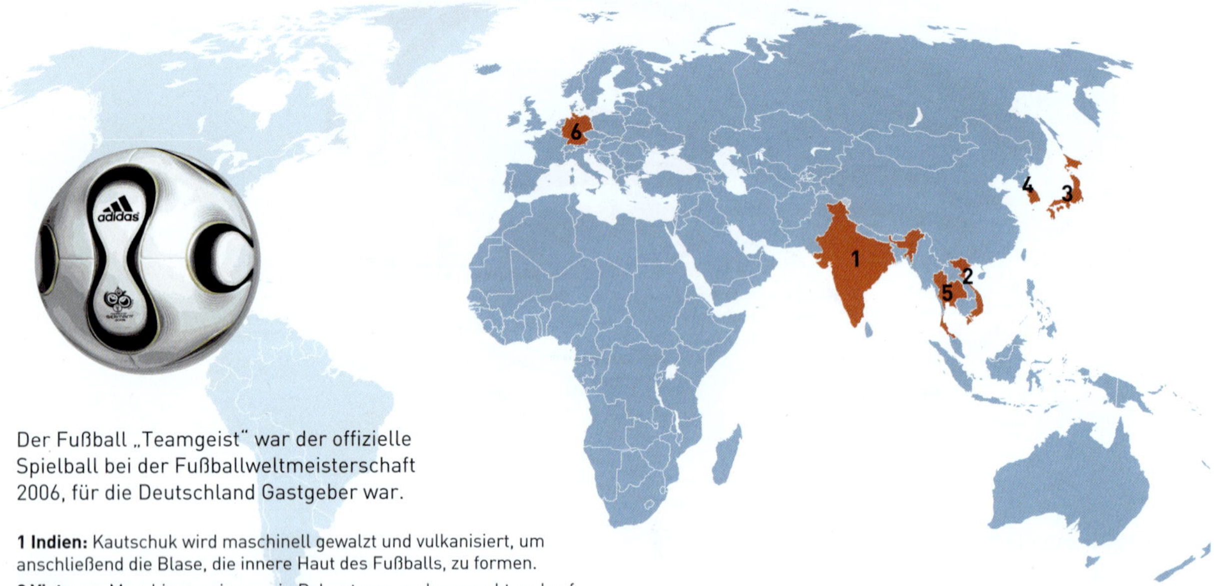

Der Fußball „Teamgeist" war der offizielle Spielball bei der Fußballweltmeisterschaft 2006, für die Deutschland Gastgeber war.

1 Indien: Kautschuk wird maschinell gewalzt und vulkanisiert, um anschließend die Blase, die innere Haut des Fußballs, zu formen.

2 Vietnam: Maschinen spinnen ein Polyestergarn, das gewebt und auf große Rollen gerollt wird. Aus diesem Material wird später die „Karkasse" gemacht, die erste Außenhülle für die Gummiblase.

3 Japan: Eine Farbfabrik produziert Gold, Schwarz und Grau, das in Kanistern nach Thailand verschifft wird. Mit kleinen Sieben drucken Arbeiterinnen dort per Hand das Design auf die Außenhaut des Balls.

4 Südkorea: Kunststoff wird aus Leverkusen als Granulat in Fässern angeliefert und zu einer Spezialfolie weiterverarbeitet, aus der später die propellerförmigen Ballteile gestanzt werden. Die Folie wird, genau wie alle anderen Vorprodukte, zur großen Ballfabrik in Thailand geliefert.

5 Thailand: 180 angelernte Arbeiter fügen sämtliche Vorprodukte zusammen, verkleben sie und bringen sie in die richtige Form. Heraus kommt ein Ball, dessen Oberfläche nur noch aus 14 statt wie früher aus 32 Einzelteilen zusammengesetzt ist.

6 Deutschland: Bei Adidas in Deutschland wurde das Produkt entwickelt, experimentell getestet und optimiert. Auch die weltweite Marketingstrategie nimmt ihren Ausgang in der Zentrale in Herzogenaurach. Zudem organisiert Adidas von Deutschland aus den Vertrieb für Europa.

Das Spielgerät, das die Marketingstrategen von Adidas „Teamgeist" getauft haben, ist ein Paradebeispiel der Globalisierung. [...] In Deutschland wird entwickelt, getestet und vermarktet. Die gesamte Produktion aber, einschließlich des Baus der nötigen Maschinen, findet außerhalb der Grenzen statt. Die Arbeiter für die Produktion des Balls sitzen in Indien, Vietnam und Thailand. Ein Großteil der Ingenieure stammt aus Japan und Südkorea. Dänische und französische Spediteure sorgen für Transport und Logistik. Nur wenige Deutsche, hochqualifiziert wie der Werkstofftechniker Dietrich, sind dabei. Er leitet das Adidas-Testlabor in Scheinfeld. Bevor ein neuer Ball in die Massenproduktion geht, müssen genaue Vorgaben erfüllt sein. [...] Haben die Forscher aus dem Scheinfelder Labor den Prototyp für gut befunden, läuft die weltweite Produktionsmaschine an. Zehn Millionen Bälle aus der „Teamgeist"- Familie will Adidas rund um die WM an die Fans bringen. Die Produktionskette für die Originalspielbälle, die im Handel 110 Euro kosten, reicht von Deutschland über fünf asiatische Länder zurück nach Europa.

Inga Michler, Ein Ball von Welt, in: Berliner Morgenpost, 13.5.2006

M 11 ● Fußballproduktion: Das vielschichtige Foul

Blicken wir hinter die farbenfrohe, mitreißende Fassade von Fußballgroßereignissen wie Weltmeisterschaften und das glänzende runde Leder, das im Mittelpunkt eines jeden Spiels steht, [...] sind wir in der bitteren Realität globaler Produktionsketten und Gewinnmaximierung angekommen. In dieser ist vor allem eine Gruppe kein Gewinner: die Menschen, die unsere Fußbälle herstellen.

Die entwicklungspolitische Organisation Südwind recherchierte die Arbeitsbedingungen im Frühjahr 2010 in den indischen Städten Meerut und Jalandhar. Dabei zeigte sich folgendes Bild: Die Näherinnen, die in Heimarbeit die Fußbälle nähen, bekommen 4 - 6 Rupien (umgerechnet 8 Cent) pro Ball. Damit bekommen sie nur rund 1 % des Endverkaufspreises eines Balles. Das Nähen eines Fußballs nimmt etwa zwei Stunden Arbeit in Anspruch. Zum Vergleich: Ein Kilo Reis kostete Anfang des Jahres etwa 8 Rupien, d.h. die Näherinnen müssen fast zwei Fußbälle nähen, um ein Kilo Reis kaufen zu können. Dieses Verhältnis hat sich in den letzten Jahren massiv verschlechtert, da der Preis für Reis in den letzten neun Jahren um 50 Prozent gestiegen ist – der Stücklohn für einen Fußball hat sich im gleichen Zeitraum nicht erhöht.

[...] In drei Ländern – Pakistan, Indien und China – werden über 90 % der weltweit verkauften Fußbälle produziert. Während in Pakistan und Indien überwiegend handgenähte Bälle für Wettkampf- aber auch Werbezwecke hergestellt werden, konzentriert sich die Fußballindustrie in China auf Fußbälle, die geklebt werden. Im Unterschied zur „sauberen" Produktion im Klebeverfahren, welche in abgeschlossenen Fabriken erfolgt, ist die Herstellung handgenähter Fußbälle auf mehrere Produktionsorte und in verschiedene Produktionsschritte aufgeteilt: In Fabriken werden die Bauteile der Fußbälle, die sechseckigen Lederpaneele, geschnitten, die Schriftzüge mit Lack aufgebracht und die Löcher gestanzt. Die Einzelteile werden als Nähsets (mit Nadel und Faden) von Mitarbeitern oder Agenten der Fabrik an die Näherinnen verteilt, die in Heimarbeit oder in Nähzentren die Fußbälle mit der Hand nähen. Der Arbeitsschritt ist vollständig aus den Fabriken ausgelagert und wird auf Basis eines Stücklohns für den fertigen Fußball bezahlt. [...] Steigt im Vorfeld von Großereignissen wie der Weltmeisterschaft oder zum Sommerbeginn in Europa die Nachfrage nach Fußbällen an, werden mehr Näherinnen beschäftigt – sinkt die Nachfrage, werden diese nicht mehr mit Nähsets beliefert. [...]

In den Fabriken sind vor allem fehlende Schutzeinrichtungen bei der gefährlichen Arbeit etwa mit Stanzapparaten, fehlende Belüftung der Räumlichkeiten, in denen mit Lacken gearbeitet wird, der fehlende Kündigungsschutz und niedrige Löhne, zum Teil noch unterhalb des indischen Mindestlohns, an der Tagesordnung.

Ines Zanella, Fußballproduktion das vielschichtige Foul, in: Die Zukunft. at, Diskussionszeitschrift für Politik, Gesellschaft und Kultur, 06/2010

Pakistanische Frauen nähen Fußbälle in einem Haus in Sialkot.

Aufgaben

1. Erklären Sie, warum Produkte wie ein Fußball heute global gefertigt werden (M 10).
2. Erläutern Sie die Schattenseiten der globalen Produktion von Fußbällen (M 11).
3. Führen Sie, ausgehend vom Beispiel der Fußballproduktion, eine Debatte zum Thema „Wie fair ist der Weltmarkt?".

H zu Aufgabe 3
Berücksichtigen Sie dabei sowohl die Konsumenten- als auch die Produzentenseite.

1.1.4 Schaffen globale Unternehmen eine einheitliche Weltkultur?

McDonald's

Nach eigenen Angaben ist das Unternehmen in 118 Staaten und Territorien aktiv (2010). Gegenwärtig betreibt der Konzern weltweit etwa 32.000 Restaurants. Das Unternehmen verzeichnete im Jahr 2008 einen Gesamtumsatz von rund 23,5 Milliarden US-Dollar. Insgesamt wurde 2008 ein Gewinn von 4,3 Milliarden US-Dollar erwirtschaftet.

M 12 ● Vereint McDonald's die Welt?

Viele global agierende Markenkonzerne haben ihren Ursprung in den USA. Mit ihren Produkten erweitern sie nicht nur das Warenangebot in der jeweiligen Zielregion, sondern verdrängen dabei auch regionale Produkte. Das Tragen von Nike-Schuhen, das Trinken von Coca-Cola und das Essen bei McDonald's ist immer auch ein Ausdruck des kulturellen Selbstverständnisses. Im Globalisierungsdiskurs wird einerseits die Dominanz westlicher Kulturen und das damit verbundene Konsummuster kritisiert. Andererseits wird auf Homogenisierungstendenzen hingewiesen, die im Zuge von Standardisierungs- und Vereinheitlichungsprozessen zu einer Verschmelzung von Kulturen führen: Wenn sich das weltweite Konsumverhalten und andere Bereiche des Alltagslebens immer weiter angleichen, werden lokale Traditionen schrittweise durch eine Einheitskultur ersetzt.

Für beide Thesen – westliche Dominanz und kulturelle Konvergenz – wird der Konzern McDonald's als Beispiel angeführt. Für die westliche Dominanz steht das durch den amerikanischen Soziologen George Ritzer geprägte Schlagwort „McDonaldisierung". Die Fast-Food-Kette McDonald's steht in diesem Zusammenhang für die negativen Folgen der Globalisierung. [...] Gleichzeitig ist McDonald's auch ein Beispiel für die These der kulturellen Konvergenz, da der Konzern den Auftritt und die Produktpalette je nach Region den kulturellen Gegebenheiten anpasst. So wird etwa in israelischen Niederlassungen lediglich koscheres Essen angeboten und entsprechend der jüdischen Tradition bleiben die Restaurants am Sabbat geschlossen. In Indien wiederum werden keine Rindfleischgerichte verkauft und auch in islamisch geprägten Ländern werden die jeweiligen Speisevorschriften eingehalten. [...] McDonald's ist mit 58 Millionen Kunden am Tag (Stand: 2008 / 2003: 47 Mio.) die größte und wohl auch bekannteste Fast-Food-Kette der Welt. Auch wegen seiner Größe und seines Bekanntheitsgrads ist der Konzern regelmäßig Ziel von Protestaktionen von Globalisierungskritikern sowie Umwelt- und Verbraucherschützern.

Christian Hartmann, McDonald's vereint die Welt, auf: www.bpb.de, 22.6.2011

M 13 ● Führt Globalisierung zu kultureller Einheit oder kultureller Vielfalt?

Die „Eine Welt" ist in Wirklichkeit die amerikanische „Eine-Ware-Welt"

Im niederbayerischen Dorf werden die gleichen „Seifenopern" gesehen wie in New York, Tokio, Bombay oder in den Favelas von Rio de Janeiro. 800 Millionen Barbiepuppen weltweit propagieren das Schönheits- und Lebensideal der weißen US-amerikanischen Mittelschicht, wie auch überall Blue Jeans getragen werden, Coca Cola getrunken und Marlboro geraucht wird. Diese universellen Bilder-, Kultur- und Konsumwelten verbinden unterschiedliche kulturelle Lebenswelten. Die eine Welt erscheint als Eine-Waren-Welt. Die wichtigsten Markenkonzerne haben ihren Ursprung und Hauptsitz in den USA. Diese Global Players sorgen für die Ausbreitung westlicher Konsum- und Kulturmuster („McDonaldisierung"). Es hat sich eine einheitliche westliche Weltkultur herausgebildet, die an die Stelle der lokalen Kulturen tritt; die Folge ist ein kultureller „Einheitsbrei". Es besteht die Gefahr, dass unterschiedliche Kulturen in Konflikt zueinander geraten.

Die Ausbreitung westlicher Konsumgüter und Kulturmuster führt zur Stär-

kung lokaler kultureller Traditionen

In Anbetracht vieler weltweit gleicher Kulturangebote werden die Besonderheiten der eigenen Kultur gegenüber anderen Kulturen wieder entdeckt. Kulturelle Identitätssuche in lokalen, regionalen und nationalen Bezügen zur Selbstvergewisserung bildet nicht nur bei Migranten, nationalen Minderheiten und in Ländern des Südens eine neue Seite der kulturellen Globalisierung. Der [...] Begriff Glokalisierung betont die Eigenständigkeit des Lokalen und Einheimischen gegenüber dem Anderen, Fremden und zielt auf die Verankerung des Globalen im Lokalen wie des Lokalen im Globalen.

Kulturen sind immer „hybride“ Kulturen

Jede Kultur ist immer vermischt mit anderen Kulturen, aus dem Austausch mit ihnen entstanden. Dieser Prozess ist nie abgeschlossen. Es war bislang aber in der Regel eine eher allmähliche Herausbildung und kontinuierliche Weiterentwicklung. Die gegenwärtige kulturelle Situation ist im Gegensatz dazu nicht nur durch ständig wechselnde kulturelle Moden, sondern auch in immer kürzeren Abständen neu entstehende Kulturformen und Kulturstile geprägt. Diese entwickeln sich aus der Kombination und Durchmischung unterschiedlicher Kulturtraditionen und stellen eine Bereicherung dar. Ein Beispiel ist die internationale Popmusik. Seit über 40 Jahren touren Popstars und Rockbands durch die Welt, füllen auf allen Kontinenten Fußballstadien, Arenen und Festhallen und bringen rund um den Globus Abertausende von Fans zum Mitrocken und Mitsingen – unabhängig von Sprachschranken und kulturellen Traditionen. Denn mit der Pop-Rockmusik hat sich seit den sechziger Jahren eine Kulturform herausgebildet, die länder- und kulturübergreifend nicht mehr an enge traditionelle Bezugsfelder gebunden ist und als erste Musikrichtung Impulse und Färbungen aus allen Kontinenten aufnimmt.

Autorentext

Der Times Square in New York.

Die Nanjing Road in Shanghai.

Aufgaben

1. Erläutern Sie, inwiefern McDonald's für westliche Dominanz und für kulturelle Konvergenz steht (M 12).
2. Beschreiben Sie aus Ihrem Umfeld Beispiele für kulturelle Vielfalt.
3. Bilden Sie drei Arbeitsgruppen und bereiten Sie eine Podiumsdiskussion vor. Formulieren Sie arbeitsteilig mit Hilfe der Thesen zur kulturellen Globalisierung eine schlüssige Argumentation mit anschaulichen Beispielen zu der Frage: Führt Globalisierung zu kultureller Einheit oder kultureller Vielfalt (M 12, M 13)?

F „Kulturen sind immer ‚hybrid‘ [= gemischt, aus verschiedenem zusammengesetzt].“
a) Konkretisieren Sie diese These an Ihrem eigenen Umfeld.
b) Nehmen Sie eine persönliche Bewertung dieser These vor.

Definition Globalisierung
M 2, M 4

Die langfristigen und grundsätzlichen Veränderungen innerhalb der Wirtschaft werden Strukturwandel genannt. Die Weltwirtschaft befindet sich in den letzten Dekaden in einem beschleunigten Strukturwandel, der heute in dem Begriff Globalisierung zusammengefasst wird. Globalisierung hat zahlreiche Facetten – wirtschaftliche, politische, gesellschaftlich-soziale, kulturelle, ökologische und rechtliche. Im wirtschaftlichen Bereich führt die Globalisierung zu einer immer engeren Verflechtung der Volkswirtschaften und der Entstehung eines weltweiten Marktes für Waren, Kapital und Dienstleistungen.

Faktoren
M 5, M 7

Globalisierung hat zahlreiche Ursachen, die teilweise in einer engen Wechselwirkung zueinander stehen. Die entscheidende Triebkraft der Globalisierung ist der internationale Handel. Die Intensivierung der internationalen Arbeitsteilung wurde ermöglicht durch den weltweiten Abbau der Handelsbeschränkungen. Politisch begünstigend wirkte hier insbesondere das Ende des Kalten Krieges. Die Staaten des ehemaligen „Ostblocks" öffneten sich dem Weltmarkt und vertrauten auf demokratische Strukturen und offene Marktwirtschaften als grundlegende Organisationsprinzipien.

Voraussetzungen für die Zunahme des internationalen Handels waren technologische Entwicklungen. Die Mikroelektronik als kommunikations-technische Basistechnologie sowie gesunkene Kommunikations- und Transportkosten haben es ermöglicht, den Produktionsprozess global zu organisieren.
Globale Unternehmen vernetzen die unterschiedlichen Produktionsstandorte, sie gelten als Schrittmacher der Globalisierung. Die Schattenseiten globaler Produktion sind die teils mit westlichen Arbeits- und Sozialstandards nicht zu vereinbarenden Produktionsbedingungen in den weniger entwickelten Staaten.

Kulturelle Globalisierung
M 13

Weltweit ist eine Ausbreitung westlicher Produkte zu beobachten, die zu einer Annäherung der Konsumgewohnheiten und der Lebensstile führt. Die kulturelle Vielfalt, z. B. der Esskulturen, wird von vielen als Bereicherung gesehen. Kritiker beklagen die Dominanz westlich-amerikanischer Lebenskultur und den Verlust kultureller Traditionen. Mit ihren Produkten bereichern die Konzerne nicht nur das Warenangebot in der jeweiligen Zielregion, teilweise werden regionale Produkte und Konsumgewohnheiten schlicht verdrängt.
Das Internet, ein wichtiger Träger der kulturellen Globalisierung, revolutioniert die Kommunikation hinsichtlich ihrer Raum- und Zeitdimensionen. Es ermöglicht in Sekundenschnelle die Verbreitung von Ideen, Werten und Meinungen und sorgt für die weltweite Diffusion von Wissen und Informationen und trägt damit auch zur kulturellen Konvergenz bei.

Dimensionen der Globalisierung erläutern

Kommunikation und Information im 21. Jahrhundert

„...Ich checke mit meinem Smartphone mal eben meine persönlichen Nachrichten. Vielleicht hat mein Vater, der für sechs Monate in China arbeitet, meinen jüngsten Blog kommentiert. Ich habe einen Tipp erbeten, welches Tablet PC momentan das beste Preis-Leistungs-Verhältnis hat.
In der Zwischenzeit könnte ich für meine Hausarbeit recherchieren, was Wikipedia zum Thema Patentschutz anbietet. Im Quellenverzeichnis gibt es einen interessanten Link zu einer wissenschaftlichen Studie des Massachusettes Institute of Technology OpenCourseWare. Es steht sogar unter einer Creative Commons Lizenz zur freien Verfügung. YouTube bietet neben Interviews einige Mitschnitte zu aktuellen Vorlesungen im Bereich Intellectual Property Rights (IPRs). Das leite ich gleich mal über Twitter und meinen Blog an meine Community weiter...“

Nach: Die digitale Gesellschaft, Neue Wege zu mehr Transparenz, Deutsche Bank Research, 1.6.2011, S. 6

Ein global marketing Manager im Maschinenbau berichtet über seine Arbeitswoche

Ich muss meine Sekretärin benachrichtigen, dass sie meine Flüge für Montag und Dienstag nach Singapur und Honkong noch am Wochenende online bucht. Sie hatte bereits erfragt, dass im Hotel in Honkong die Videokonferenz mit meiner Geschäftsleitung in Deutschland stattfinden kann. Dort muss ich zudem über mein Notebook für wichtige Charts und Vertragsentwürfe erreichbar sein, Geschäftsleitung und Kunden erwarten dies von mir. Nach meinem Rückflug nach Deutschland arbeite ich im home-office. Die Vorauswahl der Online-Bewerbungen für die Stelle als IT-Mediengestalter im Bereich Marketing muss geprüft werden.
Freitag tritt die Geschäftsleitung zusammen. Es geht um die Frage, welche weiteren Komponenten in Zukunft in unserer global sourcing-Strategie über Internetauktionen einbezogen werden sollen. Vorher muss mit den Kollegen in Brasilien ein Meeting für nächste Woche verabredet werden.

Autorentext

Aufgaben

1. Erklären Sie, inwiefern die Digitalisierung aller Lebensbereiche ein wesentlicher Faktor für Globalisierung darstellt.
2. Beurteilen Sie die Chancen und Risiken der Digitalisierung im Zusammenhang der Globalisierung.

1.2 Deutschland im globalen Wettbewerb und die Rolle der Global Player

1.2.1 Der Fall Nokia als Beispiel für eine Standortentscheidung

M 1 ● Handy-Hersteller schließt Standorte

Der kriselnde Handyweltmarktführer Nokia streicht 3.500 Arbeitsplätze. Das Werk in Rumänien, in das 2008 unter scharfer Kritik die Handyproduktion aus Bochum verlagert wurde, wird dichtgemacht. [...] Auch der Standort Bonn wird geschlossen. Dort sei eine Beschäftigtenzahl im „mittleren zweistelligen Bereich“ betroffen, hieß es.
Berlin hingegen soll laut Nokia neben Boston und Chicago ein zentraler Standort für die Dienstleistungssparte Location & Commerce bleiben. Deshalb gehe Nokia davon aus, dass die Mitarbeiterzahl in Deutschland auf längere Sicht steigen werde, heißt es im Unternehmen. [...]
Die rumänische Nokia-Fabrik in Jucu nahe der Stadt Cluj war nach einer Investition von 60 Mio. Euro erst 2008 eingeweiht worden. Dort wurden Handys aus importierten Fertigteilen zusammengesetzt. Die Schließung der Produktion in Bochum mit insgesamt mehr als 3.000 Mitarbeitern hatte in Deutschland zu heftiger Kritik und Protesten geführt. Nokia hatte die Entscheidung unter Hinweis auf zu hohe Produktionskosten ausgerechnet kurz nach einem Milliardengewinn verkündet, was für zusätzliche Verbitterung sorgte.
[...] Europa und speziell Deutschland blieben für Nokia aber ein wichtiger Standort für Forschung und Entwicklung. [...]
Nokia zieht mit seinem Schritt Konsequenzen aus dem Bedeutungsverlust der vergangenen Monate. In Westeuropa werden inzwischen immer mehr Smartphones gekauft – ein Bereich, in dem Nokia nicht vorn liegt. Derweil bröckelt der Markt für „Basistelefone“. Die Einfach-Handys werden die Finnen vor allem in sogenannten Wachstumsmärkten wie Indien, Afrika oder China los – und dafür die Bauteile erst nach Rumänien zu verschiffen ergibt überhaupt keinen Sinn.

Thomas Heuzeroth, Werkschließung in Rumänien, in: Die Welt, 30.9.2011

M 2 ● Der Smartphone-Markt

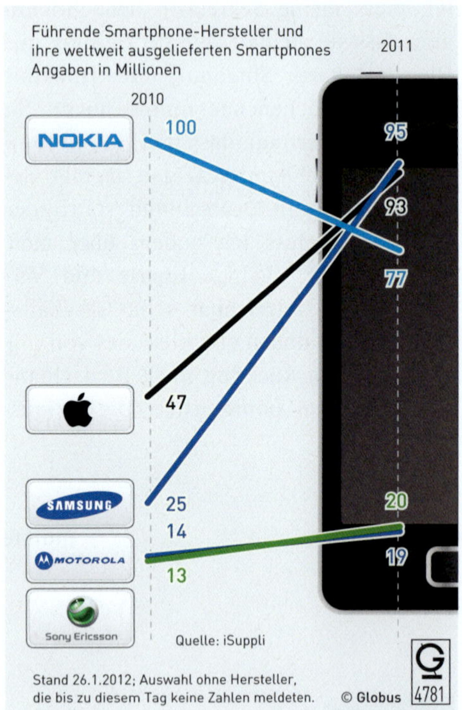

Aufgaben

1. Analysieren Sie die Entwicklung und Standortentscheidungen Nokias (M 1, M 2).
2. Arbeiten Sie heraus, welche Akteure und Interessen von den Standortentscheidungen betroffen sind (M 1).

Eine Fallstudie durchführen

Die „case study method“, also direkt übersetzt die „Fallstudienmethode“, ermöglicht es, komplexe wirtschaftliche, soziale und politische Zusammenhänge anhand eines Beispiels zu analysieren.
Ein Fall ist ein zeitlich und räumlich begrenztes Ereignis. Ein wichtiges Merkmal für die Auswahl eines Falles ist, dass er sich zur Verallgemeinerung eignet. Er steht exemplarisch für viele (ähnliche) Fälle.
Die Fallanalyse erfolgt auf zwei unterschiedlichen Lernebenen. Zunächst wird der konkrete Fall untersucht. Einzelpersonen, Konflikte, Interessen und Entscheidungen stehen im Vordergrund. Anschließend wird das Verallgemeinerbare (Strukturzusammenhänge, Prozesse, Probleme) herausgearbeitet. Um die Ebene des konkreten Falls und dessen Untersuchung zu verlassen, ist es notwendig, sich von einzelnen Handlungen zu lösen und über die unmittelbar erlebte oder medial vermittelte Realität hinauszugehen. Nur so können die sich im Fall abbildenden allgemeinen sozialen und politischen Prozesse und Probleme entdeckt werden.
Da es wissenschaftlich eigentlich unzulässig ist, von einem Einzelfall auf eine allgemeine Theorie zu schließen, sollte am Ende der Abstraktion immer die kritische Frage stehen, welche Aspekte des Falles überhaupt verallgemeinerungsfähig sind und welche nicht.

Anwendung am Fall Nokia

Am Fall Nokia kann exemplarisch das Vorgehen der Global Player im Standortwettbewerb untersucht und beurteilt werden. Gleichzeitig kann eine Beurteilung des Standorts Deutschland vorgenommen werden.

Schritte zur Bearbeitung

1. Problemdarstellung

Beschreiben Sie den Konflikt: Worum geht es? Wer sind die Akteure? Welche Interessen und Ziele der Beteiligten lassen sich unterscheiden (M 1 - M 3). Methodischer Hinweis: Führen Sie eine Podiumsdiskussion oder Talkshow zum Thema Standortverlagerung nach Asien durch. Teilnehmer: Vertreter der Geschäftsleitung Nokia, Vertreter des Betriebsrats, Vertreter der Europäischen Kommission, Wirtschaftswissenschaftler, Vertreter der deutschen/rumänischen Regierung.

2. Entscheidungsalternativen/ Handlungsmöglichkeiten

Vergleichen Sie die jeweiligen Auswirkungen der Entscheidungsalternativen, das Nokia-Werk nach Asien zu verlegen oder weiter in Europa zu produzieren. Methodischer Hinweis: Erstellen Sie dazu eine Concept-Map.

3. Problemlösungen

Sollen Unternehmen ihre Standortentscheidungen nach rein wirtschaftlichen oder auch nach sozialen und ethischen Maßstäben treffen? Beurteilen Sie die Entscheidung von Nokia unter wirtschaftsethischen Gesichtspunkten (M 4).

4. Generalisierung

Nennen Sie Gründe, weshalb Unternehmen Deutschland verlassen bzw. nach Deutschland zurückkehren (M 5). Entwerfen Sie anschließend ein Standortprofil für die Bundesrepublik und verdeutlichen Sie die Stärken und Schwächen des Standorts Deutschland (M 6).
„Der Fall Nokia zeigt aus ökonomischer Perspektive die negativen Auswirkungen der Globalisierung auf Deutschland auf.“ – Nehmen Sie zu dieser Aussage Stellung.

5. Kritik

Prüfen Sie abschließend kritisch, welche Merkmale des Falles verallgemeinerbar sind und welche nicht.

1.2.2 Welche Ziele und Interessen verfolgt Nokia?

M 3 ● Deutschland-Chef von Nokia verteidigt Schließungen

Anfang 2008 gingen in Bochum Tausende Mitarbeiter gegen die Schließung ihre Werkes auf die Straße (links) – im September 2011 wurden auch die Mitarbeiter des Nokia Werkes beim rumänischen Cluj auf einer Versammlung informiert, dass ihr Werk nach nur drei Jahren geschlossen werde.

Bei Nokia wiederholt sich eine Geschichte. 2008 haben Sie das Werk in Bochum geschlossen und die Produktion ins billigere Rumänien verlagert. Nun wollen Sie auch die rumänische Fabrik in Cluj schließen, weil sich in China die Kosten noch mehr drücken lassen. Das ist Karawanen-Kapitalismus – oder?

Michael Bültmann: Die Schließung von Produktionsstandorten ist kein Karawanen-Kapitalismus, sondern eine unternehmerische Entscheidung, die wir uns auch aktuell nicht leicht gemacht haben. Wir agieren auf einem sehr dynamischen Markt mit einem extrem harten Wettbewerb. Wenn sich die Welt um uns herum ändert, müssen wir darauf reagieren. Für die Einsteigerhandys, wie sie auch in Cluj produziert wurden, sind viele Zulieferbetriebe und Komponentenhersteller in Asien. Genauso wie viele große Märkte. Somit macht auch die Produktion vor Ort sehr viel Sinn.

War es ein Fehler, das Werk in Cluj aufzubauen?

In der Rückschau ist man oft schlauer. Als wir die Entscheidung für Cluj getroffen haben, war sie richtig. Heute ist die gesamte Situation anders als vor ein paar Jahren. Wenn wir uns für einen Produktionsstandort entscheiden, schauen wir auch nicht allein auf die Lohnkosten. Insbesondere muss auch das Umfeld stimmen. Wir sind auch nicht der einzige Handykonzern, der Produkte außerhalb Europas fertigen lässt. In Deutschland setzen wir dafür sehr stark auf Forschung und Entwicklung.

In Bochum haben Sie staatliche Subventionen in Millionenhöhe erhalten. Auch Rumänien lockte Nokia mit Fördergeldern. Hat es bei Ihnen System, Subventionen anzunehmen, um nach einiger Zeit zum nächsten Land weiterzuziehen?

Unsere Investition in das Werk in Cluj betrug rund 60 Millionen Euro. Somit sind Subventionen erkennbar allein nicht ausschlaggebend für eine Standortentscheidung. Fördergelder können bei einer Entscheidung für einen Standort, wenn alle anderen Bedingungen stimmen, einen weiteren Gesichtspunkt bei einer Entscheidung darstellen. Im Übrigen gehört zu einer Gesamtbetrachtung auch, dass wir in Bochum über Jahre hinweg ein guter Arbeitgeber waren und Steuergelder in Millionenhöhe gezahlt haben. Die Gesamtrechnung für die Stadt Bochum und das Land Nordrhein Westfalen war zweifellos positiv.

Warum haben Sie eigentlich nie Subventionen an den deutschen Staat zurückgezahlt, obwohl die Bundesrepublik sogar gegen Nokia vor Gericht gezogen ist?
Nokia hat die Fördergelder der Bundesrepublik bedingungs- und zweckgemäß eingesetzt und transparent über deren Nutzung informiert. Auch mit dem Land Nordrhein-Westfalen sind wir bezüglich der Subventionen zu einer einvernehmlichen Lösung gekommen.

Einige Beschäftigte, die früher für Nokia gearbeitet haben, sind noch heute arbeitslos. Bedrückt Sie das?
Wir haben uns vom ersten Moment an sehr dabei engagiert, unsere Beschäftigten auf der Suche nach neuen Arbeitsplätzen zu unterstützen. Neben einem für die Mitarbeiter sehr vorteilhaften Sozialplan haben wir gemeinsam mit dem Land Nordrhein-Westfalen und der Stadt Bochum das Programm „Wachstum für Bochum" ins Leben gerufen und hierfür zusätzliche Mittel zur Verfügung gestellt. Von diesem Programm profitieren heute etliche universitären Einrichtungen und auch einige mittelständische Unternehmen, die wichtige Arbeitgeber im Ruhrgebiet waren oder erst durch das Programm geworden sind. [...]

Gerade bei den Smartphones hat Nokia einen Trend verschlafen.
Wir holen im Smartphone-Bereich auf und investieren massiv in Forschung und Entwicklung. [...] Insgesamt haben wir seit 2009 unsere Mitarbeiterzahl in Deutschland um rund 25 Prozent gesteigert – gerade im Bereich Forschung und Entwicklung. [...] Deutschland als größte europäische Volkswirtschaft ist für uns nicht nur ein wichtiger Absatzmarkt, sondern auch ein bedeutender Standort für Forschung und Entwicklung.

Die Werkschließungen in Bochum und Rumänien haben dem Image von Nokia geschadet. Was wollen Sie tun, um das verloren gegangene Vertrauen zurückzugewinnen?
Wir glauben, dass wir durch sehr attraktive Produkte und Services, wie zum Beispiel kostenfreie Navigation, die auch in Deutschland entwickelt wird, Kunden überzeugen können. Zudem versuchen wir, offen und ehrlich über schmerzhafte, aber notwendige Schritte zu sprechen und zugleich, wie wir es auch in der Vergangenheit stets getan haben, unsere betroffenen Mitarbeiter zu unterstützen. Dies zum Beispiel auch durch betriebsinterne Programme.

Das Interview führte Ulf Meinke, auf: www.derwesten.de, 15.10.2011

Michael Bültmann ist Geschäftsführer von Nokia Deutschland.

Aufgaben

1. Vergleichen Sie die Auswirkungen der Entscheidungen, das Nokia-Werk nach Asien zu verlegen oder in Europa weiterhin zu produzieren. – Vorschlag: Erstellen Sie dazu eine Concept Map.
2. Führen Sie eine Podiumsdiskussion oder Talkshow zum Thema Standortverlagerung nach Asien durch. Teilnehmer: Vertreter der Geschäftsleitung Nokia, Vertreter des Betriebsrats, Vertreter der Europäischen Kommission, Wirtschaftswissenschaftler, Vertreter der deutschen/rumänischen Regierung.

1.2.3 Ist die Standortpolitik Nokias unanständig?

M 4 ● Tragen globale Unternehmen Verantwortung?

Ein Gespräch mit Karl Homann im Zusammenhang mit der Bochumer Werksschließung im Jahr 2008. Er ist Professor für Philosophie und Ökonomie an der Ludwig-Maximilians-Universität in München.

SZ: Herr Professor Homann, verhält sich Nokia unanständig?
Das hängt davon ab, wie man Anstand definiert. Wir leben in einer Wirtschaft mit globalem Wettbewerb und müssen mit einem forcierten Strukturwandel rechnen. Dazu gehören auch Werksverlagerungen ins Ausland, die deswegen nicht unanständig sind.

Ist es ethisch in Ordnung, dass Nokia die Öffentlichkeit vor vollendete Tatsachen gestellt hat?
Man kann dem Nokia-Management vorwerfen, dass es die Entscheidung verkündet, sie aber nicht ausreichend begründet hat. Die Entscheidung ist aber folgerichtig. Der Konzern muss auf seine zukünftige Wettbewerbsfähigkeit schauen und nicht darauf, ob er [2008] in Bochum profitabel ist.

Gruß von der Firma Igel & Co.

Horst Haitzinger, 2004

Sind Werksverlagerungen wie bei Nokia Ausgeburten eines Turbokapitalismus?
Das sind populistische Schlagworte. Aber wenn Sie so wollen: Sie sind Ausgeburten eines stinknormalen Wettbewerbs, der die Bedingung unseres Wohlstands ist. Die Mehrheit profitiert davon, indem sie möglichst billig einkaufen kann.

Ist diese Geiz-ist-geil-Mentalität moralisch?
Wenn die Kunden das wollen, dann sollen sie dort einkaufen, wo sie die Ware am günstigsten bekommen.

Auch wenn das zu Lasten anderer geht?
Wettbewerb geht immer zu Lasten anderer. Er bringt aber auf lange Sicht uns allen die größten Vorteile. Letztlich ist Wettbewerb solidarischer als Teilen.

Wie bitte? Teilen gilt als eine der solidarischsten Verhaltensweisen überhaupt. Wettbewerb hat das eigene Wohlergehen im Blick.
Seit wir auf dem Telefonmarkt Wettbewerb zulassen, ist das Telefonieren so billig wie nie zuvor. Jetzt erst ahnen wir, wie viel Milliarden Euro uns der frühere Monopolist, die gelbe Post, aus der Tasche gezogen hat. Monopole sind brutal, sie beuten die Kunden aus. Das alte Mütterchen mit kleiner Rente, das seine sozialen Kontakte über das Telefon aufrecht erhält, hat vom Wettbewerb ganz klar profitiert.

Zeigt der Fall Nokia nicht vielmehr, dass Solidarität eine Floskel von gestern ist?
Keineswegs. Solidarität ist für mich die moderne Übersetzung für das christliche Gebot der Nächstenliebe. Doch was bedeutet Solidarität in einer Wettbewerbswirtschaft? Solidarität darf nicht bedeuten, dass wir den Wettbewerb bändigen wollen, als sei er ein wildes Tier. Um der Solidarität willen sollten wir den Wettbewerb forcieren, wie auf dem Telefonmarkt.

Die Nokia-Mitarbeiter, die ihre Arbeit verlieren, sehen das sicher anders. Ist un-

ternehmerisches Handeln nicht auch daran zu messen, welche kurzfristigen Folgen es für die Arbeitsplätze hat?
Grundsätzlich nein. Die Arbeitsplätze stehen immer zur Disposition. Unternehmerisches Handeln ist daran zu messen, ob und wie weit es der Allgemeinheit und nicht den Arbeitsplatzbesitzern dient.

Unternehmer haben keine soziale Verantwortung gegenüber ihren Beschäftigten?
Doch, natürlich haben sie die. Unternehmer haben eine Fürsorgepflicht und für menschengerechte Arbeitsplätze zu sorgen. Wenn Unternehmer keine Verpflichtung gegenüber ihren Mitarbeitern zeigen, dann haben sie eine Belegschaft, bei der die innere Kündigung an der Tagesordnung ist. Das wirkt sich auch wirtschaftlich aus. Wertschöpfung erfolgt durch Wertschätzung. Deshalb wird kein Unternehmer leichtfertig Mitarbeiter entlassen. Das wäre ökonomisch nicht rational.

Der Nokia-Konzern handelt sozial verantwortlich, indem er Menschen entlässt?
Es kann in einer Marktwirtschaft keinen Bestandsschutz geben. Es gibt für Nokia aus ethischer Sicht auch keinen Grund, die deutschen Arbeitnehmer gegenüber den rumänischen zu bevorzugen. Allerdings müssen die Härten für die von Arbeitslosigkeit Betroffenen abgefedert werden. Wir müssen den Menschen die Chance geben, wieder in den Arbeitsprozess zu kommen. Dazu müssen wir die Arbeitnehmer besser qualifizieren und vor allem die Jugend gut ausbilden. Da geschieht leider zu wenig. [...]

Zeigt der Fall Nokia, dass es zu wenig gesetzliche Regelungen für internationale Wirtschaftsverflechtungen gibt?
Jeder Wettbewerb braucht Spielregeln. Der internationale Wettbewerb hat in der Tat bisher noch relativ wenig Spielregeln. Daran müssen wir arbeiten.

Machen internationale Ethikstandards die globale Wirtschaftswelt menschlicher oder ineffizienter?
Sie machen sie menschlicher und damit effizienter. Wir dürfen nicht von diesem Gegensatz ausgehen. Wenn das Wirtschaftsleben menschlicher wird, dann zahlt sich das langfristig aus.

Wer Kindern die Bildung verweigert und sie zur Arbeit schickt, bleibt arm.
Ja, Kinderarbeit ist ein gutes Beispiel. Langfristig steigt der Wohlstand eines Landes, wenn es seine Kinder gut ausbildet. Die Frage ist jedoch, ob wir das gesetzlich regeln können. Denn wenn das Einkommen der Eltern so gering ist, dass die Kinder zum Einkommenserwerb beitragen müssen, dann führt das Verbot der Kinderarbeit beispielsweise die Mädchen in die Prostitution.

Was kann man dagegen tun?
Das Einkommen der Eltern steigern. Die Menschen wollen keine Kinderarbeit, sie können jedoch oft nicht anders überleben. In China geht die Kinderarbeit wegen des exorbitanten Wirtschaftswachstums deutlich zurück. Wenn der Wohlstand steigt, schicken die Menschen ihre Kinder nicht zur Arbeit, sondern in die Schule. Diese Entwicklung kennen wir aus unserer eigenen Geschichte ja nun auch.

Das Interview führte Sybille Haas, Süddeutsche Zeitung, 29.1.2008

Aufgaben

1. Erläutern Sie die Position Homanns zu den Standortentscheidungen Nokias (M 4).
2. Bewerten Sie die Aussagen Homanns und diskutieren Sie unterschiedliche Einschätzungen.
3. „Letztlich ist Wettbewerb solidarischer als Teilen". Ordnen Sie die Aussage Homanns wirtschaftstheoretisch ein.

H zu Aufgabe 3
Beziehen Sie sich dabei auf die wirtschaftspolitischen Leitbilder zwischen liberalistischer und sozialistischer Gesellschaftstheorie.

1.2.4 Wie attraktiv ist der Standort Deutschland? Die Sicht der Unternehmen

M 5 ● Autobauer verlagern Produktion ins Ausland

Der Autobauer BMW stellt sich darauf ein, wegen der guten Absatzlage im Ausland künftig noch mehr Autos außerhalb Deutschlands zu bauen. „Die Relation hat sich verschoben", sagte BMW-Produktionsvorstand Frank-Peter Arndt [...]. „Inzwischen produzieren wir 60 Prozent unserer Autos in Deutschland, 40 Prozent im Ausland. Langfristig werden wir uns wohl auf eine Verteilung von bis zu 50 zu 50 einstellen müssen." Zurzeit beschäftigen die Münchner 72.000 Menschen im Inland; etwa 24.400 Mitarbeiter sind in ausländischen Werken wie im chinesischen Shenyang oder in Spartanburg in den USA tätig. Produktionschefs wie Arndt haben in diesen Zeiten eine zentrale Rolle in Autokonzernen. Sie müssen für eine größtmögliche Auslastung ihrer Fabriken sorgen – und gleichzeitig auf die Kosten achten. Wegen des unerwartet starken Wachstums im Ausland produzieren die Hersteller immer mehr Autos außerhalb Deutschlands. Politisch ist dies jedoch brisant – dies zeigten schon die heftigen Reaktionen auf die Entscheidung Daimlers [...], Teile seiner C-Klasse-Produktion aus Sindelfingen in die USA zu verlagern. Die zentrale Frage, die sich viele stellen: Können ihre Arbeitsplätze langfristig in Deutschland gehalten werden? Erst [vor kurzem] hatte VW-Chef Martin Winterkorn seine Belegschaft auf einen Ausbau des Geschäfts im Ausland vorbereitet. Volkswagen müsse „noch internationaler werden", sagte er [...] – weil auch das „Geschäft immer internationaler" werde. Wie BMW-Vorstand Arndt versuchte auch Winterkorn, die Ängste der Mitarbeiter zu zerstreuen. „Unser internationales Wachstum geht nicht auf Kosten der Werke hierzulande", sagte er. Doch auch wenn BMW kräftig Geld in heimische Standorte pumpt – der Konzern wird Schritt für Schritt internationaler. [...] Während der Absatz mit Autos der Marke BMW und Mini in Deutschland um 29,6 Prozent zulegte, wuchs der Absatz in China um 104,3 Prozent. Hier bereitet sich BMW auf einen lang anhaltenden Boom vor und baut seine Produktion in einem zweiten Werk in Shenyang weiter aus. Neben den USA und China hat der Autobauer Indien ins Visier genommen.

Thomas Fromm, in: Süddeutsche Zeitung, 11.12.2010

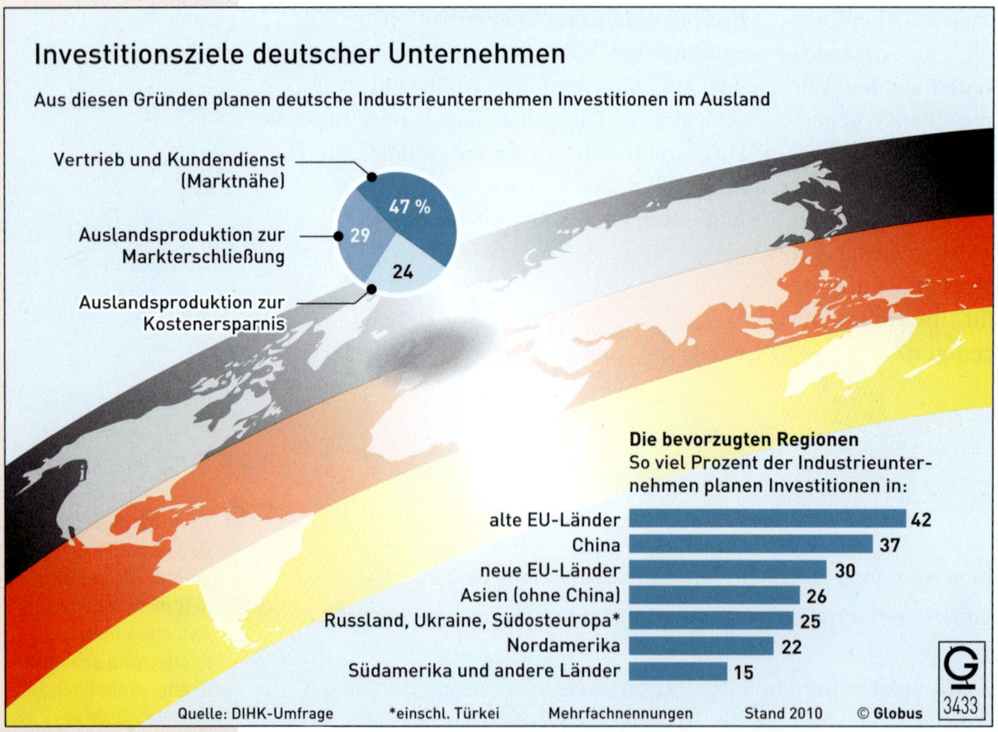

M 6 ● Warum es viele Unternehmen zurück nach Deutschland zieht

Warum eigentlich kommen viele deutsche Unternehmen aus dem Ausland wieder nach Hause? Die deutsche Belegschaft des Kettensägenherstellers Stihl darf sich über ein besonderes Weihnachtsgeschenk freuen: Pünktlich zum Fest kündigte das schwäbische Familienunternehmen an, bald große Teile der Produktion seiner weltbekannten Motorsägen zu verlegen – und zwar nicht ins Ausland, sondern zurück nach Deutschland, an den Stammsitz in Waiblingen bei Stuttgart. Bereits im vergangenen Jahr hatte der Weltmarktführer die Produktion von Sägemotoren aus Nord- und Südamerika nach Deutschland abgezogen. Jetzt will Stihl weitere Kapazitäten von Brasilien zurück nach Hause holen. Dadurch stabilisiert das Unternehmen die Auslastung des heimischen Personals. Doch es gibt noch weitere Gründe: Brasiliens Währung Real hat im vergangenen Jahr deutlich an Wert gewonnen, so dass die dort gebauten Sägen für internationale Kunden teurer werden – und die Löhne brasilianischer Arbeiter, in Euro gerechnet, mehr kosten. Außerdem entfallen mit der Rückverlagerung Transportgebühren und Zölle. Stihl ist nicht der einzige Hersteller, der einen solchen Sinneswandel durchlebt. Auch andere bekannte deutsche Namen wie Solarworld oder die Stofftiermarke Steiff kommen heim. Verabschiedet sich die deutsche Industrie etwa nun vom Paradigma der Neunzigerjahre, durch Globalisierung der Wertschöpfungskette Produktionskosten zu sparen? Zwar ziehen immer noch große Konzerne mit ihren Fabriken ins Ausland. Wer etwa die Autobauer Daimler, VW oder BMW vor einem starken Euro nach Amerika fliehen sieht, könnte fast meinen, deutsche Produzenten kehrten immer noch in Scharen der Heimat den Rücken. Doch so ist es nicht. Tatsächlich haben Verlagerungen ins Ausland deutlich abgenommen und sind auf den tiefsten Stand seit 15 Jahren gesunken. [...] Die mit Abstand meisten Rückverlagerer nennen die bessere Qualität als Grund für die Wiederansiedlung ihrer Produktion in Deutschland. Wegen Qualitätsproblemen kehrt zum Beispiel die Kuschelmarke Steiff dem Ausland den Rücken.

Mark Fehr, Wirtschaftswoche online, 15.1.2010

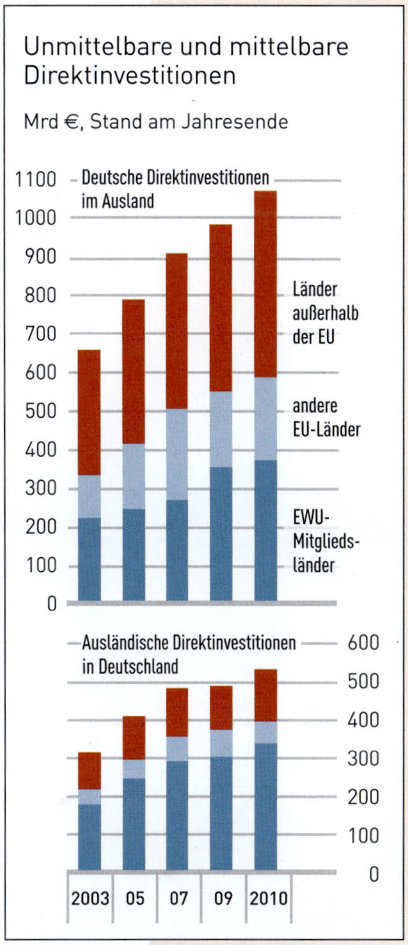

www.bundesbank.de/Navigation/DE/Statistiken/Aussenwirtschaft/Direktinvestitionen/Bestandsangaben/bestandsangaben.html

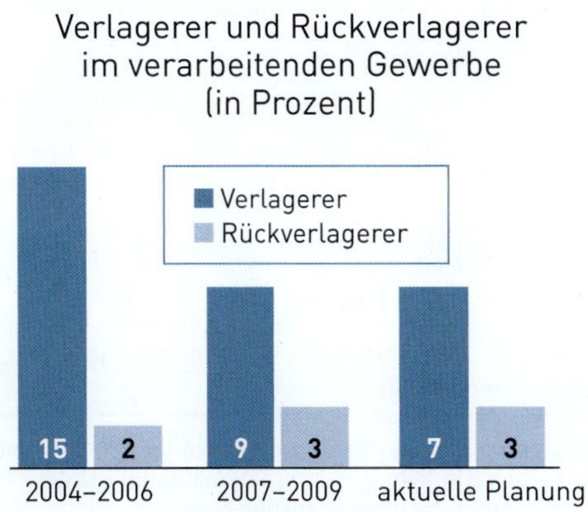

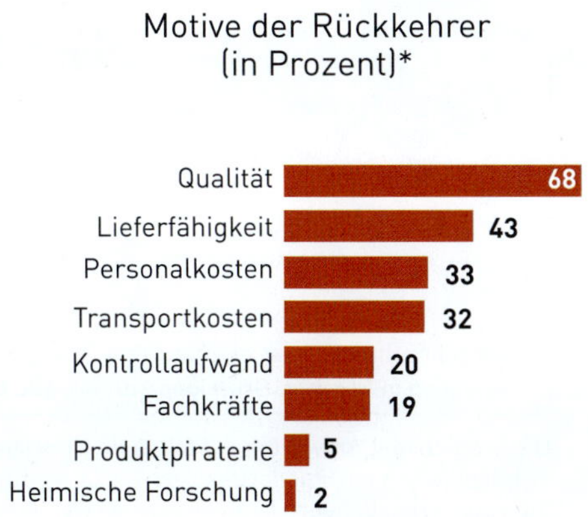

*Mehrfachnennungen; Quelle: Fraunhofer ISI

Für die Untersuchung von **Standortqualität** gibt es keinen allgemeinen Maßstab. Die Güte eines Standorts zeigt sich nur im Verhältnis zu alternativen Standorten. Die Gewichtung einzelner Standortfaktoren ist von der jeweiligen Branche abhängig.

M 7 ● Fakten zum Standortprofil Deutschlands

a) Wie bewerten Sie Deutschland hinsichtlich folgender Standortfaktoren

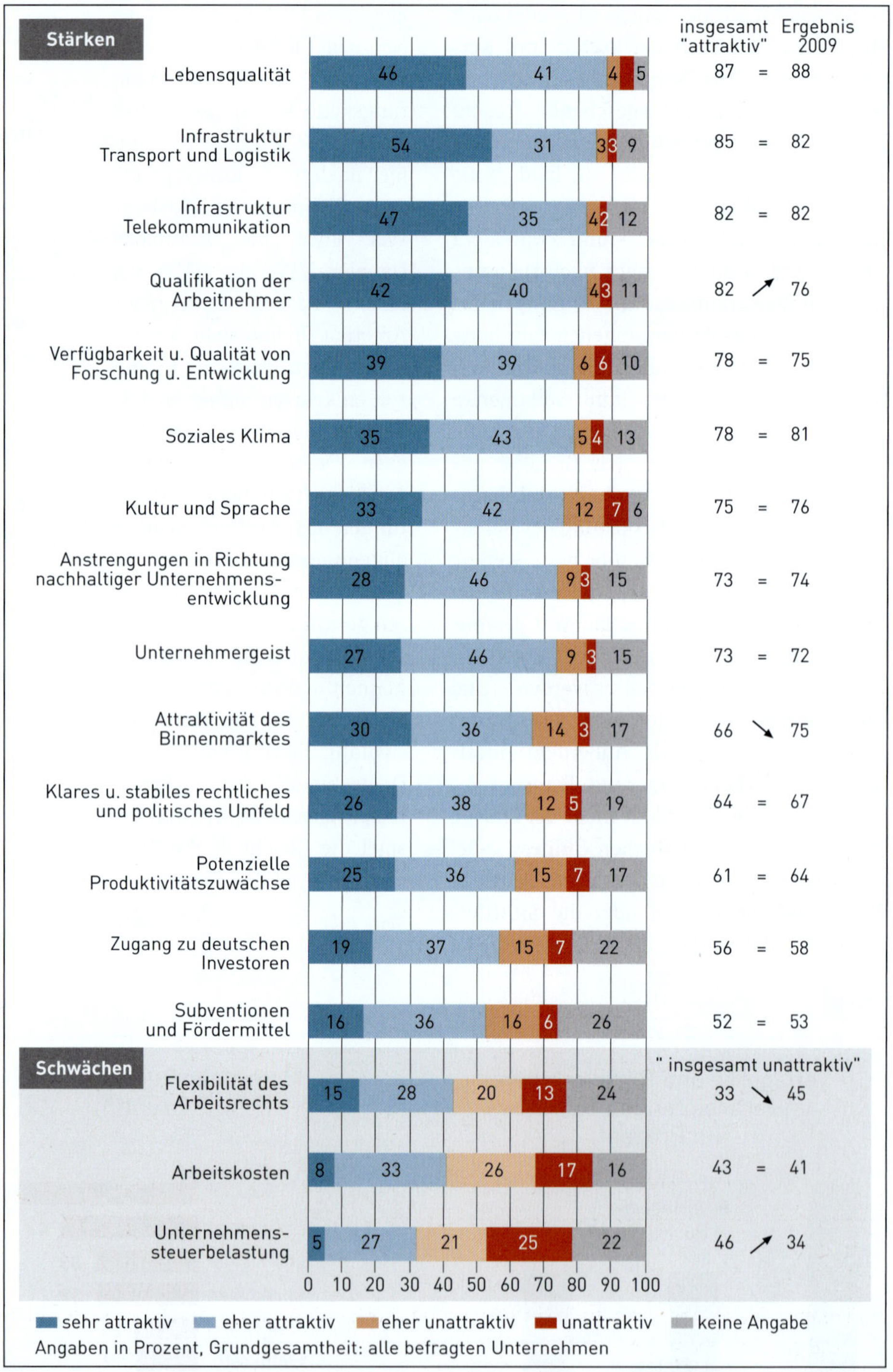

Die Grafik bildet Antworten auf folgende Umfrageformulierungen ab: „Wie bewerten Sie Deutschland hinsichtlich folgender Standortfaktoren?" Für die Studie wurden 814 Manager international tätiger Unternehmen aus vielen Ländern (Schwerpunkte: Westeuropa, Nordamerika) aller Branchen befragt.

Aus: Peter Englisch, Standort Deutschland 2010. Deutschland und Europa im Urteil internationaler Manager, hg. von Ernst & Young Global Limited, 2010, S. 22 f.

b) Deutschland im Vergleich zu innovationsgetriebenen Volkswirtschaften

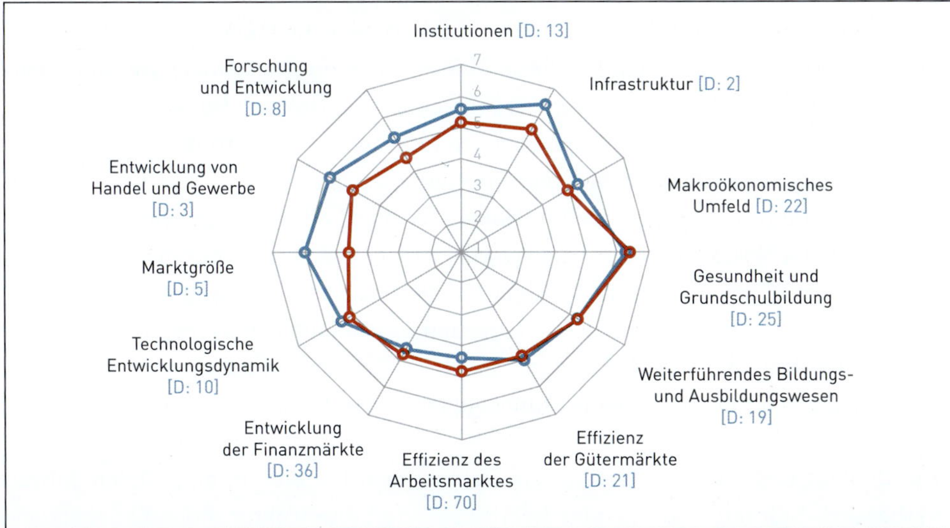

Die Rangangaben in blau neben / unter den Kategorien zeigen den Gesamtrang Deutschlands unter den 139 verglichenen Volkswirtschaften an.

The World Economic Forum (Hg.), The Global Competitiveness Report 2010-2011, Genf 2011, S. 154

c) Deutsche Anteile an weltweiter Produktion, Exporten und Forschung, 2009

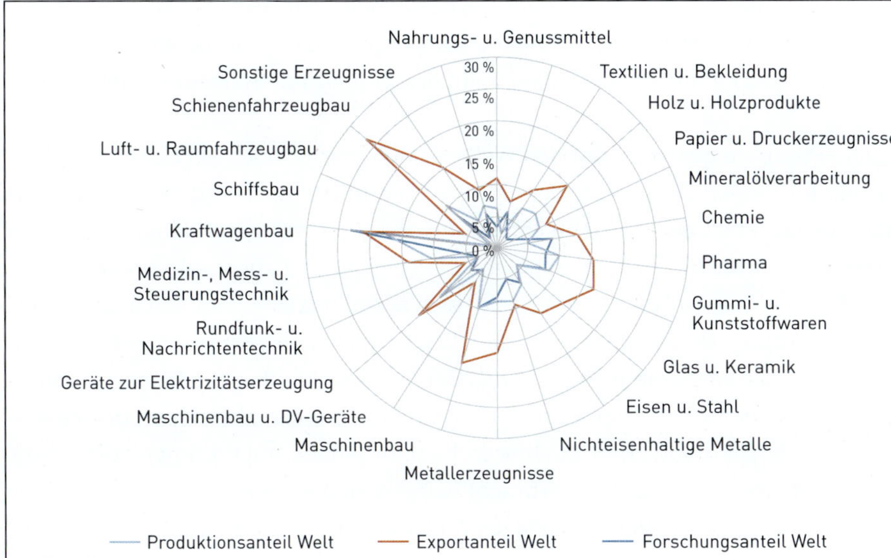

Welthandelsmodell Prognos 2012

Aufgaben

1. Nennen Sie Gründe, weshalb Unternehmen Deutschland verlassen bzw. nach Deutschland zurückkehren (M 5, M 6).
2. Erstellen Sie als Unternehmensberater ein Gutachten (Standortprofil) für Nokia, aus dem die Stärken und Schwächen des Standorts Deutschland hervorgehen (M 7).
3. Erläutern Sie, welche Standortfaktoren im Fall Nokia eine Rolle spielten (M 1 – M 7).
4. Nehmen Sie Stellung, ob Nokia die richtigen Entscheidungen getroffen hat.

Weltwirtschaftsforum und „Global Competitivenes Report"

Das Weltwirtschaftsforum veranstaltet einmal jährlich in Davos den sogenannten Weltwirtschaftsgipfel. Darüber hinaus gibt die Stiftung Forschungsberichte heraus, wie den alle zwei Jahre erscheinenden „Global Competitiveness Report", in dem die Wettbewerbsfähigkeit von Volkswirtschaften und damit auch tendenziell deren Standortqualität für Unternehmen anhand von 105 Faktoren in 12 Kategorien („Säulen") verglichen wird.
Wettbewerbsfähigkeit ist dabei definiert als Set von Institutionen, Politikfeldern und wirtschaftlichen Standortfaktoren.
Die Messgröße „Global Competitiveness Index" (GCI) wird gebildet, indem für jeden der 105 Faktoren eine Bepunktung zwischen eins und sieben vorgenommen wird. Der Vergleichbarkeit halber werden die Größen je nach wirtschaftlicher Entwicklung des Staates unterschiedlich gewichtet. Auch innerhalb der „Säulen" werden (hier aber für alle Staaten identische) Schwerpunkte gesetzt. Beispielsweise setzt sich die Bewertung von Institutionen (Säule 1) zusammen aus öffentlichen (75 %) und privaten Institutionen (25 %).

Der Fall Nokia
M 3, M 4

Die negativen Auswirkungen des wirtschaftlichen Strukturwandels spüren in Deutschland insbesondere Arbeitnehmer, die ihren Arbeitsplatz wegen Produktionsverlagerungen ins Ausland verlieren. Die Schließung eines Nokia-Werkes in Bochum im Januar 2008 und weiterer Personalabbau bei Nokia in Bonn und Rumänien offenbaren, dass selbst für gut qualifizierte Arbeitnehmer in profitablen Unternehmen keine Arbeitsplatzsicherheit mehr besteht.
Die Beurteilung der Standortpolitik Nokias ist nicht einfach. Aus wirtschaftsethischer Sicht ist Nokia einerseits kein Vorwurf zu machen, weil es nur in der Logik des marktwirtschaftlichen Systems handelt. Auf der anderen Seite handelt Nokia nur im Interesse der Aktionäre, was der Integration eines Global Players in das gesellschaftliche Umfeld schadet. Aus dem Fall Nokia lassen sich kaum verallgemeinerbare Schlüsse für die allgemeine Standortqualität Deutschlands ziehen.

Standort Deutschland
M 6, M 7

Die Qualität des Wirtschaftsstandorts Deutschland hat sich in den letzten Jahren verbessert. Stärken sind u.a. eine hervorragende Infrastruktur, hohe Lebensqualität, stabile politische und soziale Verhältnisse, Rechtsstaatlichkeit und sehr gut qualifizierte und produktive Arbeitnehmer. Als positiv gilt auch die geografische Lage im Herzen Europas. Beispiele belegen, dass Firmen aufgrund der Attraktivität des Standorts nach Deutschland zurückkehren bzw. sich hier neu ansiedeln.
Zu den Schwächen des Standorts zählen die im internationalen Vergleich hohen Arbeitskosten, die starke Reglementierung des Arbeitsmarkts sowie eine hohe Steuerbelastung der Unternehmen. Problematisch sind auch die von vielen für zu gering gehaltenen Investitionen in Forschung und Entwicklung von Spitzentechnologien.

Standortprofil
M 7

Deutsche Produkte genießen auf den Weltmärkten immer noch ein hohes Ansehen. Unter den führenden Exportnationen der Welt nimmt Deutschland seit Jahren eine herausragende Position ein. Deutschland gilt als einer der wichtigsten Akeure der Weltwirtschaft. Im Jahr 2008 musste jedoch der einstige Exportweltmeister seinen Titel an China abtreten. Nach wie vor zeigt sich allerdings eine deutlich ausgeprägte Exportausrichtung. Nahezu alle deutschen Branchen haben höhere Anteile am Weltexport als an der weltweiten Produktion. Der Weltmarktanteil deutscher Produkte beträgt ca. 8 %. Die wichtigsten Exportgüter sind Fahrzeuge, Maschinen und chemische Produkte. Die deutschen Ausfuhren hängen jedoch auch immer stärker von Vorleistungen ab, die im Ausland erbracht werden. Insbesondere lohnintensive Vorleistungen sind von einer Verlagerung ins Ausland betroffen. So werden zunehmend Teile oder Komponenten jenseits der Grenzen gefertigt und dann im Inland z. B. in Fahrzeuge deutscher Hersteller eingebaut.

Standortentscheidungen beurteilen

a) Daimler: Bald wird jedes zweite Auto im Ausland gebaut

Im ungarischen Kecskemet gab Daimler-Chef Dieter Zetsche [im März 2012] den Startschuss für das erste osteuropäische Werk der Stuttgarter Autohersteller. Daimler wird 2020 jeden zweiten Pkw im Ausland fertigen. [...] 2010 stammten erst 20 Prozent der von Daimler verkauften Pkw aus Werken außerhalb von Deutschland. Damit verlagert sich die Produktion zusehends in Länder mit hohen Absatzzahlen, etwa China und die USA. [...] Die Werkeröffnung in Kecskemet sei ein weiterer Meilenstein auf dem Weg an die Spitze der Premium-Autobauer.

Derzeit rangiert Daimler bei der Ertragskraft auf Platz drei hinter Audi und BMW, von dem neuen Werk in Ungarn verspricht sich der Autobauer erhebliche Kostenvorteile. Dort sollen jährlich 100 000 Fahrzeuge vom Band rollen [...]. Die Lohnkosten liegen in Ungarn 70 Prozent unter denen im Schwesterwerk in Rastatt (Baden-Württemberg). [...] Die gesamte Produktion in Kecskemet ist um 30 Prozent billiger als in Deutschland. Bis 2015 will Daimler fünf neue Kompaktwagenmodelle auf Basis der neuen A- und B-Klasse herausbringen, die Werke Rastatt und Kecskemet bilden dabei einen Produktionsverbund. Wenn Rastatt mehr Fahrzeuge der A- und weniger der B-Klasse baut, können die fehlenden B-Klassen in Kecskemet vom Band rollen. Das ermögliche eine optimale Auslastung der Werke, sagte Zetsche.

Petra Otte, in: Stuttgarter Nachrichten, 30.3.2012

b) Hoffnungsträger mit Risiken

Für die Beschäftigten in Deutschland ist [das Werk in Ungarn] jedoch nicht ohne Risiko. Denn wenn sich der geplante Absatzerfolg wider Erwarten nicht einstellen sollte oder die Autokonjunktur wieder einmal auf Talfahrt geht, stellt sich die Frage, wie die Schmerzen zwischen den Werken verteilt werden. Zudem stehen die Mitarbeiter in Deutschland, ob sie wollen oder nicht, im Wettbewerb mit den neuen Kollegen in Ungarn, die das gleiche Auto zu niedrigeren Kosten bauen. Wenn es künftig um den Standort für die Produktion weiterer Modelle geht, kann sie das Management unter Druck setzen, Zugeständnisse zu machen. [...]

Das Management wiederum hat in den vergangenen Jahren indes bereits erkennen müssen, dass Kosten bei der Wahl eines Standorts nicht alles sind. Wichtig ist auch die politische Stabilität und die wirtschaftliche Solidität eines Landes. Ungarn hat sich in dieser Hinsicht als riskanter Standort entpuppt. [...] Die weltweite Finanz- und Wirtschaftskrise sowie der Regierungswechsel haben dazu geführt, dass Ungarn in die Rezession gerutscht ist, eine Staatspleite droht und die politische Führung wichtige demokratische Freiheitsrechte einschränkt und die Gewaltenteilung aushebelt.

Harry Pretzlaff, in: Stuttgarter Zeitung, 30.3.2012, S. 11

Aufgaben

1. Erläutern Sie, wie Harry Pretzlaff die Standortentscheidung der Firma Daimler beurteilt.
2. Verfassen Sie einen Leserbrief zum Kommentar von Herrn Pretzlaff.

1.3 Chancen und Risiken der Globalisierung

1.3.1 Sind Unternehmen die grenzenlosen Gewinner?

Auf welche Herkunftsländer sich der Umsatz der 50 wichtigsten Konzerne der Welt verteilt

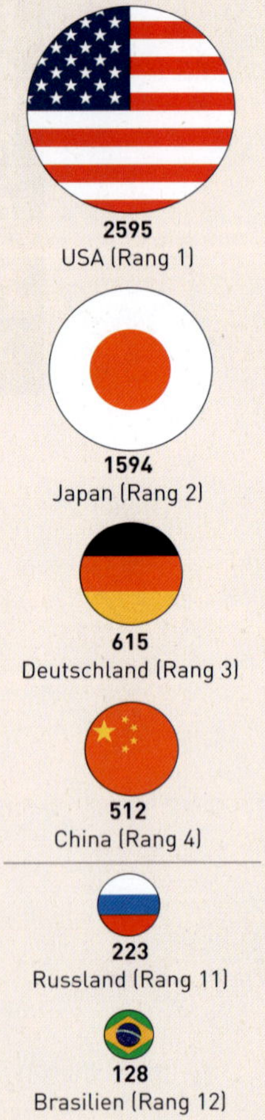

Süddeutsche Zeitung, 20.8.11, S. 24

M 1 ● Konzerne – „so groß" wie Staaten

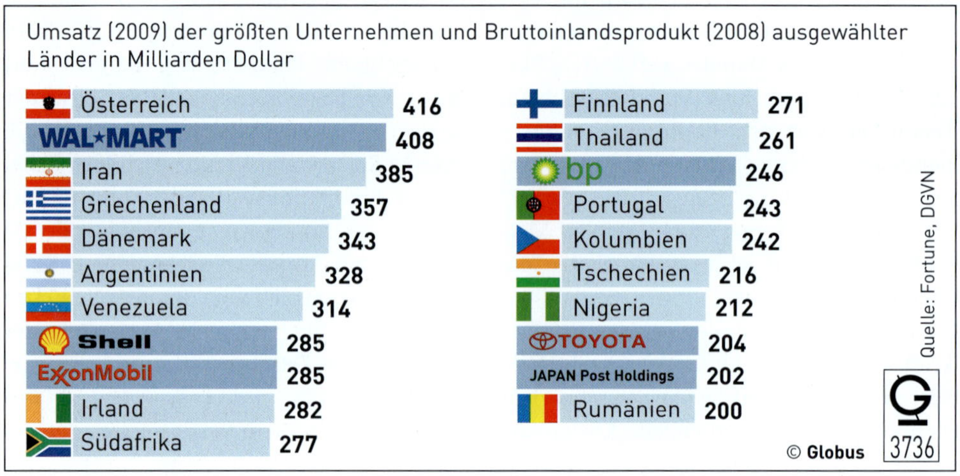

M 2 ● Unternehmen an Anforderungen gescheitert

Auftragsflaute: Klavierbauer Schimmel ist pleite

Der traditionsreiche Klavier- und Flügelhersteller Schimmel steht vor dem Aus: Die Wirtschaftskrise hat der Braunschweiger Firma schwer zugesetzt – sie hat zu einem Absatzeinbruch von rund 40 Prozent geführt.

Jörn Petring, in: Financial Times Deutschland, 4.8.09

Kodak ist pleite

Kodak war Pionier der Fotografie – und hat die digitale Revolution verschlafen. Von diesem Fehler hat sich der Konzern nie wieder erholt. Jetzt endet die Geschichte der Traditionsfirma: Das US-Unternehmen hat Insolvenz angemeldet.

Spiegel online, 19.1.12

Schwedischer Autohersteller Saab vor dem Aus

Der Eigentümer des schwedischen Autohersteller Saab, Swedish Automobile, hat einen Antrag auf Insolvenz eingereicht. Damit steht Saab nun endgültig vor dem Aus, nachdem alle bisherigen Rettungsversuche fehlgeschlagen waren.

Focus online, 19.12.11

M 3 Globale Unternehmen – Schrittmacher oder Getriebene?

Transnationale Unternehmen (TNU) werden als treibende Kraft, als „Schrittmacher" der Globalisierung betrachtet. Unternehmen wie McDonald's, Coca Cola, Microsoft oder Apple leisteten und leisten Pionierarbeit in der Erschließung neuer Märkte weltweit. Mit ihren zahlreichen Tochterunternehmen vernetzen sie die Volkswirtschaften einzelner Länder und treiben so die internationale Arbeitsteilung an. Durch die Öffnung der Grenzen im Zuge der Globalisierung ist es möglich, den Standort im Ausland frei zu wählen. Durch die Auslagerung von Unternehmensbereichen kann auf billigere Arbeitskraft und günstigere Standortbedingungen zurückgegriffen werden. So kann entweder das gesamte Produkt im Ausland produziert werden, ein Teil davon oder eine dazugehörige Dienstleistung dort erbracht werden. Viele Firmen haben zum Beispiel ihre Call-Center und Programmierungsstätten inzwischen in Indien.

Die Globalisierung bietet aber auch Vorteile für Unternehmen, die nicht Teile ihres Unternehmens auslagern: Zwischenprodukte und Rohstoffe können weltweit zu den günstigsten Preisen eingekauft werden. So werden arbeitsintensive Vorprodukte häufig günstig aus Ländern mit niedrigeren Lohnkosten eingekauft. Insbesondere Unternehmen, die stark auf Export fokussiert sind, erfahren durch die Globalisierung eine Erweiterung ihres Absatzmarkts und Gewinnsteigerungen. Kleine Unternehmen haben es jedoch immer schwerer, sich gegen die riesige Konkurrenz und den damit verbundenen Preisdruck durchzusetzen bzw. sich ihre Eigenständigkeit zu erhalten. Häufig werden kleine und mittelständische Unternehmen durch global agierende Unternehmen übernommen.

Aufgrund ihrer hohen Finanzkraft verfügen sie auch über die Möglichkeiten, durch Fusionen, Unternehmenskäufe und Unternehmensbeteiligungen ihre globale Marktposition zu festigen oder auszubauen. Nach Angaben der UNCTAD gab es in den Jahren 1990 bis 2009 rund 2.200 sogenannte Megafusionen mit einem Wert von mehr als einer Milliarde US-Dollar. Globale Unternehmen sind in vielen Ländern wichtig für Investitionen und Beschäftigung und damit für die ökonomische Entwicklung einzelner Volkswirtschaften. Begehrte Managerposten, sichere Arbeitsplätze, Umsatz-, Gewinn- und Wertsteigerungen der TNU sowie der zur ökonomischen Macht hinzukommende wachsende politische Einfluss lassen die globalen Unternehmen als große Gewinner der Globalisierung erscheinen.

Nicht zu unterschätzen sind aber auch die gewachsenen Anforderungen an globale Unternehmen. Global aufgestellte Unternehmen müssen nicht nur hochkomplexe betrieblich-organisatorische Leistungen erbringen. Sie müssen auch die schwierige Aufgabe lösen, eine *corporate identity* im vielschichtigen kulturellen Umfeld auszubilden. Je größer Unternehmen werden und je globalisierter sie sind, desto komplexer werden die organisatorischen Aufgaben und die Aufgabe, eine einheitliche Unternehmenskultur unter Berücksichtigung nicht nur der Interessen der Shareholder, sondern auch der Stakeholder zu wahren.

Im scharfen globalen Wettbewerb müssen sich Unternehmen zunehmend einer kritischen Begutachtung ihrer wirtschaftlichen Aktivitäten unter ökologischen und sozialen Maßstäben unterziehen. Der Global Compact der Vereinten Nationen ist eine strategische Initiative für Unternehmen, die sich verpflichten sollen, ihre Geschäftstätigkeiten an zehn universell anerkannten Prinzipien aus den Bereichen Menschenrechte, Arbeitsnormen, Umweltschutz und Korruptionsbekämpfung auszurichten. Globale Unternehmen, die sich in erster Linie der Gewinnmaximierung und ihren Shareholdern verpflichtet fühlen, damit aber gesellschaftliche und ökologische Belange vernachlässigen, sind womöglich in Zukunft auf den Weltmärkten weniger erfolgreich.

Autorentext

Shareholder Value

(dt.:Eigentümerwert, Aktionärsvermögen), bezeichnet den Marktwert des Eigenkapitals eines Unternehmens. Als Shareholder-Value-Konzept bezeichnet man eine Form der Unternehmensführung, die durch eine ausgeprägte Rendite-Orientierung diesen Eigentümerwert steigern will. Bei börsennotierten Aktiengesellschaften soll diese Strategie in Form von Dividendenzahlungen und Kurssteigerungen zu einem hohen Ertrag des Vermögens führen, das die Aktionäre (Shareholder) dem Unternehmen zur Verfügung gestellt haben.

Im Gegensatz dazu versucht das Prinzip der **Stakeholder** die Organisation in ihrem gesamten sozialökonomischen Kontext (der Umwelt) zu erfassen und die Bedürfnisse der unterschiedlichen Anspruchsgruppen in Einklang zu bringen.

Nach: www.daswirtschaftslexikon.com/d/shareholder_value/shareholder_value.htm (7.9.11)

M 4 Die Macht der Konzerne innerhalb der Weltordnung

P.M.: Wer ist mächtiger: Coca-Cola oder die Vereinten Nationen?
Mathias Albert: Das lässt sich nicht so einfach beantworten. Gerade multinationale Konzerne haben nach dem Zweiten Weltkrieg eine ungeheure Marktmacht entwickelt, die sich auch in politische Macht umsetzt. Einige haben das missbraucht.

Konzerne können Regierungen absetzen?
In etablierten Staaten ist das kaum möglich. Aber multinationale Konzerne [können] enormen Druck auf Regierungen ausüben. Sie haben die Macht, Arbeitsplätze in einem Land zu schaffen und im anderen zu vernichten, und sie können in einem gewissen Maße sogar entscheiden, wo sie Steuern zahlen – und wo nicht.

Genau das beobachten wir ja im Moment: Arbeitsplätze werden in Billiglohnländer verlegt, Firmensitze in Steuerparadiese.
Das ist eine Auswirkung der Globalisierung. Konzerne, die in vielen Ländern tätig sind, können sich natürlich aussuchen, wo die Rahmenbedingungen für sie am günstigsten sind.

Zum Begriff Legitimation, siehe Kapitel 2.2.3

Nett formuliert, aber in Wirklichkeit heißt das doch: Staaten sind durch Konzerne erpressbar.
Wenn man es drastisch sagen will, könnte man das so formulieren. Aber andererseits ist es auch berechtigt, wenn Unternehmen gegenüber Regierungen ihre Interessen vertreten. Im Übrigen ist es ja politisch gewollt, dass die Wirtschaft so mächtig geworden ist. Vor allem die Liberalisierung des Welthandels und der Weltfinanzmärkte hat dafür gesorgt.

Unterdessen sind unter den 100 größten Wirtschaftsmächten auf dem Globus nur noch 48 Staaten, aber 52 Konzerne. Gut oder schlecht?
Weder – noch. Diese Machtverschiebung ist keine moralische Frage. Es ist eine Frage der Weltordnung. Auch multinationale Konzerne stehen ja nicht außerhalb der Gesellschaft, sie gehören dazu – mit all ihren Vor- und Nachteilen.

Welches sind denn die Vorteile?
Unternehmen können viele Dinge schneller, effizienter und preisgünstiger bewerkstelligen als nationale Regierungen oder internationale Behörden. [Andererseits:] Unternehmen haben keine demokratische Legitimation, ihre Führung wird im Gegensatz zur Führung eines Landes nicht vom Volk gewählt und kontrolliert. Und wenn Konzerne weltweit tätig sind, gibt es kaum eine nationale oder internationale Organisation, die ihr Handeln überprüfen kann. Letztendlich stehen multinationale Konzerne zwar innerhalb der Weltgesellschaft, der Regelapparat zu ihrer Kontrolle bleibt aber weiterhin nur schwach ausgeprägt. [...]

Das Interview führte Michael Kneissler mit Professor Mathias Albert, Universität Bielefeld, in: PM-Magazin, 10/2006

M 5 Fressen und gefressen werden

Horst Haitzinger

M 6 ● Größe allein ist kein Erfolgsrezept

Wenn das keine Nachricht ist: Der Software-Konzern Microsoft wird erstmals seit 1986 einen Verlust für ein Quartal melden. [...] Der Konzern hatte 2007 die Online-Werbefirma Aqantive für 6,3 Milliarden Dollar übernommen. Es war der bis dahin größte Zukauf. Konkurrent Google hatte damals eine ähnliche Firma erworben. Davon wollten sich die Microsoftler offenbar nicht in den Schatten stellen lassen. Jetzt haben sie die Firma komplett abgeschrieben. Sie hat sich als wertlos entpuppt. Leidtragende sind am Ende die Aktionäre.

In der Unternehmensgeschichte ist die Liste der Fehlschläge lang. Nicht nur die berühmte „Hochzeit im Himmel" von Daimler und Chrysler endete mit Milliarden-Verlust und Scheidung. Der nach Expansion strebende BMW-Konzern wäre am britischen Autohersteller Rover fast erstickt. Die Allianz träumte von einer Zukunft als Allfinanzkonzern und übernahm die Dresdner Bank. Sieben Jahre später waren die Münchner froh, das Abenteuer mit zweistelligem Milliarden-Verlust beenden zu können. Adidas kaufte den Turnschuh-Konkurrenten Reebok, um dem Wettbewerber Nike davonzulaufen. Erst nach der Unterschrift stellten die Herzogenauracher fest, dass ihre Neuerwerbung heruntergewirtschaftet war. Die Deutsche Telekom wollte Weltkonzern spielen und kaufte in den USA den Mobilfunker Voicestream. Der Ausflug wurde verlustreich. Über den Prozentsatz der gescheiterten Fusionen und Firmenkäufe streiten die Gelehrten. Sicher ist aber, dass die meisten Aufkäufe nichts bringen. Nur jeder dritte Firmenkauf ist erfolgreich. Zu wenig, um die Strategie des Firmenkaufs für allgemein erfolgversprechend zu halten. Diese Erfahrung steht in jedem Lehrbuch, umso erstaunlicher ist, dass bei vielen Konzernchefs eine Fusion noch immer als der schnellste Weg zum Wachstum gilt. Der Grund für Scheitern ist ein erstaunliches Maß an Unvernunft. Kein kleiner Hauskäufer würde tun, was bei Firmenkäufern oft passiert: Die Interessenten sehen sich die Objekte der Begierde nicht genau genug an. Oft ist Hybris [= Übermut, Anmaßung] der Grund für einen Firmenerwerb. Ein Chef will als großer Stratege berühmt werden. Seriöse Studien belegen dieses charakterliche Defizit als häufigen Grund für teures Scheitern. Manche suchen das Heil im zugekauften Wachstum, weil die eigenen Ideen für Geschäfte fehlen. So kaufte 2004 der Elektronik-Konzern Sony für fünf Milliarden Dollar die amerikanische Filmfirma MGM. Die Japaner wollten unbedingt nach Hollywood. MGM ist heute nur noch ein Schatten seiner selbst und Sony zehrt weiter vom Ruhm der Achtziger.

Manche Chefs halten schlichte Größe für ein strategisches Ziel. Wie wenig dieses erstaunlich oft verwendete Motiv bringt, zeigt der amerikanische Autokonzern General Motors (GM). Der kaufte wahllos seine Marken zusammen, nur um der Größte zu werden. Im Jahr 2009 war GM am Ende und musste vom US-Steuerzahler gerettet werden.

Angst vor der Konkurrenz, Machtstreben oder Eitelkeit sind schlechte Berater beim Firmenkauf, und viele solide Firmen der Weltwirtschaft sind deshalb stark, weil sie nie etwas zugekauft haben. [...]

Karl-Heinz Büschemann, in: Süddeutsche Zeitung, 5.7.2012, S. 19

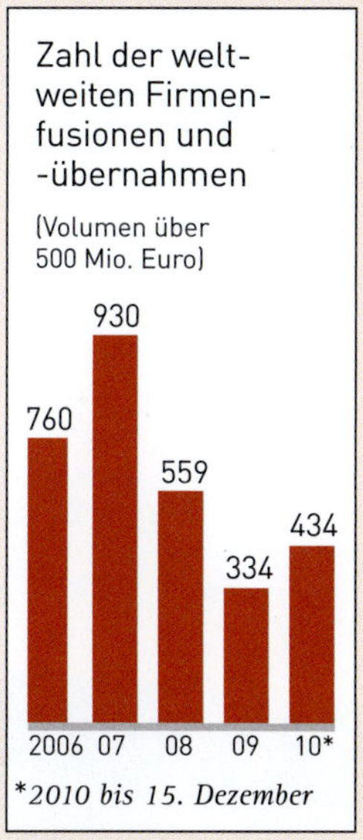

Nach: Der Standard, 20.12.2010

Aufgaben

1. Im Allgemeinen werden die TNU als große Gewinner der Globalisierung gesehen. Erklären Sie, wie es zu dieser Einschätzung kommt (M 1, M 3, M 4).
2. Erläutern Sie, unter welchen Bedingungen globale Unternehmen zu den Verlierern der Globalisierung gehören können (M 2, M 5, M 6).
3. Entwerfen Sie auf einem Plakat Leitsätze für erfolgreiche TNU.

F Recherchieren Sie zur Firmengeschichte Kodaks, und erläutern Sie die Ursachen für das Scheitern des Unternehmens (M 2).

1.3.2 Was haben deutsche Arbeitnehmer von der Globalisierung?

M 7 Drohkulisse Globalisierung?

Horst Haitzinger

M 8 Gute Aussichten für Arbeitnehmer

Obwohl die Unternehmen weiterhin Arbeitsplätze ins Ausland verlagern, wird in den kommenden 15 Jahren die Nachfrage nach Arbeitskräften fortlaufend stärker wachsen als das Angebot. Somit wird auch die Arbeitslosigkeit strukturell zurückgehen. Zu diesem Ergebnis kommt eine aktuelle Studie der Bertelsmann Stiftung über die Folgen der Globalisierung für den deutschen Arbeitsmarkt. Profitieren werden danach vor allem die qualifizierten Arbeitskräfte in den Boom-Branchen. Aber auch Angelernte und gering qualifizierte Menschen bekommen wieder bessere Chancen.
Nach Berechnungen der Stiftung geht gleichzeitig die Verlagerung von Arbeitsplätzen aus Deutschland ins Ausland ungebremst weiter. Insbesondere im produzierenden Gewerbe wird diese Tendenz noch weiter zunehmen und die Anzahl der Arbeitsplätze sinken. Anders dagegen bei den Dienstleistungen: Hier ist seit 2005 eine Trendwende zu beobachten. Obwohl Arbeitsplätze auch im Dienstleistungsbereich fortlaufend ins Ausland verlagert werden, steigt die Beschäftigung an, da der Bedarf größer wird als das Angebot, und im Inland mehr Arbeitsplätze geschaffen werden als verloren gehen. [...]
Immer entscheidender für die individuellen Zukunftsaussichten und die eigene Arbeitsplatzsicherheit wird der Grad der Qualifikation sein. In allen Qualifikationsstufen wächst dabei der Zwang zur Fortbildung und Entwicklung. Dies gilt insbesondere für Menschen ohne oder mit einfachem Berufsabschluss. [...] „Grundsätzlich lässt sich feststellen, dass solche Arbeitsplätze gefährdet sind, die durch routinemäßige, manuelle Tätigkeiten geprägt werden, wie etwa bei der Bestückung oder Bedienung von Maschinen“, so Eric Thode, Leiter der

Studie bei der Bertelsmann Stiftung. [...] Gefährdet seien aber auch Berufe mit mittlerem Qualifikationsniveau, wie Buchhaltung oder kalkulatorische Aufgaben. Weniger gefährdet durch die Globalisierung sind dagegen alle Arbeitsplätze, in denen entweder nicht in wiederkehrenden Routinen gearbeitet wird oder eine Nähe zwischen dem Arbeitsplatz und dem Leistungsabnehmer erforderlich ist. Dazu zählen alle Tätigkeiten, in denen analytische Fähigkeiten gefragt sind, wie Forschung, Entwicklung, Planung und Evaluation sowie Berufe, die durch interaktives Handeln geprägt sind, wie Verkaufen, Delegieren oder Koordinieren. „Das Gebot der Stunde heißt darum Qualifikation", so Eric Thode. Besonders sicher seien zudem jene Tätigkeiten, die am Menschen erbracht werden oder an einen Ort gebunden sind.
Zu den Berufen, die in den vergangenen Jahren dagegen quantitativ besonders zugenommen haben und weiterhin gute Zukunftsaussichten haben, zählen zum Beispiel Gesundheitsberufe, wie Altenpfleger, Krankenschwester und Sprechstundenhilfe oder sozialpflegerische Berufe, wie Heimleiter oder Sozialarbeiter. Immer häufiger nachgefragt werden auch Dienstleister wie Gästebetreuer, Hotel- und Gaststättenpersonal oder Flugbegleiter. [...] Besonders gefragt aber werden in zehn Jahren Akademiker sein. [...]

Bertelsmann Stiftung, Pressemeldung, Gütersloh, 28.7.2010

M 9 ● Die Zukunft der Arbeit in der globalisierten Arbeitswelt

Arbeitsmarktforscher, Management-Experten, Organisationspsychologen – egal, wen man fragt: Alle sind sich einig, dass die Arbeitswelt vor einem radikalen Wandel steht. Und ein Wort dominiert die Diskussionen: Flexibilität. Das klingt abgedroschen, doch dahinter verbirgt sich weit mehr als Anpassungsfähigkeit im Denken und Handeln. Der Arbeitnehmer von morgen wird mehr als nur einen Arbeitgeber haben, er wird häufiger zwischen Selbstständigkeit und Festanstellung wechseln und mehr Teilzeit- und Zeitarbeit leisten. Er wird in ständig wechselnden Projekten mit unterschiedlichen Teams aus unterschiedlichen Nationen zusammenarbeiten, viele seiner Kollegen nur auf dem Videobeamer oder per E-Mail, Chat oder Wiki kennenlernen. Und er wird darauf achten müssen, bei der damit verbundenen Informations- und Kommunikationsflut nicht den Verstand zu verlieren. [...]
„Wir sind die erste Generation, die sich vom Schreibtischzwang emanzipiert", sagt der Politologe und Journalist Markus Albers, dessen Buch „Morgen komm ich später rein" gerade [...] erschienen ist. Darin skizziert Albers, warum Anwesenheitspflicht und feste Arbeitszeiten überholte Modelle sind: „Wir leben in der Informationsgesellschaft, aber arbeiten oft noch nach den Regeln der Industriegesellschaft. Das muss sich ändern." Albers selbst ist das beste Beispiel für seine These. Vor einem Jahr saß er noch jeden Tag im Schnitt elf Stunden am Schreibtisch [...]. Als Festangestellter traf er sich nach Feierabend gelegentlich kurz mit Freunden oder ging direkt nach Hause, schaute fern und legte sich ins Bett, weil er am nächsten Tag wieder früh raus musste. Heute bleibt er auch mal länger liegen, nutzt so viel besser seine produktiven Hochphasen am Tag oder arbeitet von irgendeinem [...] Ort der Welt aus [...]. Klar, als Journalist geht das. Aber Albers ist überzeugt: Die Vorteile der freien Arbeitseinteilung werden künftig genauso Fach- und Führungskräfte aus diversen Branchen nutzen können. Manche tun das schon heute. Unternehmen wie die Deutsche Bank, SAP, IBM oder BMW lassen ei-

Sieht so der Arbeitsplatz der Zukunft aus?

1.3.4 Nützt die Globalisierung den Entwicklungsländern? Eine Kontroverse

Alfredissimo
Kochsendung mit Prominenten, die von 1994 bis 2006 vom WDR produziert wurde

Klassische Theorien internationaler Arbeitsteilung
Die **Theorie absoluter Kostenvorteile** nach Adam Smith geht davon aus, dass internationale AT ökonomisch dann sinnvoll ist, wenn eine Volkswirtschaft ein Gut, eine andere ein anderes Gut mit Produktivitätsvorteilen herstellt. Demgegenüber behauptet David Ricardos Theorem der **komparativen Kostenvorteile**, dass sich internationale AT selbst dann lohne, wenn ein Land jedes Gut produktiver herstellt. Spezialisieren solle sich dann die überlegene Wirtschaft auf das Produkt mit den größeren Produktivitätsvor-, die unterlegene Wirtschaft auf das Gut mit den geringeren -nachteilen. Beide Theoretiker gehen von Bedingungen des Freihandels aus.

M 14 ● Rezept von Alfredissimo

Gerhard Polt, Heute wegen Tod geschlossen, Zürich 2001, S. 29

M 15 ● Globalisierung sorgt für Wohlstand

Globalisierung bietet mehr Menschen größere Chancen auf ein besseres Leben als jede denkbare Alternative. Sie löst nicht alle Probleme, aber sie macht die Lösung aller Probleme einfacher. Internationaler Handel sorgt dafür, dass nicht alle Länder alles selbst herstellen müssen. Ein Tausch über nationale Grenzen hinweg ermöglicht es, Engpässe und Überschüsse ohne viel Aufwand rasch auszugleichen. Die globale Arbeitsteilung erlaubt es, Vorteile der Spezialisierung und der Massenproduktion zu nutzen. Das spart Kosten und Ressourcen. Der starke Druck der weltweiten Konkurrenz sorgt dafür, dass geringere Kosten in Form tieferer Preise an die Kunden weitergegeben werden. Tiefere Preise erhöhen die reale Kaufkraft der Löhne. Die steigende Arbeitsproduktivität als Folge der weitreichenden Spezialisierung und des dadurch weiter beschleunigten technologischen Fortschritts sorgt zusätzlich für steigende Reallöhne der Beschäftigten. Anders formuliert: Man muss selbst immer weniger lange arbeiten, um sich von anderen hergestellte Waren, Dienstleistungen, Urlaub oder Freizeit leisten zu können.

Die Fakten [...] zeigen, wie sehr die Globalisierung in den letzten fünfzig Jahren den

Wohlstand der Massen verbessert hat. Im Zeitalter der Globalisierung ist die Weltwirtschaft schneller gewachsen als jemals zuvor. Heute lebt ein kleinerer Teil der Menschheit in absoluter Armut als jemals zuvor in der Weltgeschichte. Zwar ist die Massenarmut keineswegs beseitigt. Sie ist aber geringer geworden. [...]

Die Globalisierungsgegner verweisen darauf, dass das Wachstum der Weltwirtschaft in der Nachkriegszeit nur einseitig den reichen Ländern zugute gekommen sei und dass die ärmeren Länder immer weiter zurückfallen würden. Gerne wird dabei auf die Wachstumsschere hingewiesen, die sich bei einem Pro-Kopf-Vergleich ergibt. So liegt das durchschnittliche Pro-Kopf-Einkommen in Afrika südlich der Sahara im Jahr 2005 im Durchschnitt bei weniger als 2.000 „international vergleichbaren" US-Dollar. Das sind lediglich etwa fünf Prozent des US-amerikanischen Niveaus von knapp 42.000 US-Dollar. Da ist es ein schwacher Trost, dass in der ersten Hälfte des laufenden Jahrzehnts die Wirtschaftsleistung in den am wenigsten entwickelten Ländern am stärksten gewachsen ist. Der Aufholprozess bleibt sehr schwach und in einzelnen Ländern, vor allem in Afrika südlich der Sahara, stockt er. Globalisierung bringt nicht allen Ländern und schon gar nicht allen Menschen gleich viel Reichtum. Sie hat aber dafür gesorgt, dass heute mehr Menschen länger und besser leben als jemals zuvor in der Weltgeschichte. [...] Es ist völlig unbestritten, dass es weltweit noch immer viel zu viel Hunger, Massenelend, Armut, Unfreiheit und Unterdrückung gibt. Dafür aber die Globalisierung verantwortlich zu machen, heißt jedoch, Ursache und Wirkung durcheinanderzubringen. [...]

Thomas Straubhaar, Was bringt die Globalisierung?, in: Rheinischer Merkur, 31.5.2007

Thomas Straubhaar ist Direktor des Hamburgischen Weltwirtschaftsinstituts.

Entwicklungsländer: Globalisierung bringt mehr Wachstum

Zunahme des Lebensstandards gemessen als reales BIP pro Kopf zwischen 1990 und 2006 in Prozent

Globalisierer: Entwicklungsländer, die sich für den Weltmarkt in den 80ern stark geöffnet haben	48,7
Nicht-Globalisierer: Entwicklungsländer, die sich für den Weltmarkt in den 80ern weniger (stark) geöffnet haben	22,1

Entwicklungsländer: Länder mit einem Pro-Kopf-Einkommen von weniger als rund 9.000 Dollar (ohne Transformationsstaaten)

Zahlen: IWF, Weltbank, in: iwd – Institut der deutschen Wirtschaft Köln, iw-Dossier Nr. 3/2010, 10.8.2010

M 16 ● Sozioökonomische Entwicklung weltweit

a) Armut nach Weltregionen

	Arme, die von weniger als 1,25 US-$ pro Tag leben					
	in Mio.			Anteil in %		
Region	1990	2008	2015*	1990	2008	2015*
Ostasien und Pazifik	926,4	284,4	159,3	56,2	14,3	7,7
davon China	683,2	173,0	k. A.	60,2	13,1	k. A.
Europa und Zentralasien	8,9	2,2	1,4	1,9	0,5	0,3
Lateinamerika und Karibik	53,4	36,8	33,6	12,2	6,5	5,5
Naher Osten und Nordafrika	13,0	8,6	9,7	5,8	2,7	2,7
Südasien	617,3	570,9	418,7	53,8	36,0	23,9
Afrika südlich der Sahara	289,7	386,0	397,2	56,5	47,5	41,2
Welt insgesamt	1.908,6	1.289,0	1.019,9	43,1	22,4	16,3
ohne China	1.226,8	1.116,0	-	37,2	25,2	k. A.

Weltbank (Hg.), Global Monitoring Report 2012, Overview, S. 3

* Prognose

b) Soziale Schlüsselindikatoren

	Beendigung der Grundschule (in %)		Kindersterblichkeit[1] (in ‰)		Lebenserwartung (in Jahren)	
Region	1988/89–1993/94	2007	1990	2007	1990	2011
Ostasien und Pazifik	97	100	59	27	68	72
Europa und Zentralasien	94	98	46	23	70	71
Lateinamerika und Karibik	88	97	53	26	68	74
Naher Osten und Nordafrika	82	91	80	38	61	71
Südasien	74	79	130	78	58	66
Afrika südlich der Sahara	50	63	187	146	51	54

[1]Sterblichkeit von Kindern unter fünf Jahren

World Bank, World Development Report 1992; Weltbank (Hg.), Weltentwicklungsbericht 2010; UNDP, Human Development Report 2011

c) Wirtschaftskraft

	Entwicklung des realen Bruttoinlandsprodukts pro Kopf in ausgewählten Regionen, Angaben in US-Dollar Kaufkraftparität							
	1980	1985	1990	1995	2000	2005	2010	Veränderung 1980–2010
Euro-Zone	k. A.	k. A.	k. A.	21.200	25.472	30.050	32.388	–
Schwellen- und Entwicklungsökonomien	1.278	1.721	2.156	2.488	3.092	4.302	5.772	+ 352 %
Afrika	963	1.210	1.377	1.427	1.627	2.124	2.589	+ 169 %
Zentral- und Osteuropa	3.747	4.973	6.167	6.715	8.530	11.781	14.292	+ 281 %
asiatische Entwicklungsländer	398	641	948	1.468	2.002	3.053	4.591	+ 1.053 %
Mittlerer Osten	4.066	4.767	5.070	5.881	7.103	9.163	11.318	+ 178 %
Westliche Hemisphäre	3.713	4.460	5.208	6.349	7.404	8.873	10.577	+ 185 %

IWF, zitiert nach: Thieß Petersen, Ökonomische Globalisierung und Neuverteilung des globalen Wohlstands, in: GWP 59 (2010), Heft 1, S. 80

M 17 ● Ungleichheiten zwischen Nord und Süd

Wichtig ist also bei der Betrachtung der weltweiten Ungleichheit nicht nur ökonomische Daten heranzuziehen, sondern weitere Faktoren zu berücksichtigen. Das Privileg oder der Nachteil einer bestimmten Staatsbürgerschaft (Pass) und damit verbundener Rechte (wie Mobilität und Visa) oder eben auch die Rechtlosigkeit (illegalisierte Migration), die Auswirkungen der internationalen Arbeitsteilung (Rohstoffexporteur versus Fertigwaren- und Konsumgüterexporteur) [...] üben einen entscheidenden Einfluss aus.

Des Weiteren sind das Geschlecht, die Zugehörigkeit zu einer bestimmten ethnisch-kulturellen Gruppe oder auch räumliche Aspekte (Stadt-Land-Gefälle, Wachstumszentren und prosperierende [= wachsende] Pole versus Hinterland und ökonomisch an Bedeutung verlierende Branchen und Regionen) von großer Bedeutung für die weltweit höchst ungleichen Lebenschancen, den Grad der sozialen und politischen Teilhabe sowie den Zugang zu materiellen Ressourcen. Aus sozial-ökologischer Perspektive spielen zudem auch Konflikte um knapper werdende natürliche Ressourcen (wie Wasser oder fossile Energieträger) innerhalb und zwischen Gesellschaften eine immer wichtigere Rolle. So illustriert die aktuelle Diskussion um den Klimawandel die drastische internationale Ungleichverteilung von Nutzen und Kosten bzw. den höchst ungleichen Ressourcenverbrauch und das Konsum- und Wohlstandsgefälle zwischen dem Norden und Süden sowie die ungleichen technologischen und finanziellen Möglichkeiten von Individuen und Gesellschaften, um auf die klimatischen Umweltauswirkungen sowie vermehrt auftretenden Naturkatastrophen reagieren zu können. [...]

So hat sich, obwohl das durchschnittliche Pro-Kopf-Einkommen der Weltbevölkerung kontinuierlich gestiegen ist, das Wohlstandsgefälle innerhalb – aber vor allem zwischen den armen und den reichen Ländern – beständig vergrößert. Die große Mehrheit der Untersuchungen nehmen zudem eine deutliche Verschärfung der zwischenstaatlichen sowie innerstaatlichen Ungleichverteilung von Einkommen und Vermögen an. [...]

Ohne die Berücksichtigung Chinas müssten auch vehemente Globalisierungsbefürworter die Vertiefung der weltweiten Einkommensungleichheit bestätigen. [...] [D]as Wirtschaftswachstum sowohl im Falle Chinas als auch Indiens [hat] zu einer Verringerung der zwischenstaatlichen Ungleichheit geführt, zeitgleich hat sich aber die nationale Ungleichverteilung der Einkommen insbesondere in China verschlechtert.

Auch der Internationale Währungsfonds (IWF) bestätigt einen Anstieg der weltweiten Ungleichheit. Demzufolge sei die Ungleichheit in den ökonomisch prosperierenden Ländern Asiens, in den neuen osteuropäischen EU-Mitgliedstaaten, in Lateinamerika, den Schwellenländern sowie den Industriestaaten in den vergangenen zwei Jahrzehnten gestiegen, während sie in einigen Ländern Subsahara-Afrikas leicht zurück gegangen sei. [...]

Tanja Ernst, Ana María Isidoro Losada, Nord-Süd-Beziehungen, in: Aus Politik und Zeitgeschichte (APuZ 10/2010)

Die Abbildung veranschaulicht die wichtigsten Aufgaben und Ziele der Entwicklungsdimensionen. Die Pfeile deuten die Spannungsfelder bzw. Zielkonflikte zwischen je zwei Entwicklungsdimensionen an.

Dieter Appelt, Karl Engelhard, auf: www.omnia-verlag.de/weltimwandel/php/start.php?id=3729

Aufgaben

1. Analysieren Sie Trends der globalen Ungleichheiten (M 16). Berücksichtigen Sie dabei die Entwicklungen innerhalb einzelner Weltregionen (regionaler Längsschnitt) und die weltweiten Unterschiede zu einem bestimmten Zeitpunkt (Querschnitt). Nutzen Sie hierfür auch die Statistik „Globale Handelsströme" (Kap. 1.1, M 9).

   Vorschlag: Werten Sie die Statistiken in einer arbeitsteiligen Gruppenarbeit aus.

2. Führen Sie eine Podiumsdiskussion zum Thema „Nützt die Globalisierung den Entwicklungsländern?" durch und protokollieren Sie die Ergebnisse (M 14 – M 17).

F Prüfen Sie, inwieweit die Erfolge bei der Bekämpfung der Armut die Entwicklung allgemein beeinflussen können.

ORIENTIERUNGSWISSEN

Globale Unternehmen
M 3, M 4

Als Schrittmacher der Globalisierung gelten Unternehmen mit ausländischen Niederlassungen oder Tochterunternehmen, sogenannte transnationale Unternehmen (TNU). Sie werden häufig als Gewinner der Globalisierung gesehen, weil sie die Möglichkeiten globalisierter Handelsbeziehungen nutzen und Unternehmenswerte steigern können und so großen wirtschaftlichen und politischen Einfluss gewinnen. Internationale Konzerne können für die Entwicklung des jeweiligen Gastlandes positive Beiträge leisten, z. B. durch attraktive und im Landesvergleich gut bezahlte Arbeits- und Ausbildungsplätze, Aufbau von Forschung und Entwicklung, Technologietransfer, die Qualität der Produkte und Dienstleistungen und die Nutzung und Förderung heimischer Zulieferbetriebe.

Gleichzeitig stehen globale Unternehmen vor großen Herausforderungen und sind nicht vor dem großen Wettbewerbsdruck geschützt. Es gibt viele Beispiele, in denen Missmanagement oder die falsche Einschätzung von Trends Traditionsunternehmen in den Ruin geführt haben. Auch Fusionen sind kein Patentrezept. Viele scheitern, weil die Unternehmen den Anforderungen komplexer betriebswirtschaftlicher Vernetzungen nicht gewachsen sind.

Zunehmend werden TNU auch wegen ihrer wirtschaftlichen Machtkonzentration, mangelnder Verantwortung für die Umwelt und politischer Einflussnahme kritisiert. Damit bilden sich neue Standards und Anforderungen heraus, die erfolgreiche TNU zukünftig erfüllen müssen.

Arbeitnehmer in der Globalisierung
M 9

Die Frage, ob die Globalisierung „Job-Knüller" oder „Job-Killer" ist, lässt sich nicht allgemein beantworten. Qualifizierte Arbeitsplätze stehen weniger unter dem Druck der Rationalisierung bzw. Auslagerung in Niedriglohnländer als schlecht qualifizierte Arbeiten. Gleichwohl verändern sich die beruflichen Anforderungen und Arbeitsbedingungen grundlegend: Hohe Mobilitätsanforderungen, Flexibilität und Eigenverantwortung, Abkehr von der lebenslangen gleichen Berufsausübung und unsichere Beschäftigungsverhältnisse prägen die Arbeitswelt nachhaltig. Diese Veränderungen können von Arbeitnehmern als Bereicherung aber auch als Belastung empfunden werden.

Der Konsument in der globalen Warenwelt
M 11, M 13

Der Konsument profitiert von einem vielfältigen und günstigen Warenangebot. Dies gilt vor allem für standardisierte, in Massenfertigung hergestellte Waren. Gleichzeitig verringern sich die Auswahlmöglichkeiten, weil kleinere (lokale) Unternehmen im internationalen Wettbewerb nicht bestehen können. Die global hergestellten Waren sind teils auch deshalb billig, weil soziale und ökologische Standards unzureichend beachtet werden. Der Konsument kann durch seine Kaufentscheidungen, z. B. den Kauf von etwas teureren Fairtrade-Produkten, einen Beitrag zum verantwortungsbewussten Verbraucherverhalten leisten.

Entwicklungsländer
M 15, M 17

Wohlstand und Entwicklungschancen auf der Welt sind nach wie vor ungleich verteilt. So erwirtschaften etwa 15 Prozent der Weltbevölkerung in den Industrieländern ca. 50 Prozent der Weltwirtschaftsleistung. Ob die Globalisierung diese Ungleichheit verstärkt oder ob sie den ärmeren Ländern Chancen eröffnet, um am Wohlstand teilzuhaben, wird unterschiedlich beurteilt. Viele Staaten, insbesondere in Südostasien, konnten von einer Integration in den Weltmarkt überproportional profitieren. Das Wachstum anderer Länder, allen voran die afrikanischen Staaten südlich der Sahara, weist dagegen eine deutlich geringere Dynamik auf. Zwar geht die Armut weltweit zurück, doch vergrößert sich das Wohlstandsgefälle zwischen reichen und armen Staaten immer weiter. Auch innerhalb der Staaten kann man diese Entwicklung beobachten.
Untersuchungen zeigen, dass das Ausmaß von Wohlstandsgewinnen vom Grad der Marktöffnung abhängig ist. Entwicklungserfolge aufgrund der Liberalisierungsstrategie stellen sich aber längst nicht für alle Länder ein. Wenn Märkte sich öffnen, ist das für das betroffene Land oft ein sehr schmerzhafter Vorgang. Branchen, die auf dem abgeschotteten heimischen Markt gut platziert waren, brechen zusammen, Menschen werden teilweise dauerhaft arbeitslos. Eine staatliche Strukturpolitik oder Sozialpolitik, die Härten abfedern könnte, fehlt in vielen Entwicklungsländern. Armut und Verelendung können sich so als Modernisierungshemmnisse erweisen, welche die politische Stabilität untergraben und gewaltsame Konflikte hervorrufen.

KOMPETENZEN ANWENDEN

Die Zwiespältigkeit der Globalisierung charakterisieren

Die Globalisierung ist weder Naturereignis noch allein Folge des technischen Fortschritts. Sie wird seit Jahrhunderten angetrieben vom friedlichen Handel und Wandel. Sie ist politisch gewollt und bewusst beschleunigt worden durch die Öffnung der Märkte und die Schaffung internationaler Institutionen. Sie hat dann einen zusätzlichen Schub erhalten durch den Fall des Eisernen Vorhangs und den Eintritt Chinas und Indiens in die Weltwirtschaft. Milliarden Menschen tragen mit ihrer Arbeit und ihren Wünschen dazu bei. Ihr Streben nach Glück durchdringt und verändert die Welt. Diese Veränderungen machen in den westlichen Industrienationen vielen Menschen Sorgen. Sie fragen: Können unsere Staaten auch weiterhin die Voraussetzungen für Freiheit, Arbeit, Wohlstand und sozialen Ausgleich bieten? Haben sie die Kraft, der Entwicklung der Weltwirtschaft Regeln zu setzen und Probleme wie die grenzüberschreitende Umweltverschmutzung und das organisierte Verbrechen wirksam zu bekämpfen? Gefährdet die Globalisierung am Ende unser ganzes Sozialmodell?

Januskopf

Ianus war der römische Gott des Anfangs und des Endes, der Ein- und Ausgänge. Der Januskopf gilt als Symbol der Zwiespältigkeit.

Solche Fragen sind berechtigt, denn in der Tat: Der weltweite Wettbewerbsdruck stellt Vieles auf die Probe, die Wirtschaftsunternehmen genauso wie die Umsicht und Wirksamkeit allen staatlichen Handelns. Kein Zweifel: Es gibt soziale Härten. Doch der Sozialstaat hat Bestand. [...] Alle Erfahrung zeigt: Dauerhafter wirtschaftlicher Erfolg braucht Rechtssicherheit, sozialen Frieden, gut ausgebildete und fleißige Menschen mit freien Entfaltungsmöglichkeiten und eine gute Infrastruktur. Je mehr davon ein Land zu bieten hat, desto erfolgreicher ist es in der Globalisierung und desto mehr Ordnung trägt es in sie hinein. [...] Zunächst einmal: Gerade uns Deutschen ist die Globalisierung besonders zugute gekommen. Dass nach dem Zweiten Weltkrieg der Wiederaufbau gelang und wir heute an der Spitze der weltweiten Exportstatistik stehen, das haben wir vor allem der Integration unseres Landes in die Weltwirtschaft zu verdanken. Wir genießen heute ein so hohes Maß an Wohlstand wie nie zuvor in unserer Geschichte.

Wahr ist allerdings auch: Die Ungleichheit der Einkommensverteilung in Deutschland hat zugenommen – nicht zuletzt, weil die Einkünfte aus Kapitalerträgen viel stärker gestiegen sind als die Arbeitslöhne. Die Erwerbsbiographien sind unsicherer geworden und verlaufen weniger stetig. Viele westliche Industrienationen erleben eine ähnliche Entwicklung. Die Arbeitslöhne sind unter Druck geraten, weil der weltweite Wettbewerb schärfer geworden ist und weil der technische Fortschritt immer mehr einfache Arbeiten ersetzt. Es geht der breiten Mittelschicht in Deutschland zwar unverändert recht gut, aber es greifen Abstiegsängste um sich, und viele Menschen aus einkommensschwachen und bildungsferneren Schichten kommen aus eigener Kraft nicht voran. [...]

Wir haben in der Vergangenheit eine wachsende Ungleichheit der Einkommen nur hingenommen, weil die Kurve für alle nach oben wies. Das muss so bleiben. Der Aufstieg der einen darf nicht der Abstieg der anderen sein! [...] Wer unverschuldet in Not gerät, soll sich auch künftig auf das soziale Netz verlassen können und eine wirksame Starthilfe erhalten, um schnell wieder aus eigener Kraft voranzukommen. Es müssen endlich alle wirklich gleiche Zugangschancen zu guter Bildung, wirtschaftlichem Erfolg und sozialem Aufstieg haben. Bildung ist die wichtigste Voraussetzung für gesellschaftliche Gerechtigkeit und soziale Mobilität.

Wahr ist ferner: Der weltweite Wettbewerb beschleunigt den wirtschaftlichen Strukturwandel und trägt dazu bei, dass vor allem Menschen arbeitslos werden, die keine gute Ausbildung haben. Zugleich beobachten wir, dass Branchen wie der Maschinenbau oder die Medizintechnik von der Nachfrage in den aufstrebenden Ländern profitieren und deshalb wachsende Schwierigkeiten haben, ihren Bedarf an qualifizierten Arbeitskräften zu decken.

Kluge Beobachter sagen deshalb: Der wirkliche Konflikt über die Globalisierung spielt sich nicht zwischen den ärmeren und den reicheren Ländern ab, denn alle Länder können von fairem Handel und internationaler Arbeitsteilung profitieren. Der eigentliche Konflikt entsteht innerhalb der Länder, zwischen den Gewinnern und den Verlierern des Strukturwandels. [...]

Es wurde auch vorhergesagt, die Globalisierung würde die Entwicklungsländer immer mehr verarmen lassen. Die Not dort würde immer größer werden, die Arbeitsbedingungen immer schlechter, die Ausbeutung immer brutaler. [...] Niemals zuvor hat ein so großer Teil der Weltbevölkerung so große Zuwächse an Lebensstandard genossen wie in den vergangenen zwanzig, dreißig Jahren. Allein in China haben sich seit 1980 fast eine halbe Milliarde Menschen aus krasser Armut herausgearbeitet. [...] Noch immer lebt ein großer Teil der Menschheit in tiefster Armut. Ganz Afrika mit seinen rund eine Milliarde Menschen zum Beispiel steht nicht mehr Einkommen zur Verfügung als den etwa 20 Millionen Einwohnern von Bayern und Niedersachsen [...].

Das ist die hässliche Seite der Globalisierung, die Rücksichtslosigkeit des Stärkeren, und leider ist daran auch Europa beteiligt. [...] Auch Europa errichtet Handelsbarrieren gegen die Entwicklungsländer, überschwemmt sie – auf Kosten der hiesigen Steuerzahler – mit Lebensmitteln zu Dumpingpreisen und zerstört damit dort die Erwerbs- und Lebensgrundlagen der bäuerlichen Gesellschaften. Auch Europa fischt Afrikas Küsten leer und verweist Kritiker kalt lächelnd auf geschlossene Verträge. Und dann reagiert Europa mit Erstaunen, Mitleid und einem Gefühl der Belästigung, wenn immer mehr Afrikaner sich in ihren Nussschalen auf den Weg übers Meer machen, um etwas Besseres zu finden als Armut und Elend.

Berliner Rede des ehemaligen Bundespräsidenten Horst Köhler am 1.10.2007 (gekürzt), auf: www.bundespraesident.de/SharedDocs/Reden/DE/Horst-Koehler/Reden/2007/10/20071001_Rede.html

Aufgaben

1. Charakterisieren Sie vor dem Hintergrund von Horst Köhlers Rede das „Janusköpfige" der Globalisierung.
2. Bewerten Sie die Aussagen Horst Köhlers. Verfassen Sie dazu einen Kommentar.

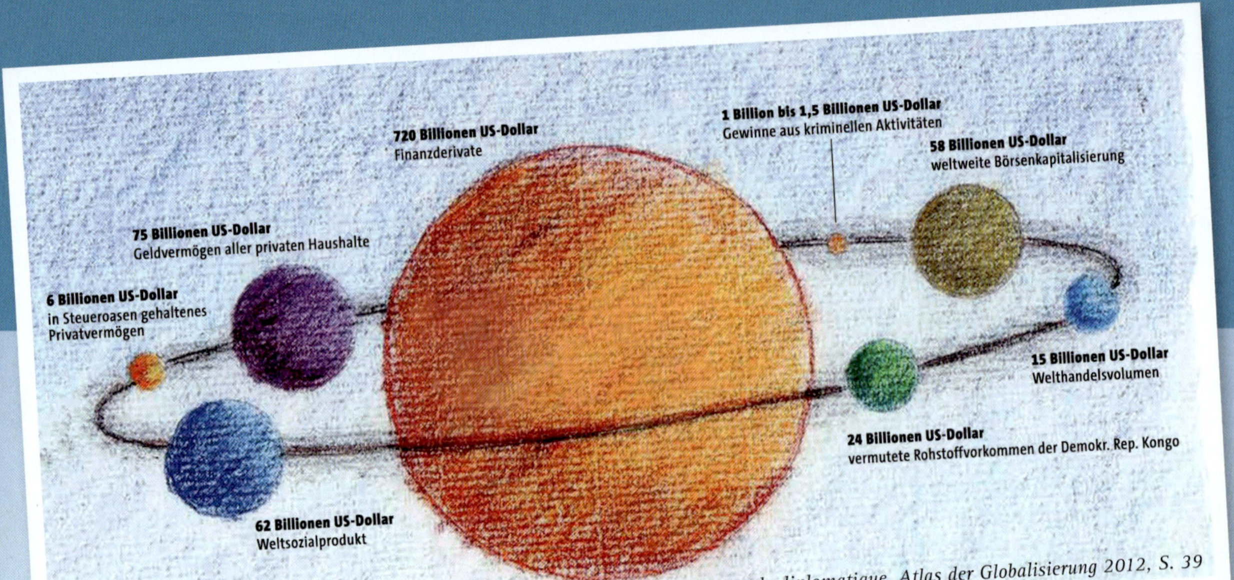

Le monde diplomatique, Atlas der Globalisierung 2012, S. 39

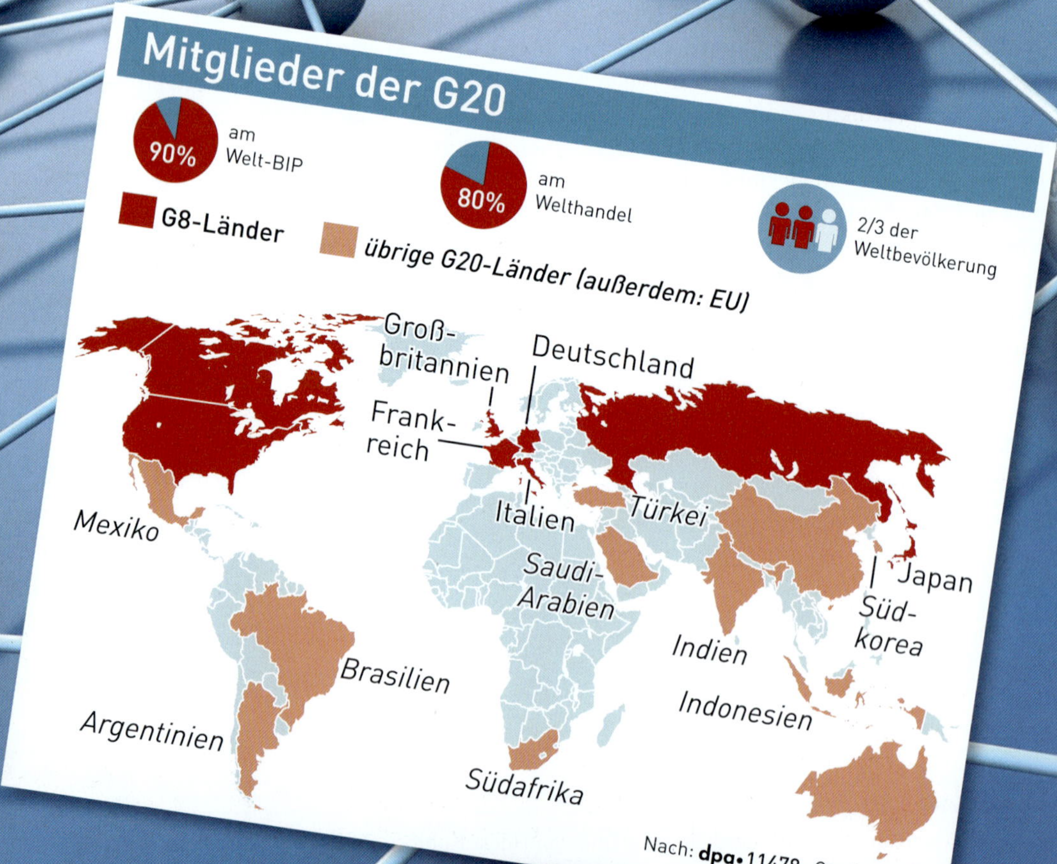

Nach: **dpa**•11478 Quelle: G20

Global Economic Governance – Strukturen und Tendenzen des Weltwirtschaftssystems

2

Im Zeitalter der Globalisierung hat sich der weltweite Handel massiv intensiviert. Damit sind zwangsläufig zwischenstaatliche Konflikte verbunden, ergeben sich aus eben diesem Handel doch Chancen und Risiken für die jeweiligen Länder, die neben der Wirtschaftskraft die soziale Situation sowie ökologische Risiken betreffen können.

Am Beispiel eines Handelsstreites zwischen China und der EU, der auch Sie als Konsumenten unmittelbar betrifft, lernen Sie Gegenstände und Ausmaß möglicher Handelskonflikte kennen und untersuchen die Grundsätze und Entscheidungsmechanismen, mit denen diese im Rahmen der Welthandelsorganisation gelöst werden (können) (Kapitel 2.1). Dabei setzen Sie sich auch mit der Kritik an der WTO auseinander und können sich diesbezüglich ein begründetes Urteil bilden.

Die Finanzkrise 2008 hat nicht nur die schwerste Wirtschaftskrise seit 1929 ausgelöst, sondern auch drastisch vor Augen geführt, welche Bedeutung die seit den 1970er-Jahren exponentiell gewachsenen internationalen Finanzmärkte und deren Vernetzung haben. Mithilfe von Kapitel 2.2 können Sie erarbeiten, ob die Finanzmärkte vor allem zerstörerisches Potenzial haben oder ob sie auch konstruktiv in Hinblick auf Wohlstandssteigerung wirken können. Auch können Sie Fragen beantworten wie: Was wird auf Finanzmärkten eigentlich gehandelt? Welche Ursachen und Folgen haben große Finanzkrisen für die Bürger? Sind Finanzmärkte nur von geldgierigen Spekulanten gesteuerte „Orte" oder ist der Normalbürger nicht nur Leidtragender, sondern auch Miturheber?

Aufgaben

1. Arbeiten Sie aus dem Schaubild und dem Diagramm mögliche globale ökonomische Problembereiche heraus.
2. Entwickeln Sie Anforderungen an (a) eine institutionalisierte Welthandelsordnung bzw. (b) eine institutionalisierte Weltfinanzordnung. Entwerfen Sie dazu Demonstrationstransparente mit knappen und eindeutigen Forderungen.

KOMPETENZEN

Am Ende dieses Kapitels sollten Sie Folgendes wissen und können:

... Aufbau und Funktion wesentlicher internationaler Wirtschaftsregime (WTO, internationale Finanzmarktordnung) kennen.

... das Zustandekommen von internationalen ökonomischen Konflikten (z. B. Handelsstreits) und Krisen (z. B. Wirtschaftskrise um 2009) – nach Ursachen, Auslösern und Folgen getrennt – erklären.

... die Wirksamkeit und Legitimität von internationalen ökonomischen Regelsystemen beurteilen.

... bei privaten finanziellen Anlageentscheidungen die Auswirkungen von Spekulationsgeschäften berücksichtigen.

2.1 Gerechter Handel für alle? Die Welthandelspolitik im Rahmen der WTO

2.1.1 „Seltene Erden“: Handelskonflikt um einen Rohstoff

M 1 ● Werden Smartphones unbezahlbar?

a) China treibt Preise für Seltene Erden in die Höhe

Weil im vergangenen Jahr durch die weltweite Konjunktureintrübung die Preise für Seltene Erden kräftig gefallen sind, hat das chinesische Handelsministerium in Peking angekündigt, die Exporte im ersten Halbjahr 2012 bei 10.546 Tonnen zu deckeln – das sind 27 Prozent weniger als im Vorjahr. […] Zudem will das chinesische Handelsministerium die Zahl der ausfuhrberechtigten Unternehmen von 26 auf nur noch elf beschränken.

Nicolai Kwasniewski/dapd, auf: www.spiegel.de, 27.12.2011

b)

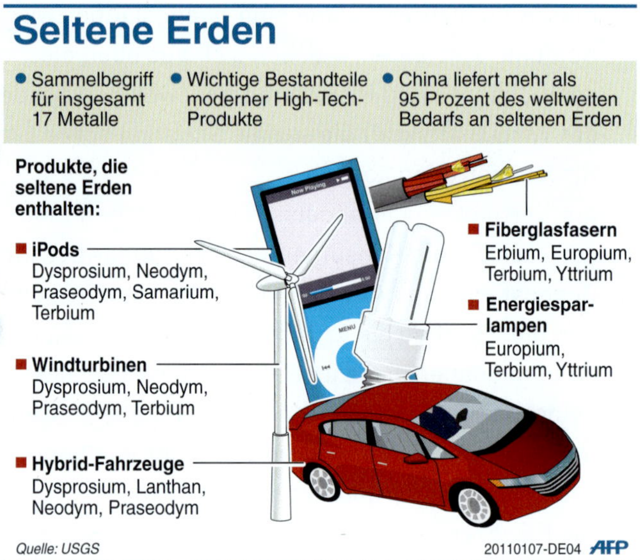

M 2 ● „Seltene Erden“: Bedeutung eines Rohstoffes

Seltene Erden sind ein besonders heikles Thema für die USA [und weitere westliche Industrienationen]. Aufgrund ihrer Eigenschaften sind sie für die Herstellung von Hochtechnologieprodukten und bei Grünen Technologien wie der Photovoltaik, Windkraftanlagen oder auch der Elektromobilität heute so gut wie unersetzbar – Industrien, in denen China droht, die USA abzuhängen. Auch für die moderne Kriegsführung ist die Metallgruppe kritisch. So ist sie Bestandteil beispielsweise von Radargeräten, Lasern und Zielautomatiken, die in präzisionsgelenkter Munition, Marschflugkörpern, Kampfflugzeugen, Raketenabwehrsystemen und Nachtsichtgeräten eingesetzt werden. Auch für den Bau von Drohnen werden Seltene Erden benötigt. Insofern fürchten die USA eine gefährliche Abhängigkeit von dem ohnehin nicht einfachen Handelspartner. Dass China nicht davor zurückschreckt, seine Muskeln spielen zu lassen, zeigte es 2010, als das Land – wenn auch nicht offiziell – ein temporäres Embargo auf den Export Seltener Erden nach Japan verhängte. Der viel zitierte Ausspruch „der Nahe Osten besitzt Öl, China besitzt Seltene Erden“ des ehemaligen Staatspräsidenten Chinas, Deng Xiaoping, bestärkt die Sorge der Amerikanerinnen und Amerikaner.

Zwar kommen, anders als ihr Name suggeriert, die Seltenen Erden in der Erdkruste sehr häufig vor. Große, abbauwürdige Lagerstätten finden sich beispielsweise in Russland, Kanada, Australien oder auch den USA. Bei der Produktion allerdings verfügt China nahezu über ein Monopol:

Auf das Land entfallen etwa 95 Prozent der globalen Produktion und fast die Hälfte der geschätzten globalen Reserven. Die USA sind fast vollständig auf Importe der Metalle angewiesen. Im Jahr 2011 importierten sie Seltene Erden im Wert von 696 Millionen US-Dollar, was einen Anstieg von 161 Millionen US-Dollar im Vorjahresvergleich bedeutet. Dabei stammten 79 Prozent aus China. Umso gravierender ist es, dass die aus China exportierten Seltenen Erden aufgrund von Quoten, Exportzöllen und Mindestexportpreisen derzeit deutlich teurer sind als auf dem chinesischen Markt.

Stormy-Annika Mildner, Seltene Erden, in: Stiftung Wissenschaft und Politik (Hg.), Kurz gesagt, 15.3.2012

M 3 ● Freihandel und Protektionismus – außenhandelspolitische Leitbilder

Freihandel und Protektionismus bilden zwei gegensätzliche Pole, zwischen denen die Außenhandelspolitik von Staaten bzw. Staatengruppen ausgestaltet werden kann:

	Freihandel	Protektionismus
Grundannahme	Ein ungeregelter Handel („Weltmarkt") führe zur optimalen Allokation (Verteilung bzw. Zuweisung von Ressourcen) aller auf der Welt verfügbaren Güter (Tausch, Arbeitsteilung) und somit zum Wohlstand für alle Beteiligten.	Die einheimische Produktion von Gütern und deren Handel bei gleichzeitig möglichst geringen Importquoten führe zu einer florierenden Wirtschaft, in der die Bevölkerung Arbeit finde und der Staat angemessene Steuereinnahmen generiere, mit denen die Wirtschaft weiter belebt werden könne.
Konkrete Maßnahmen	• Vollständiger Abbau/Vermeidung tarifärer und nicht-tarifärer Handelsbeschränkungen • Instrumente zur Kontrolle und Durchsetzung des Freihandels • Etablierung von Freihandelszonen und integrierten Wirtschaftsräumen	**Tarifäre Handelsbeschränkungen:** • Zölle als indirekte Steuer auf Import- bzw. Exportgüter **Nicht-tarifäre Handelsbeschränkungen:** • Mengenbeschränkungen (Kontingente) • Beschränkungen anhand von Produkteigenschaften (z.B. technische Normen, Verbraucherschutz) • Subventionen an einheimische Produzenten • Öffentliche Auftragsvergabe an inländische Firmen
Gründe für wirtschaftspolitische Umsetzung	• Erschließung neuer Märkte unter... • Ausschöpfung absoluter oder komparativer Kostenvorteile • Versorgung mit Gütern, über die das Land nicht selbst verfügt	• Schutz von im globalen Wettbewerb unterlegenen Industriezweigen, auch... • bei staatlich angeregtem Aufbau neuer Industriezweige („nachholende Entwicklung") • Sicherung von Arbeitsplätzen

Zusammenstellung des Autors

Aufgaben

1. Arbeiten Sie die Positionen und dahinter liegenden Interessen der Akteure im Handelskonflikt um die „Seltenen Erden" (M 1, M 2) heraus.
   Vorschlag: Visualisieren Sie Ihre Ergebnisse in einem Venn-Diagramm.

Venn-Diagramm

2. a) Die Volkswirtschaft Palumbiens ist durch große Vorkommen agrarischer Rohstoffe sowie eine wenig effiziente Industrie zur Weiterverarbeitung dieser Güter (z.B. Kaffeeröstung) geprägt. Fossile Rohstoffe sowie industrielle Konsumgüter kann Palumbien demgegenüber kaum oder gar nicht im eigenen Land gewinnen bzw. herstellen.
   Beschreiben Sie (M 3) die konkrete Ausgestaltung der palumbischen Außenhandelspolitik und ihrer Auswirkungen (Preise, Versorgungssituation) unter Bedingungen des (a) Freihandels und des (b) Protektionismus.
   b) Ordnen Sie die Positionen der am Handelskonflikt um die Seltenen Erden beteiligten Akteure in die außenhandelspolitischen Leitbilder (M 2, M 3) ein.

F Referieren Sie die Außenhandelstheorien von Adam Smith und David Ricardo als theoriegeschichtliche Bezugspunkte der Freihandels-Doktrin.

2.1.2 Die Welthandelsorganisation: „Arena“ für die Regulierung von Handelskonflikten

M 4 „Seltene Erden“: ein Handelskonflikt kommt vor die WTO

Der Handelsstreit mit China um Exportbeschränkungen für sogenannte Seltene Erden wird zu einem Fall für die Welthandelsorganisation (WTO) in Genf. Wie der Handelskommissar der Europäischen Union, Karel De Gucht, mitteilte, wurde gemeinsam mit den USA und Japan Beschwerde eingereicht. Ziel sei die Aufnahme eines offiziellen Schlichtungsverfahrens, erklärte er.

Mit Exportquoten, Zöllen und Mindestpreisen benachteilige China die globalen Abnehmer und verstoße damit gegen den Beitrittsvertrag zur WTO. „Diese Maßnahmen schaden Produzenten und Verbrauchern in der EU und in der ganzen Welt“, sagte De Gucht. [...]

In China stieß das Vorgehen auf Kritik. Industrieminister Miao Wei sagte der staatlichen Nachrichtenagentur Xinhua, man bedaure die Entscheidung. China werde sich nun aktiv verteidigen und seine Position darlegen. Ein Sprecher des Außenministeriums betonte, die Exportbeschränkungen stünden im Einklang mit den WTO-Regeln. Sie seien zum Schutz der Umwelt verhängt worden und sollten darüber hinaus eine nachhaltige Entwicklung im Land gewährleisten. China werde den internationalen Markt weiter mit Seltenen Erden versorgen.

Christoph Prössl, auf: www.tagesschau.de vom 13.3.2012

M 5 Die Welthandelsorganisation: Grundprinzipien und institutionelle Ordnung

Seit 1995 legt die Welthandelsorganisation WTO (World Trade Organization) als einzige international anerkannte Vertragsinstitution Regeln des Welthandels fest. Die um wichtige Bereiche wie Dienstleistungen und geistiges Eigentum erweiterte WTO ist die Nachfolgeorganisation des GATT (General Agreement on Tariffs and Trade). Ihre Mitglieder wickeln über 90 % des Welthandels ab.

Das Hauptziel der WTO, die Erleichterung des weltweiten Handels im Sinne der Grundannahmen der liberalen Handelstheorie, soll durch Vereinbarungen zum wechselseitigen Abbau von Handelshemmnissen unter den Mitgliedstaaten sowie durch die Etablierung von Verfahren zur Beilegung von Streitigkeiten erreicht werden. Durch die ständige Überprüfung der nationalen Handelspolitik sollen Konflikte mit den bestehenden multilateralen Verpflichtungen möglichst frühzeitig erkannt und ausgeräumt werden. Scheitert die informelle Streitbeilegung, so besitzt die WTO ein formelles Streitschlichtungsverfahren. Kommt es hier zu keiner Einigung oder befolgt eine Partei den Schiedsspruch nicht, so können die Staaten Gegenmaßnahmen in Form von Strafzöllen oder der Rücknahme von Handelserleichterungen ergreifen.

Nach: Wichard Woyke, WTO/GATT, in: Wichard Woyke (Hg.), Handwörterbuch internationale Politik, 9. Aufl., Opladen 2004, S. 591 ff. (aktualisiert)

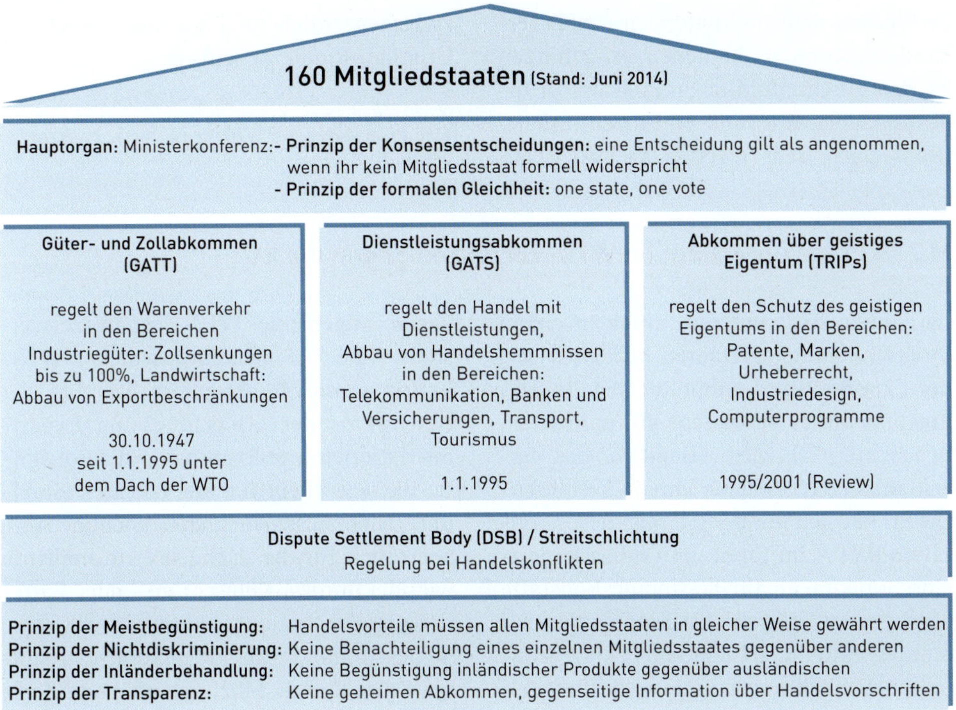

Grafik nach: Politik und Unterricht 4/2003, Globalisierung, Landeszentrale für politische Bildung Baden-Württemberg, S. 28

M 6 ● Der Nichtdiskriminierungsgrundsatz – Grundlage einer freien Handelsordnung

Das zentrale Prinzip, das der multilateralen Handelsordnung zugrunde liegt, ist der **Nichtdiskriminierungsgrundsatz**. Das Nichtdiskriminierungsprinzip besagt, dass Anbieter beziehungsweise ihre Waren und Dienstleistungen unabhängig von ihrer Herkunft gleich behandelt werden müssen. Das Nichtdiskriminierungsprinzip hat zwei Hauptausprägungen: Zunächst dürfen gemäß dem **Grundsatz der Inländerbehandlung** ausländische Waren nicht schlechter behandelt werden als vergleichbare inländische Waren – etwa hinsichtlich steuerlicher Regelungen oder Vermarktungsregeln. Gemäß dem **Grundsatz der Meistbegünstigung** müssen zudem alle vergleichbaren ausländischen Waren unabhängig vom jeweiligen Herkunftsland gleich behandelt werden. Das Nichtdiskriminierungsprinzip ist damit Grundlage für jede freihändlerische Ordnung und damit für eine marktwirtschaftliche Ordnung im internationalen Rahmen. Motiviert werden die Liberalisierungsbestrebungen durch [Grundannahmen der liberalen Wirtschaftstheorie]. Diese legen nahe, dass eine freihändlerische Handelspolitik in aller Regel die beste Politikempfehlung unter Wohlfahrtsgesichtspunkten darstellt, [ohne dass hierbei Fragen der gerechten Verteilung berücksichtigt werden].
Gleichwohl gibt es von beiden Ausprägungen des Nichtdiskriminierungsgrundsatzes gewichtige Ausnahmen: Abweichend vom Grundsatz der Inländerbehandlung dürfen ausländische Güter mit Einfuhrzöllen belegt werden. [Deren Höhe wird] in sogenannten Zolllisten, die beim WTO-Sekretariat in Genf hinterlegt sind, auf einem bestimmten Niveau produktweise gebunden. Diese von Land zu Land unterschiedlichen gebundenen Zölle sind das Ergebnis

Schlichtungsverfahren in der WTO

Eine wesentliche Neuerung bei der Gründung der Welthandelsorganisation gegenüber ihrem Vorgänger der GATT-Verträge ist in der Institutionalisierung eines wirksamen, weil durchsetzungsfähigen Schlichtungs- bzw. Gerichtsverfahrens für Handelsstreitigkeiten zu sehen.
Hierbei kann ein Mitglied der WTO ein anderes wegen des Verstoßes gegen die Prinzipien der Welthandelsorganisation vor dem Dispute Settlement Body (DSB) anklagen, wobei der Eröffnung eines Streitbeilegungsverfahrens vergleichsweise geringe Hürden gesetzt sind. Ein hierfür zuständiges „Panel" (internationale Handelsexperten) überprüft den Fall, sofern die Streitparteien sich nicht einigen können, und nimmt eine Bewertung dessen vor. Diese Stellungnahme kann nur einstimmig vom DSB abgelehnt werden, was auch für den Fall eines Berufungsverfahrens gilt. Eine unterlegene Streitpartei kann daher das Streitbeilegungsverfahren nicht durch ein eigenes Veto unterlaufen, sondern muss sich der Entscheidung der Mehrheit der WTO-Mitgliedstaaten fügen.
Autorentext

der bislang acht multilateralen GATT-Verhandlungsrunden, in denen es gelungen ist, den durchschnittlichen Zollsatz der Industrieländer von rund 40 Prozent unmittelbar nach dem Zweiten Weltkrieg auf zwischenzeitlich rund 4 Prozent nach der Uruguay-Runde zu senken.

Nach: Thomas A. Zimmermann, Die WTO: Der falsche Prügelknabe; in: WTO-News, Ausg. 2 (Dezember 2000), S. 1 f.

M 7 ● China unterliegt im WTO-Verfahren gegen die EU

Im Januar 2012 unterlag China in einem Streitschlichtungsverfahren bezüglich seiner Exportpolitik bestimmter Metalle. Das Ergebnis dieses Verfahrens gilt politischen Beobachtern als wegweisend für das derzeit anhängige „Seltene Erden"-Verfahren: Die EU hat sich vor der Welthandelsorganisation (WTO) im Streit um Chinas Exporteinschränkungen für bestimmte Rohstoffe durchgesetzt. Wie die EU-Kommission am Montag mitteilte, hat ein von Peking beantragtes Schlichtungsgremium die Feststellung eines WTO-Panels vom vergangenen Juli bestätigt, dass sich China nicht auf den Umweltschutz berufen könne, wenn es die Gewinnung dieser Rohstoffe für den heimischen Markt nicht ähnlich einschränke. [...]

Die EU hatte 2009 gemeinsam mit den USA und Mexiko die WTO angerufen, da nach ihrer Auffassung Chinas Rohstoffpolitik gegen allgemeine WTO-Grundsätze verstößt, die China mit seinem WTO-Beitrittsprotokoll akzeptiert hat. Bei der Beschwerde der EU geht es um Exportrestriktionen und Exportzölle für Rohstoffe, die vor allem für die Chemie-, Stahl- und Nicht-Eisen-Industrie wichtig sind, aber auch für die nachgelagerte Industrie wie Elektronik-, Kühlschrank- oder Batteriehersteller.

So beschränkt Peking den Export von Bauxit, Koks, Fluorit, Siliziumcarbid und Zink; Exportzölle in Höhe von 70 Prozent werden auf gelben Phosphor, auf Bauxit (15 Prozent), Koks (40 Prozent), Fluorit (15 Prozent), Magnesium (10 Prozent), Mangan (15 bis 20 Prozent), Siliziummetall (15 Prozent) und Zink (25 bis 35 Prozent) erhoben.

Angelika Busch-Steinfort, China unterliegt EU im WTO-Verfahren über Rohstoffexporte, auf: www.finanznachrichten.de, 30.1.2012

H zu Aufgabe 3
Der Begriff der Durchsetzungsfähigkeit verweist auf die Fähigkeit einer Institution wie der WTO, den Verträgen im eigenen Zuständigkeitsbereich zur praktischen Umsetzung zu verhelfen. Berücksichtigen Sie im Falle der WTO in diesem Zusammenhang
- den Entscheidungsprozess, der den Handelsverträgen zu Grunde liegt (Ministerkonferenz)
- die ökonomischen Vor- und Nachteile, die sich aus einer Nichtbeachtung geschlossener Verträge oder der Verweigerung des Beitritts zu einzelnen Handelsverträgen ergeben können
- die Funktionsweise des Streitbeilegungsverfahrens im Rahmen der WTO.

Aufgaben

1. a) Fassen Sie die handelspolitischen Ziele und Instrumente der Welthandelsorganisation (WTO) zusammen (M 5, M 6).
   b) Arbeiten Sie die Klagegründe heraus, die in Übereinstimmung mit den Verträgen der WTO gegen China (M 1, M 4) angeführt werden (können).
2. Die Welthandelsordnung im Rahmen der WTO bezieht sich allein auf (im engeren Sinne) ökonomische Aspekte und lässt beispielsweise soziale und ökologische Aspekte der gehandelten Produkte außer Acht.
   Erläutern Sie am Beispiel „Seltene Erden" Vor- und Nachteile dieser Begrenzung.
3. a) Analysieren Sie die Durchsetzungsfähigkeit der WTO als Rechtsetzungsinstanz für globalen Handel (M 5, M 6).
   b) Entwickeln Sie eine Lösung des Handelskonfliktes um „Seltene Erden" im Rahmen der WTO (M 1 – M 7).
4. Beurteilen Sie vor dem Hintergrund Ihrer bisherigen Ergebnisse die Lösung des Handelskonfliktes zwischen China und der EU (M 7), der als Präzedenzfall auch für den Konflikt um Seltene Erden angesehen wird.

2.1.3 Die WTO: Hüterin einer fairen Welthandelspolitik?

M 8 Die WTO in der Kritik

- Das Legitimationsdefizit der WTO ist in erster Linie ein Demokratiedefizit (Input-Legitimität). Die umfangreichen Regelungen der WTO-Verträge greifen tief in nationales Recht ein und berühren zahlreiche gesellschaftliche Sphären (Wirtschaft, Sozial- und Gesundheitswesen, Ökologie), ohne dass die Betroffenen und entsprechende Bürgergruppen an den Entscheidungen beteiligt würden.
- Die Entscheidungsfindung in der WTO ist von geringen Partizipationsmöglichkeiten vor allem für Vertreter aus Entwicklungsländern gekennzeichnet.
- Die Entscheidungsfindung in der WTO leidet unter einem Transparenzdefizit. Dies zeigt sich besonders an dem viel gerühmten Streitschlichtungsverfahren, das anders als bei einem echten Gerichtsverfahren nicht öffentlich durchgeführt wird.
- Darüber hinaus führt die Verengung des Welthandels auf die Freihandelsdoktrin zu sozialen und ökologischen Folgeproblemen vor allem in bereits benachteiligten Gesellschaften des globalen Südens (Output-Legitimität).

Nach: Landeszentrale für politische Bildung, Politik und Unterricht, Globalisierung, Stuttgart 4/2003, S. 29 (ergänzt)

M 9 „One state, one vote": Wie demokratisch ist die Welthandelspolitik?

Das mühsame Vorankommen der Doha-Verhandlungsrunde [...] zeigt, dass das Regieren in der WTO ein schwieriger Prozess ist. Aber ist es wenigstens ein demokratischer? Die WTO ist trotz aller Veränderungen eine reine Staatenorganisation geblieben, die weiterhin dem Konsensprinzip unterliegt. Dieser Umstand, dass allen Veränderungen der Regeln im Welthandel einstimmig von allen Mitgliedern zugestimmt werden muss, wird von Befürwortern als Indiz gewertet, dass die WTO demokratischen Prinzipien folgt. [...] Andererseits wird der WTO aber auch vorgeworfen, sie „zerstöre die Demokratie, wie wir sie kennen" [...].

Erstens wird bemängelt, dass trotz des Einstimmigkeitsprinzips der Einfluss auf die Gestaltung und Durchsetzung der internationalen Handelspolitik asynchron verteilt sei und mithin der demokratische Standard der prozeduralen Fairness verletzt werde [...]. Hinsichtlich der Regelsetzung in den Verhandlungsrunden komme es immer wieder zu einem Agenda Setting durch die großen Mitglieder. Diese seien in der Lage, frühzeitig den Verhandlungsspielraum einzuengen, da sie über gut ausgestattete und erfahrene Verwaltungen verfügen, auf deren Expertise gleich zu Beginn von neuen Verhandlungsrunden zurückgegriffen werden könne. Zusätzlich können die entwickelten Länder auf die weiteren Ressourcen von Lobbygruppen zurückgreifen. Entwicklungsländer verfügen jedoch zumeist [...] nur über punktuelle Expertise und Erfahrung innerhalb der Verwaltungen. [...] Neben ungleichen Möglichkeiten des Agenda Settings führen diese ungleichen Ressourcen zu Informationsasymmetrien in den Verhandlungsrunden zwischen den Teilnehmern. [...]

Kritisiert wird ebenfalls, dass diese Informationsasymmetrien durch in- oder halboffizielle Verhandlungen in einem kleineren Rahmen noch verstärkt werden [...]. In den Verhandlungen der Quad-Gruppe (USA, EG, Kanada, Japan), der G7/G8, der G4 (USA, EG, Indien, China) oder den Green Room Meetings der WTO [informelle Treffen des Generalsekretärs mit einflussmächtigen Mitgliedstaaten zum Abklären

Aspekte politischer Legitimität

- Anerkennungswürdigkeit eines politischen Systems, einer Position, einer Institution o. Ä.
- Input-Legitimität beruht auf Partizipation und Interessenausgleich mittels Entscheidungsverfahren
- Output-Legitimität: Politikergebnisse fördern Allgemeinwohl statt Partikularinteressen

Agenda Setting

Setzen von Themenschwerpunkten für politische Verhandlungen und Entscheidungsprozesse

von Verhandlungsoptionen] können sich einige wenige Mitglieder abstimmen, ohne dass ein Informationsfluss zu den übrigen Mitgliedern stattfindet.
Unterschiedliche Einflussmöglichkeiten und Informationen im Rahmen von Verhandlungen in GATT und WTO bedeuten also ein Demokratiedefizit. Zwar ist aufgrund der hohen Mitgliederzahl der WTO und deren Heterogenität klar, dass kaum sämtliche Sonderinteressen aller Mitglieder berücksichtigt werden können [...], jedoch müsste es unter dem Gesichtspunkt der prozeduralen Fairness verstärkt zu Anstrengungen kommen, mehr unterschiedliche Interessengruppen an den kleineren Verhandlungsrunden teilnehmen zu lassen und verstärkte Transparenzpflichten zu installieren. Denn selbst im Rahmen der G4 erscheint es problematisch, dass mit Indien und China zwar zwei weniger entwickelte Länder beteiligt sind, deren Handelshemmnisse aber aufgrund einer bereits vorangeschrittenen Industrialisierung auch im Fertiggüterbereich sicherlich nicht mit denjenigen einiger LDCs [Least Developed Countries] etwa in Subsahara-Afrika deckungsgleich sind, die immer noch in einem sehr hohen Maß vom Export unverarbeiteter Güter abhängig sind. [...]
Ein letzter Kritikpunkt, der unter den Aspekt der prozeduralen Fairness fällt, sind die [...] ungleichen Möglichkeiten, Handelsmaßnahmen anderer Mitglieder im Streitverfahren der WTO überprüfen zu lassen und gegebenenfalls Kompensationsmaßnahmen zu ergreifen.

Achim Helmedach, Regieren im Welthandel. Die Welthandelsorganisation als globaler Akteur, in: Helmut Breitmeier, Michèle Roth, Dieter Senghaas (Hg.), Sektorale Weltordnungspolitik, Baden-Baden 2009, S. 105 ff.

M 10 ● Das WTO-Streitschlichtungsverfahren: ein akzeptiertes „Welthandelsgericht"?

Im Rahmen eines Forschungsprojektes zur Verrechtlichung internationaler Politik haben Politikwissenschaftler das Streitverhalten beklagter Staaten (wichtigste Wirtschaftsnationen, OECD-Staaten) untersucht und sind dabei zu folgendem Ergebnis gekommen.

„getreuer Streitverlauf" = Konfliktaustragung in den dafür vorgesehenen Institutionen und unter Beachtung der geltenden Regelungen

„vermeidender Streitverlauf" = Konfliktaustragung außerhalb der dafür vorgesehenen Institutionen

„missachtender Streitverlauf" = Konfliktaustragung in den dafür vorgesehenen Institutionen, jedoch unter zumindest teilweiser Missachtung der geltenden Regelungen und/oder der abschließenden Entscheidung dieser Institution

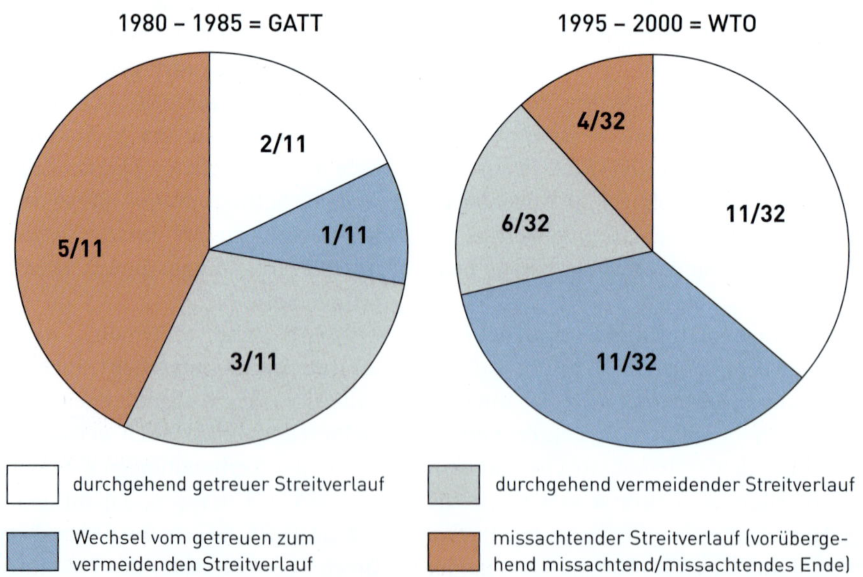

Bernhard Zangl u.a., Weltherrschaft des Rechts, in: Volker Rittberger (Hg.), Wer regiert die Welt und mit welchem Recht?, Baden-Baden 2009, S. 135

M 11 ● Das Schlichtungsverfahren in der Diskussion

Die bekanntesten WTO-Streitfälle sind zwar zumeist diejenigen, in denen sich unterlegene Streitparteien zunächst einer Umsetzung des Berichts verweigerten [...]. In den allermeisten Streitfällen findet jedoch entweder eine Umsetzung von Empfehlungen statt oder es kommt zu einer bilateralen Einigung zwischen den Streitparteien vor der Verabschiedung eines Berichts durch den DSB im „Schatten des Rechts“ [...].

Insgesamt deutet die hohe Bereitschaft der Streitparteien, das Streitverfahren zu nutzen und die Berichte umzusetzen, darauf hin, dass die Mitglieder eine hohe Compliance [= Regeltreue, Unterstützung] bei den WTO-Regeln aufweisen. [...] Unter Berücksichtigung der hohen Regelungsdichte und bei über 150 Mitgliedern in der WTO kann argumentiert werden, dass 350 Streitfälle in zwölf Jahren eine geringe Anzahl und somit ein deutliches Anzeichen dafür sind, dass die Compliance in der WTO als einigermaßen befriedigend zu bewerten ist.

Jedoch [...] [wird] hinsichtlich des Streitverfahrens [...] argumentiert, dass dieses von Entwicklungsländern deutlich weniger angerufen wird als von den industrialisierten Ländern, da ärmere Länder finanziell und logistisch nicht in der Lage seien, die notwendigen Verwaltungsstäbe aufzubauen und zu unterhalten, um in dem komplexen Streitverfahren erfolgreich argumentieren zu können [...]. Dies habe dazu geführt, dass zwar in der WTO absolut die Wahrscheinlichkeit zugenommen habe, dass kleine Länder Beschwerden einreichen. Relativ gesehen habe aber die Wahrscheinlichkeit, dass große Länder eine Beschwerde einreichen, deutlich stärker zugenommen [...].

Dennoch sollte nicht unerwähnt bleiben, dass das Streitverfahren offensichtlich einen Beitrag dazu leisten kann, Machtasymmetrien zu verkleinern. So wurde beispielsweise Indien, Malaysia, Pakistan und Thailand im Streitfall um Shrimps und Seeschildkröten mit ihrer Beschwerde gegen die USA Recht gegeben. Und obwohl dieser Fall aufgrund seiner umweltpolitischen Implikationen für die USA eine hohe Priorität besaß, setzten diese den Panelbericht um. Es ist schwerlich vorstellbar, dass die USA in einem weniger verrechtlichten Umfeld ebenso auf die Forderungen der Beschwerdeparteien eingegangen wären.

Achim Helmedach, Regieren im Welthandel, in: Helmut Breitmeier u.a.(Hg.), Sektorale Weltordnungspolitik, Baden-Baden 2009, S. 101 f.

Aufgaben

1. In M 8 werden zentrale Kritikpunkte an der WTO, wie sie häufig von globalisierungskritischen Gruppierungen wie ATTAC vorgebracht werden, dargestellt.
   a) Erläutern Sie diese Kritikpunkte.
   b) Bewerten Sie auf einer Skala von 0 (stimme gar nicht zu) bis 5 (stimme voll zu) Ihre (vorläufige) Haltung zu den vorgebrachten Aspekten.
2. Analysieren Sie die Praxis der Entscheidungsverfahren der WTO sowie die formalen und informellen Machtfaktoren, die sie prägen (M 5, M 9 - M 11).
3. Gestalten Sie (arbeitsteilig) auf der Grundlage Ihrer bisherigen Ergebnisse
   a) einen Flyer für ATTAC, in dem die Kritik an der WTO verständlich dargestellt und mit Beispielen belegt wird.
   b) eine Werbeanzeige, in der die WTO ihre eigenen Errungenschaften darstellt, an Beispielen belegt und auf diese Weise die vorgebrachte Kritik entkräftet.
4. Globalisierungskritiker fordern angesichts der verbreiteten Kritik an der WTO ihre vollständige Abschaffung. Nehmen Sie begründet Stellung.

H zu Aufgabe 4
Die in M 8 dargelegte Kritik „verführt“ möglicherweise zu einem vorschnellen einseitigen Urteil. Hiervor kann Sie „kontrafaktisches Denken“ bewahren: Gäbe es keine Welthandelsorganisation, so wäre es nicht unwahrscheinlich, dass sämtliche weltweiten Handelsbeziehungen durch ausgehandelte Verträge geregelt werden. Was bedeutet dies für vor allem wirtschaftlich schwächere oder einseitig ausgerichtete Staaten?

F Erstellen Sie eine Fallstudie zu einem Handelsstreit, der im Rahmen der WTO beigelegt wurde. Untersuchen Sie dabei insbesondere die Rolle des DSB.
Mögliche Beispiele: Bananenstreit zwischen der EU, lateinamerikanischen Bananenlieferanten und den USA; Stahlkonflikt zwischen der EU und den USA; Konflikt um AIDS-Generika zwischen Brasilien bzw. Südafrika und den USA.

ORIENTIERUNGSWISSEN

Die WTO – Grundlagen
M 3

Die liberale Freihandelsdoktrin geht im Anschluss an Ricardos Theorie komparativer Kostenvorteile davon aus, dass freier Handel auch bei ungleichen Voraussetzungen Wohlstandsgewinne für alle Beteiligten generiere. In diesem Sinne wird die ökonomische Globalisierung vielfach als Wohlstandsmotor betrachtet. Die 1995 gegründete World Trade Organization (WTO), die als international anerkannte und mit derzeit 157 Mitgliedern (Stand: 2012) beinahe universelle (hohe Inklusivität) Organisation die Regeln des Welthandels festlegt, ist eben diesem Grundsatz verpflichtet. Ihr Hauptziel besteht in einem weltweiten Handel ohne (tarifäre oder nichttarifäre) Handelshemmnisse.

Prinzipien
M 5, M 6

Die im Rahmen der WTO anerkannten Handelsverträge sollen sich an den drei konstituierenden Prinzipien orientieren, die von allen Mitgliedstaaten in ihrer Außenhandelspolitik berücksichtigt werden müssen:

- Meistbegünstigung: Handelspolitische Zugeständnisse, die sich zwei Staaten untereinander anbieten, gelten automatisch für alle WTO-Mitglieder.
- Reziprozität: Alle Handelserleichterungen sollen gegenseitig (wechselseitig) sein.
- Inländerbehandlung/Nichtdiskriminierungsgrundsatz: Alle importierten Waren und Dienstleistungen sind handelspolitisch wie inländische zu behandeln.

Vertragswerk und Organe der WTO
M 5

Die innere Struktur der WTO umfasst drei Teilabkommen: das Allgemeine Zoll- und Handelsabkommen (GATT, General Agreement on Tariffs and Trade), das Allgemeine Abkommen über den Handel mit Dienstleistungen (GATS, General Agreement on Trade in Services) und das Abkommen über den Schutz geistigen Eigentums (TRIPs, Trade Related Intellecutal Property Rights). Zentrales Entscheidungsgremium der WTO ist die Ministerkonferenz, in der Entscheidungen nach dem Grundsatz „one state, one vote" in der Regel im Konsens getroffen werden. Eine Besonderheit stellt in diesem Zusammenhang die EU dar, die in der WTO-Ministerkonferenz – vertreten durch ihren Handelskommissar – nach oft intensiven Abstimmungsprozessen mit einer Stimme spricht. Zur Beilegung von Handelsstreitigkeiten steht der WTO ein Streitschlichtungsmechanismus zur Verfügung, der – somit ein wesentliches Novum gegenüber dem GATT – über Sanktionsbefugnis verfügt und von den Beklagten nicht unterlaufen werden kann.

Beurteilung der WTO
M 8, M 9

Die Arbeit der WTO wird unterschiedlich beurteilt. In ökonomischer Hinsicht ist die signifikante Senkung der weltweit erhobenen Zölle zu konstatieren, jedoch wird vielfach kritisiert, dass die erhofften Wohlstandsgewinne gerade in Entwicklungsländern ausbleiben (Effizienz, Output-Legitimität).

In politischer Hinsicht werden vielfach die formale Gleichheit aller Mitglieder sowie die Institutionalisierung eines sanktionsfähigen Schiedsgerichts positiv hervorgehoben, denen jedoch die faktischen Machtasymmetrien gerade bei den Vertragsverhandlungen in der Ministerkonferenz (Drohpotenzial wirtschaftlich starker Nationen) sowie die mangelnde Transparenz der Organisation insgesamt entgegen stehe (Input-Legitimität).

Die Funktionsweise internationaler Wirtschaftsregime analysieren und beurteilen

Die Welthandelsgespräche liegen auf Eis, die westlichen Staaten denken darüber nach, wie sie ihre Unternehmen vor unerwünschten Investoren schützen können. [...] Es ist die Rückkehr des Protektionismus auf neuen Wegen. Und es sind ziemlich schlechte Nachrichten für die Weltwirtschaft. „Die protektionistischen Tendenzen nehmen weltweit zu", warnt Simon Johnson, Chefökonom des Internationalen Währungsfonds. „Wenn es etwas gibt, das der boomenden Weltwirtschaft den Garaus machen könnte, dann ist es genau das." Denn je mehr sich die Staaten voneinander abschotten und Zäune aus Schutzzöllen, Subventionen und rechtlichen Regelungen um sich herum errichten, desto schwieriger wird der Austausch von Waren, Arbeitskräften und Kapital. Damit aber kommt ausgerechnet das zum Erliegen, was der Welt ihren enormen Wohlstand erst beschert hat: die Globalisierung. [...] Nach zig Gipfelgesprächen, gescheiterten Schlichtungsversuchen und wieder neuen Anläufen ist nicht mehr viel übrig geblieben von dem gemeinsamen Wunsch, freiere Handelsbedingungen zu schaffen, um Armut als Saat des Terrors zu bekämpfen. Stattdessen haben sich die verhandelnden Mächte, allen voran die EU, die USA, Brasilien und Indien, in erbitterten Streitereien um das Klein-Klein aus Sojabohnenquoten, Maiszöllen und nationalen Reisreserven verloren. [...] Leidtragende sind die ärmsten Staaten. Bei den regionalen Verträgen, die längst abseits der erstarrten WTO abgeschlossen werden, bleiben sie außen vor oder bekommen die Regeln von den Großen diktiert. Dabei würde eine gütliche Einigung der Doha-Runde gerade ihnen mehr helfen als alle G8-Gipfel der vergangenen Jahre zusammen.

Anja Struve, Viktoria Unterreiner, in: Die Welt, 1.7.2007

Entwicklung der Zahl präferenzieller Handelsabkommen 1949–2008

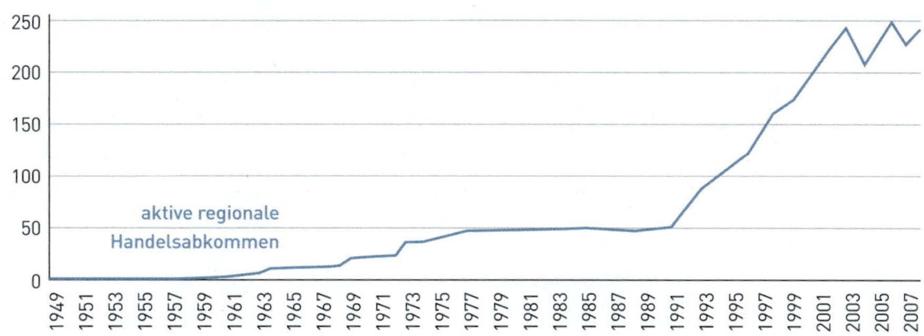

Tobias Debiel u.a. (Hg.), Globale Trends 2010. Frieden – Entwicklung – Umwelt (Stiftung Entwicklung und Frieden), Bonn 2010, S. 339

Aufgaben

1. Analysieren Sie die Statistik.
2. Das WTO-Vertragswerk sieht die Förderung regionaler Handelsverträge – in Übereinstimmung mit den Prinzipien der Organisation – als eine Maßnahme vor, das Ziel globaler Wohlfahrt voranzutreiben. Erläutern Sie Chancen und Risiken dieses Vorgehens.
3. Nach dem – durch einige Entwicklungsländer herbeigeführten – Scheitern der WTO-Ministerkonferenz von Cancùn (2003) feierten ihre Vertreter dieses als Erfolg: Kein Vertrag sei besser als ein schlechter! Nehmen Sie begründet Stellung.

2.2 Finanzmärkte – zwischen freiem Kapitalverkehr, Krisenanfälligkeit und Regulierung

2.2.1 Welche Auswirkungen hatte die Wirtschaftskrise?

M 1 ● Weltweite ökonomische Folgen der Wirtschaftskrise 2009

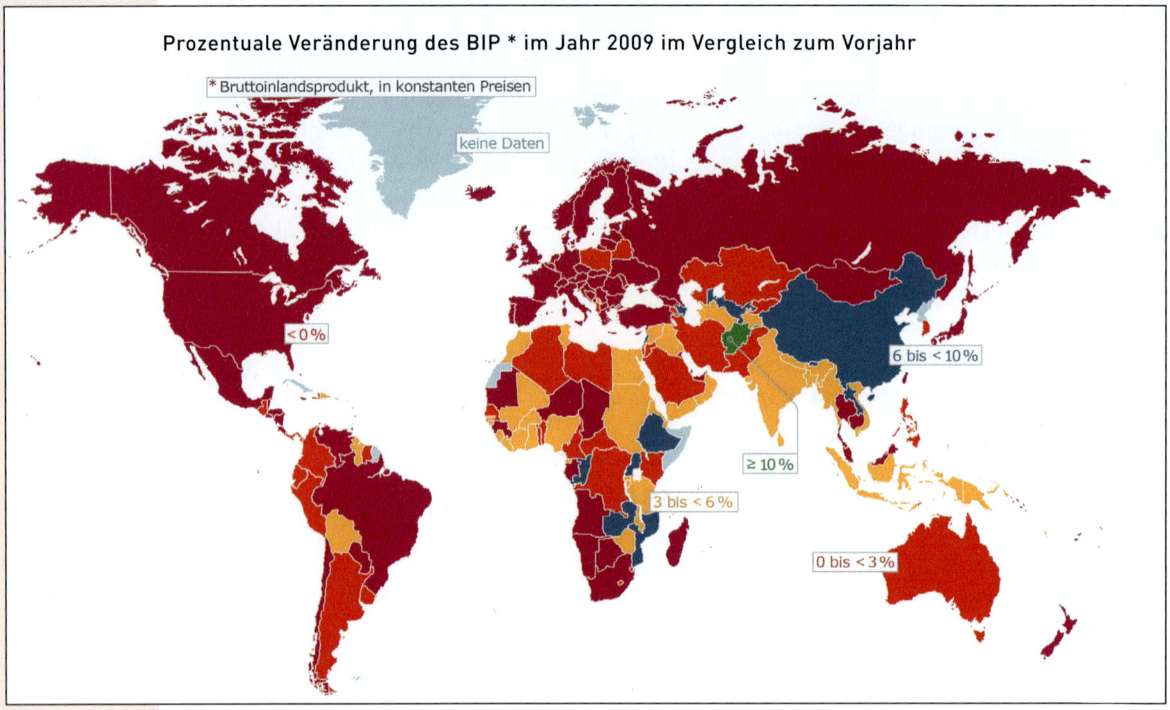

Bundeszentrale für politische Bildung, auf: www.bpb.de, April 2010, Zahlen: IWF

M 2 ● Wirtschaftliche Krisenfolgen in der Europäischen Union

a) Entwicklung der Arbeitslosenquoten

	2007	2008	2009	2010	2011	2012*
EU-27	7,2	7,1	9,0	9,7	9,7	10,5
Eurozone	7,6	7,6	9,6	10,1	10,1*	11,3
Deutschland	8,7	7,5	7,8	7,1	5,9	5,5
Frankreich	8,4	7,8	9,5	9,8	9,7	10,2
Griechenland	8,3	7,7	9,5	12,6	17,7	23,6
Irland	4,6	6,3	11,9	13,7	14,4	14,8
Italien	6,1	6,7	7,8	8,4	8,4	10,6
Spanien	8,3	11,3	18,0	20,1	21,7	25,1
Großbritannien	5,3	5,6	7,6	7,8	8,0	7,9
USA	4,6	5,8	9,3	9,6	8,9	8,2

**Prognose*

Zahlen (saisonbereinigt): EU-Kommission, EUROSTAT, OECD (November 2012)

b) Entwicklung der Produktion der EU-27

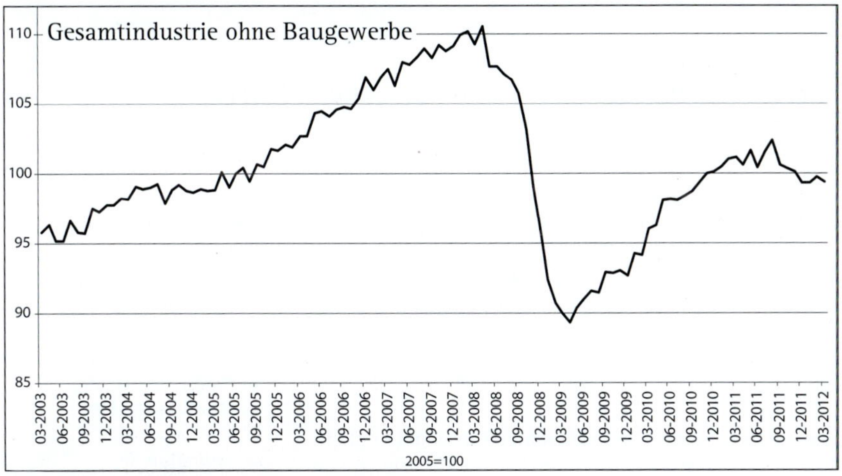

Eurostat Pressemitteilung 71/2012, 14.5.2012, S. 1

M 3 ● Krisenfolgen in Entwicklungsländern

Während „sich die Krise in den entwickelten Ländern allmählich abschwächt, verschärft sie sich in den Entwicklungsländern noch", so der sozialistische Europa-Abgeordnete Enrique Guerrero Salom. [...] Saloms Bericht [vor dem Europäischen Parlament] macht deutlich, dass die Krise – entgegen ursprünglicher Erwartungen – enorme Auswirkungen in den Entwicklungsstaaten hat. Ursprünglich sei man davon ausgegangen, dass sie die Entwicklungsländer aufgrund der geringen Integration in das globale Finanzsystem weniger stark beeinträchtigen würde als die hoch entwickelten Staaten des Nordens. [...]

Nunmehr ergibt sich jedoch ein ganz anderes Bild: Die Finanzströme in Richtung Entwicklungsländer sind um rund 40 Prozent zurückgegangen (von rund 1 Billionen Dollar 2007 auf circa 600 Milliarden in 2009). Nur 1,6 % der Kredite des Internationalen Währungsfonds sind nach Afrika gegangen. Gleichzeitig sind die Preise für Rohstoffe, eine wichtige Einnahmequelle für viele Entwicklungsländer, im Schnitt um rund 20 % zurückgegangen. Die Entwicklungshilfe lag voraussichtlich 22 Mrd. Dollar unter dem im Jahr 2005 [...] zugesagten Niveau.

In der Folge wird sich nach Schätzungen von Hilfsorganisationen und staatlichen Entwicklungsorganisationen die Zahl der in extremer Armut lebenden Menschen um 100 Millionen auf dann rund 1,1 Milliarden erhöhen. Südlich der Sahara dürften zusätzlich 30.000 bis 50.000 Kinder ihr Leben verlieren.

„Tsunami" in Afrika: Folgen der Finanzkrise beschäftigten die Europa-Abgeordneten, auf: www.europarl.europa.eu, 24.3.2010

Aufgaben

1. Erklären Sie die mögliche Bedeutung der Wirtschaftskrise um 2009 aus verschiedenen Perspektiven, z. B.: a) Arbeiter in einem Industriebetrieb in Deutschland; b) Besitzer eines mittelständischen Unternehmens für Autoteile; c) Kämmerer ihrer Gemeinde; d) Bundesfinanzminister; Mitarbeiter einer afrikanischen Menschenrechtsorganisation. Vorschlag: Gehen Sie arbeitsteilig vor und präsentieren Sie Ihre Ergebnisse.
2. Analysieren Sie die Auswirkungen der Krise auf die Realwirtschaft anhand der Indikatoren Veränderung des Bruttoinlandsprodukts und des Produktionsvolumen sowie Arbeitslosenquote (M 1 - M 3).

H zu Aufgabe 2
Vergleichen Sie die Entwicklung des Produktionsvolumens mit der Entwicklung der Arbeitslosigkeit in der EU.

F Erläutern Sie die Besonderheiten der Entwicklung der Arbeitslosenquote in Deutschland (M 2a).

2.2.2 Markt- oder Politikversagen? Ursachen und Auslöser der Wirtschaftskrise

M 4 ● Ursachen und Verlauf der 2007 einsetzenden Krisen

Krisenursachen

Boni:
An Umsatz gekoppelte Lohnkomponenten für Bankmanager und Kreditvermittler (ohne Beteiligung an finanziellen Risiken der Abschlüsse)

niedriger Leitzins:
Die US-amerikanische Notenbank Federal Reserve (FED) legt einen niedrigen Leitzinssatz fest. Ziel ist es, die Wirtschaft anzukurbeln.

staatliche Immobilienförderung:
Bau und Kauf von Eigenheimen werden z.B. durch Steuernachlässe in den USA staatlich gefördert.

Vergabe von Krediten an Schuldner mit schlechter Zahlungsfähigkeit:
Auch Arbeitslose und Geringverdiener erhalten Kredite für Immobilien (sogenannte Subprime-Kredite). Sie bürgen für die Kredite nicht mit existierenden Sicherheiten, sondern mit dem Wert der – kreditfinanzierten – Immobilien. Die Nachfrage nach Immobilien steigt kontinuierlich und damit deren Preis. Die Preise übersteigen den Wert der Immobilien deutlich (Immobilienblase).
Teilweise werden mit der „Sicherheit" gestiegener Häuserpreise neue Kredite für Konsumausgaben (Autos, Reisen...) vergeben.

fehlende Regulierung der Finanzmärkte:
Kredite können in Wertpapiere umgewandelt und international gehandelt werden (Verbriefung). Verbriefungsrisiken erscheinen nicht unbedingt in der Bankbilanz. Ratingagenturen bewerten „verbriefte" Kredite als extrem sicher.

Banken- bzw. Subprimekrise (USA)

Verfall der Immobilienpreise in den USA:
Mit dem Erkennen der deutlich überhöhten Häuserpreise sanken die Marktpreise schlagartig und der Immobilienmarkt brach zusammen.

Zahlungsunfähigkeit der Hausbesitzer:
Bei privater Insolvenz können die Hausbesitzer ihre Kredite nicht zurückzahlen.

Misstrauen im Bankensektor:
→ Die Banken geben einander keine Kredite mehr.
→ Bankkunden fürchten den Zusammenbruch der Banken und ziehen ihre Einlagen zurück (Gefahr des bank run).

weltweite Finanzkrise

Boni:
Auszahlung oft trotz angeschlagenen Bankensektors

Bankenpleiten:
Weltweit geraten Banken, die verbriefte Kredite gekauft haben, in Schwierigkeiten: z. B. Pleite der Investmentbank Lehman Brothers (USA, September 2008) und Verstaatlichung der Hypo Real Estate (Deutschland, Oktober 2009).

Folgen für Staaten:
Hohe Kosten für „Bankenrettung"
→ zusätzliche Belastung des Staatshaushalts

weltweite Wirtschaftskrise

Einschränkung der Kreditvergabe:
Banken weltweit vergeben deutlich weniger Kredite an Wirtschaftsunternehmen.

deutlicher Rückgang der Wirtschaftsleistung
Es entstehen besonders Absatzschwierigkeiten für stark exportorientierte Volkswirtschaften wie die Deutschlands (weltweite Ungleichgewichte der Leistungsbilanz) sowie BIP-Einbrüche für Staaten mit großem Finanz- (z.B. Großbritannien, Irland) oder Bausektor (z.B. Spanien)
→ Einnahmeverluste letztlich auch eine Ursache für die Staatsschuldenkrise in mehreren Euro-Staaten ab 2010.

Gefahr steigender Arbeitslosigkeit
→ staatliche Einnahmeverluste (Steuern) und Ausgabenerhöhungen (Sozialleistungen)

Grafik nach: Jana Bretschneider, in: Weltwirtschaftskrise, Bamberg 2011, S. 87

Info

Rating-Agenturen

Rating-Agenturen sind Unternehmen, die die Kreditwürdigkeit (Bonität) von Unternehmen oder Staaten sowie das Ausfallrisiko von Finanzprodukten ständig aktualisiert einschätzen. Diese Einschätzung wird in Buchstabenkombinationen von AAA (höchst kreditwürdig/sicher) bis D (zahlungsunfähig/äußerst risikoreich) angegeben. Investoren haben großes Interesse an dieser Einschätzung, da sie dadurch das Risiko eines (teilweisen) Zahlungsausfalls besser taxieren können. Ein höheres Risiko muss dann von den Kreditnehmern in der Regel mit einem höheren Zins für geliehenes Geld vergütet werden. Ökonomisch gesprochen haben Rating-Agenturen die sinnvolle Funktion, Informationskosten für Gläubiger zu senken.
Kritikpunkte: Die drei großen Agenturen (Moody's, Standard & Poor's, Fitch Rating) verfügen erstens über eine Art faktisches Rating-Oligopol und damit über die Macht, ganze Unternehmen oder Staaten in Zahlungsschwierigkeiten zu bringen. Zweitens sind diese mächtigen Agenturen Privatunternehmen und unterliegen damit einer eher geringen öffentlichen Kontrolle. Drittens haben sie insofern zur Finanzkrise ab 2007 beigetragen, als dass sie die Risiken von neuen Finanzprodukten („Verbriefungen") systematisch unterschätzten und sie sogar mit Bestnoten versahen.

Autorentext

M 5 ● Markt- und Politikversagen

a) Marktversagen

Marktversagen liegt vor, wenn der Marktmechanismus aus Angebot und Nachfrage nicht zu den volkswirtschaftlich wünschenswerten Ergebnissen führt und die Produktionsfaktoren nicht so verwendet werden, dass sie den größtmöglichen Ertrag für die Gesamtwirtschaft bringen. In Fällen des Marktversagens z. B. bei externen Effekten, öffentlichen Gütern oder Monopolen greift der Staat in das Marktgeschehen ein, um Nachteile von Verbrauchern oder anderen Anbietern zu verhindern […]. So werden vom Staat z. B. Forschungsarbeiten von Unternehmen finanziell unterstützt, um damit einen Anreiz zu schaffen, Grundlagenforschung zu betreiben, die für das einzelne Unternehmen hohe Kosten verursacht, gleichzeitig aber das Know-how in der gesamten Volkswirtschaft verbessert. […]

Duden Wirtschaft von A bis Z, Bonn 2004

b) Politikversagen

Politikversagen wird auf die Interessenlage der politischen Entscheidungsträger zurückgeführt: Politiker sind an Machtgewinn und -erhalt interessiert. Daher wird ihnen (1) häufig unterstellt, sie hätten nur die kurzfristige Perspektive bis zur folgenden Wahl im Blick, weswegen sie unpopuläre Entscheidungen hinauszögern und langfristige Folgen nicht ausreichend berücksichtigen würden. (2) Politiker seien durch Interessengruppen beeinflussbar, was die Wähler wiederum nur schwer kontrollieren könnten. (3) Märkte sind komplex. Es ist z. B. nie vollständig vorhersagbar, wie Produzenten und Konsumenten auf Anreize reagieren. Daher können die Wirkungen wirtschaftspolitischer Maßnahmen im Vorhinein nie vollständig richtig abgeschätzt werden.

Autorentext

Aufgaben

1. Beschreiben Sie das Zustandekommen der Wirtschaftskrise 2008/09 (M 4).
2. Arbeiten Sie heraus, inwieweit es sich beim Zustandekommen der *Finanz*krise eher um Marktversagen oder um Politikversagen gehandelt hat (M 4, M 5).
3. Rating-Agenturen werden häufig als Hauptverantwortliche für die Finanzkrise bezeichnet. Überprüfen Sie diese Aussage (M 4, Infobox).

Staatsschuldenkrise ab 2010

Die sog. „Euro-Krise" hat nur bedingt mit der Finanz- und Wirtschaftskrise zu tun. Zwar sind einige Ursachen (erhöhte Staatsausgaben zur Konjunkturförderung, Sparprogramme zur Kompensation von Einnahmerückgängen...) auf Reaktionen auf die Krise um 2008/09 zurückzuführen. Aber die Tatsache, dass sich diese Krisenstaaten auf den freien Finanzmärkten nur noch zu sehr hohen Zinsen Geld leihen können, hat vielschichtigere Ursachen (z. B. hohe Jugendarbeitslosigkeit, spekulativer Bauboom, hochriskante Bankgeschäfte in Spanien; Aufblähung des öffentlichen Sektors in Griechenland; wirtschaftsstrukturelle Unterschiede in der Euro-Zone bei gemeinsamer Währung).

Autorentext

Moral Hazard

Förderung eines (für die Gemeinschaft schädlichen) Individualverhaltens aufgrund der Gewissheit, dass mögliche Kosten abgedeckt sind und nicht selbst getragen werden müssen

H zu Aufgabe 1
Differenzieren Sie nach Ursachen und Folgen/Auswirkungen und nutzen Sie den Moral-Hazard-Begriff.

2.2.3 Regelt sich auf dem Markt alles selbst? Zur Effizienz freier Finanzmärkte

M 6 • Verhalten von Finanzmarktakteuren in der Karikatur

Kevin Kallaugher

M 7 • Entwicklungstendenzen der internationalen Finanzmärkte

Die internationalen Finanzmärkte haben sich seit Mitte der 1970er-Jahre stark verändert. Die weltweite Abschaffung von Kapitalverkehrskontrollen nach dem Ende des Währungssystems von Bretton Woods und der zunehmende Einsatz von miteinander vernetzten Computern mit der damit einhergehenden Senkung von Informations- und Transaktionskosten habe eine erhebliche Zunahme internationaler Kapitalströme bewirkt (Internationalisierung) und die Effizienz von Finanzierungsprozessen erhöht. Der Einsatz von Finanzderivaten (siehe Infobox S. 68) hat stark zugenommen, ebenso die Bedeutung institutioneller Anleger (Institutionalisierung). Bei Banken, Investmentgesellschaften und Versicherungen hat die Öffnung der Märkte für ausländische Anbieter zu einer spürbaren Verstärkung des Wettbewerbs geführt. Die Deregulierung und Liberalisierung der Märkte für Finanzdienstleistungen in Europa hat vor allem durch den Europäischen Binnenmarkt einen kräftigen Schub erhalten. [...]
Die zunehmende Verbriefung von Zahlungsverpflichtungen (Sekuritisierung) führt zur Handelbarkeit vieler bislang unternehmenstypischer Risiken (siehe Infobox). [Als Folge der Finanz- und Weltwirtschaftskrise 2008/09 gab es wieder Bemühungen zur Regulierung der Finanzmärkte (vgl. M 11)].

Michael Bauer u.a., Wirtschaft heute, Bonn 2009, S. 288

Hausse
Zeit anhaltender Kursgewinne an der Börse („Bullenmarkt"); häufig ausgelöst durch sich selbst verstärkende Spekulationsgeschäfte oder durch dynamische konjunkturelle Entwicklung („Wirtschaftsboom")

Baisse
Längerer, von Kursverlusten geprägter Zeitraum („Bärenmarkt"); selbstverstärkende Effekte durch zunehmendes Misstrauen der Anleger und Erwartung künftiger Verluste

Finanzmarktakteure
- Banken
- Versicherungen
- Investmentgesellschaften (Investmentfonds, Risikoanleger wie Hedge Fonds oder Private Equity Fonds)
- Pensionsfonds (agieren mit Geldern zur Alterssicherung der Einzahler)
- Privatkäufer (insb. von Aktien)

Info

Der Internationale Währungsfonds (IWF)

Der IWF (2014: 188 Mitgliedstaaten) wurde 1944 auf der Konferenz von Bretton Woods gegründet mit dem Ziel, das internationale Währungssystem zu überwachen und zu stabilisieren. Bei Zahlungsschwierigkeiten eines Mitglieds kann der IWF dem Staat finanzielle Hilfen in Form von Krediten gegen Auflagen gewähren, um eine unkontrollierte Abwertung der Währung zu verhindern. Ebenfalls erfolgt Hilfe beim Aufbau einer staatlichen Finanzverwaltung (z. B. Steuerbehörden). Seine Mittel erhält der IWF aus Einlagen seiner Mitglieder, nach deren Höhe sich auch das Stimmgewicht bemisst (USA: 16,75 %, Deutschland: 5,81 %). Entscheidungen müssen mit einer 85 %-Mehrheit getroffen werden.
Kritiker bemängeln, dass die Auflagen des IWF zu stark in die (Wirtschafts-)Struktur und die staatliche Souveränität des jeweiligen Nehmerlandes eingriffen sowie eher zum Schutz der Gläubiger als zur Stabilisierung des in Not geratenen Landes geeignet seien.

Autorentext

Bretton Woods-System

- Von 1944 („Konferenz von Bretton Woods") bis Mitte der 1970er-Jahre bestehendes System fester Wechselkurse
- US-Dollar als goldgedeckte Leitwährung
- Zweck: Erleichterung des Weltgüterhandels und der Auslandsinvestitionen

M 8 „Architektur" und Dimension der internationalen Finanzmärkte

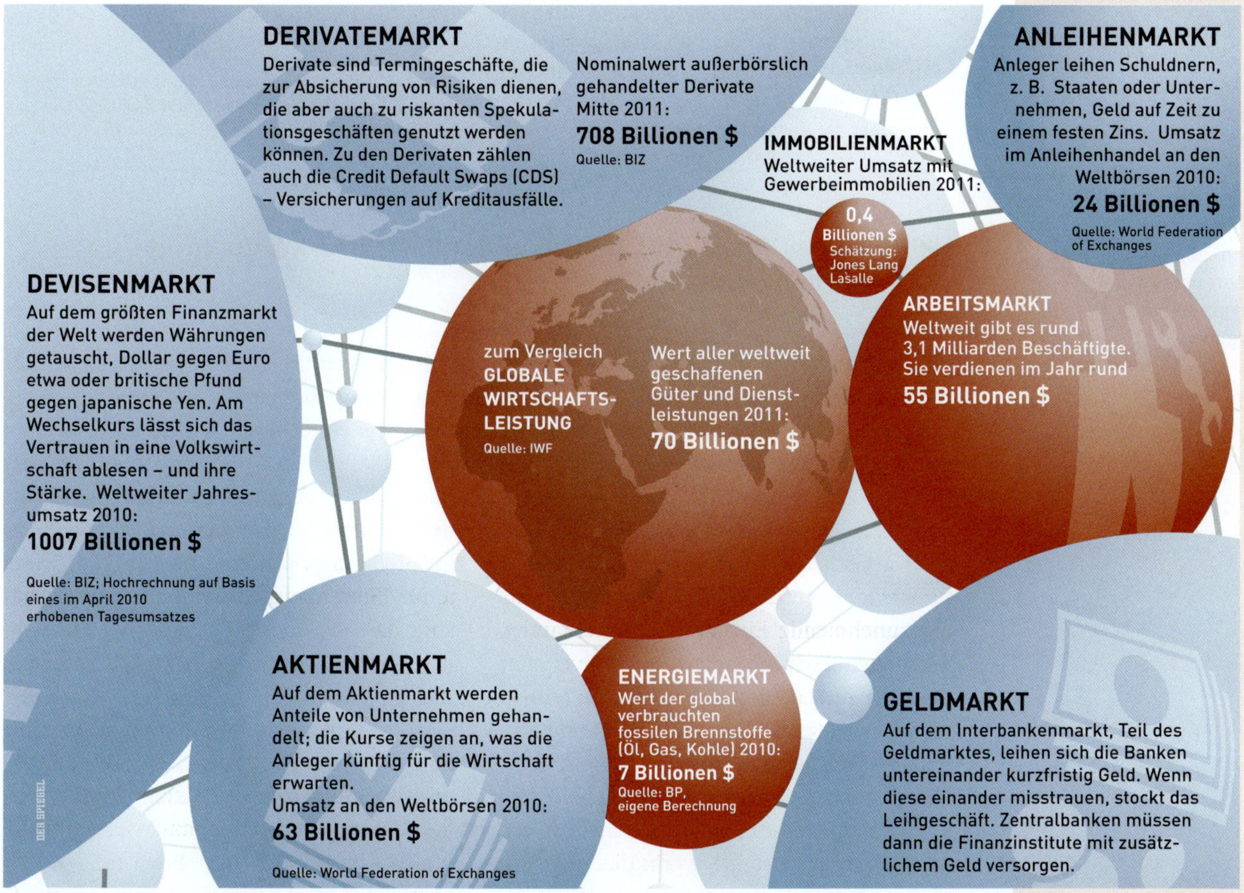

Der Spiegel, 12.12.2011, S. 42 f.

Derivate

- Finanztermingeschäfte: Preis hängt von den zukünftigen (am Fälligkeitstag bestehenden) Kursen der Referenzgrößen ab.
- „Ableitungen" von folgenden möglichen Referenzgrößen (derivare (lat.): ableiten): Handelsgüter (z.B. Nahrungsmittel, Edelmetalle, Rohstoffe), Wertpapiere (z.B. Aktien), Zinssätze und Indices (z.B. Deutscher Aktienindex)

Investmentbanken

Banken, die sich ausschließlich auf den Handel mit Finanzprodukten spezialisiert haben, im Unterschied zu Geschäftsbanken, die Spareinlagen von Privatleuten entgegennehmen und Kredite an Unternehmen und Privatpersonen vergeben

Info

Verbriefung (von Kreditrechten)

Die traditionelle Praxis der Kreditvergabe wird im Englischen als „Buy-and-Hold" bezeichnet. Das bedeutet, dass eine Bank einen Kredit vergibt und diesen so lange in ihrer Bilanz behält, bis er vollständig zurückbezahlt worden ist. Dieses Vorgehen sorgt bei der kreditvergebenden Bank für ein großes Interesse, dass der Gläubiger zuverlässig seinen Kredit zurückbezahlt. Dementsprechend ist zu erwarten, dass sie mit großer Sorgfalt bei der Kreditvergabe vorgehen wird. Diese Praxis wurde in den Vereinigten Staaten zunehmend abgelöst durch das Geschäftsmodell „Originate-to-Distribute". Hierbei vergibt eine Bank [...] einen Kredit mit dem Wissen, dass dieser schon nach kurzer Zeit nicht mehr in den eigenen Büchern enthalten sein wird. Die Kredite wurden dann an Investmentbanken verkauft; diese haben die Kredite wiederum zu Paketen gebündelt, in einzelne Tranchen zerteilt und an Investoren weltweit weitergereicht [= Verbriefung von Kreditrechten] [...]. Es ist unschwer zu erkennen, dass diese Vorgehensweise der Weitergabe von Kreditrisiken die Sorgfalt bei der Prüfung der Kreditwürdigkeit [etwa bei Immobilienfinanzierungen] beeinträchtigen kann. [...] [D]ie neue Form der Kreditgewährung [hat zunächst] entscheidend zu [...] dem globalen Wirtschaftswachstum beigetragen [...]. Die neuen Finanzprodukte haben die Kosten der Kreditvergabe maßgeblich gesenkt – auch für deutsche mittelständische Unternehmen. [...] Deutschland hat noch in anderer Weise von der Entwicklung der Kreditverbriefung profitiert. So hat die Zunahme von Krediten in den Schwellen- und Entwicklungsländern das Wachstum entscheidend beschleunigt – Länder, deren Nachfrage ganz entscheidend zu Deutschlands Status als Exportweltmeister beigetragen hat.

Jürgen Fitschen, Neuordnung der Finanzmärkte – Von der Krise zur Reform, in: Bitburger Gespräche. Jahrbuch 2009/I, München 2010, S. 73 ff.

M 9 ● Heiner Flassbeck: Ineffizienz der Finanzmärkte durch Herdenverhalten

An Finanzmärkten macht man in der Regel nicht dadurch Gewinne, dass man Dinge erwirbt, die man für den eigenen Lebensunterhalt oder die eigene Produktion braucht und verbraucht, sondern dadurch, dass man bestimmte Vermögenstitel (*assets*) günstig ein- und zu einem höheren Preis wieder verkauft. Ob es dabei um Anteilsscheine an Unternehmen, an Häusern, an Rohstofferlösen oder an Währungen geht, ist unbedeutend. Der Akteur will ja nichts verbrauchen, sondern das gekaufte Papier nur an einen anderen Akteur weiterverkaufen [...]. Zudem macht es im Prinzip keinen Unterschied, ob man Papiere hält, deren Wert steigt, wenn das dem Papier zugrunde liegende *asset* an Wert gewinnt oder deren Wert dadurch steigt, dass ein *asset*, gegen dessen Wertverlust man sich versichert hat, an Wert verliert, wie bei den mittlerweile zu notorischer Berühmtheit gelangten *credit default swaps*.

Der Preis eines Vermögenstitels, etwa einer Aktie, steigt aber auf modernen Finanzmärkten [...] nicht dann, wenn es angesichts der Fundamentaldaten eines Unternehmens geboten wäre, sondern genau dann, wenn viele Finanzmarktteilnehmer überzeugt sind, dass der Preis dieser Aktie steigen wird [...]. Die Informationen, die man braucht, um an diesem Markt erfolgreich zu sein, sind folglich nicht Informationen über die individuellen fundamentalen Bedürfnisse oder Leistungen der Marktteilnehmer, sondern Informationen über die Informationen, die voraussichtlich die Erwartungen der Masse der Marktteilnehmer in ihrer Kaufentscheidung leiten werden.

Genau an dieser Stelle bricht das Dogma der effizienten Märkte in sich zusammen.

Es ist nun nämlich rational, Vermögenstitel an einem Markt nur deswegen zu kaufen, weil man erwartet, dass andere das Gleiche tun werden – selbst wenn man eigentlich der Überzeugung ist, dass sich die Fundamentaldaten, die dem Vermögenstitel zugrunde liegen, verschlechtern. Kommt es zu einer solchen Herdenbildung, produziert der Finanzmarkt systematisch falsche Preise, da diese mit Angebot und Nachfrage an den realen Märkten nichts mehr zu tun haben. Herdenbildung ist aber der Normalfall an den „Märkten", und folglich sind die Preise dauerhaft verzerrt. [...] An Finanzmärkten, wo von allen Teilnehmern die gleichen Informationen ausgewertet und bewertet werden, ist Herdenbildung absolut rational. Weil die Herde dadurch Gewinne machen kann, dass alle in die gleiche Richtung rennen, muss der normale Marktteilnehmer folgen, will er nicht unter die Hufe kommen. [...] Deutlicher als an allen anderen Märkten wird das bei Währungsspekulationen sichtbar, wo die Herde die Wechselkurse nachweislich über Jahre gegen die Fundamentaldaten (also vor allem die Preis- und Zinsdifferenzen) und damit in die falsche Richtung bewegen kann. Das richtet fürchterlichen Schaden in der Realwirtschaft an, weil ganze Sektoren der Wirtschaft quasi über Nacht ihre weltwirtschaftlichen Positionen räumen und ihre Arbeiter entlassen müssen. [...] Aber auch an Rohstoffmärkten, einschließlich der Märkte für Grundnahrungsmittel, lassen sich solche Herdenphänomene mit all ihren negativen Folgen aufzeigen. Der Anstieg der Rohstoffpreise und die darauf folgenden Revolten in vielen Ländern sind ein eindrückliches Beispiel dafür. [...]
Man kann die Fehlfunktion der Finanzmärkte auf die einfache Formel bringen, dass normale Märkte Knappheit beseitigen, also zu Preissenkungen tendieren, während Finanzmärkte Knappheit schaffen, also zu Preiserhöhungen tendieren. An einem normalen Markt wird ein Investor belohnt, wenn er als Erster eine Knappheit in Gestalt „zu hoher Preise" erkennt und beseitigt; an den Finanzmärkten hingegen wird der Investor belohnt, dem es gelingt, möglichst viele „Investoren" in einen Markt zu locken und damit Preiserhöhungen in Gang zu setzen. Seine Kunst ist es nur, als Erster wieder auszusteigen, also rechtzeitig zu deinvestieren.

Börsenhändler bei der Arbeit.

Heiner Flassbeck, Zehn Mythen der Krise, Frankfurt a.M. 2012, S. 11 ff.

Heiner Flassbeck ist seit 2003 Chefvolkswirt der Welthandels- und Entwicklungskonferenz der Vereinten Nationen (UNCTAD).

credit default swaps (CDS):
Derivate, die es erlauben, Kreditausfallversicherungsverträge (außerbörslich als Wertpapiere) zu handeln; Einschätzung des Kredit-Ausfallrisikos dadurch deutlich erschwert

Aufgaben

1. Beschreiben Sie die Karikatur und deuten Sie sie vor dem Hintergrund der Überlegungen Flassbecks zum „Herdenverhalten" auf den Finanzmärkten (M 6, M 9).
2. „In unterschiedlicher Gestalt werden Schulden [...] selbst zu einer handelbaren Ware gemacht [...]. [Der Kredit] erhält dann zwar einen Preis, besitzt aber [als Nicht-Arbeitsprodukt] keinen Wert [...]." (Michael Heinrich) Erläutern Sie diese – an Karl Marx angelehnte – Aussage.
3. Entwickeln Sie Maßnahmen zur Regulierung der Finanzmärkte und diskutieren Sie diese. Vorschlag: Arbeiten Sie in Gruppen und halten Sie die Maßnahmen sowie die Pro- und Kontra-Argumente auf einem Plakat fest (M 7, M 8; Kap. 2.2.1, 2.2.2).

2.2.4 Internationale Finanzmärkte politisch regulieren?

M 10 Finanzmarktregulierung in den USA und der EU nach 2008

	USA („Dodd-Frank-Act")	EU
Finanzaufsichts-behörden	• US-Notenbank Federal Reserve darf auch nicht bankenförmige Finanzinstitute beaufsichtigen. • Financial Stability Oversight Council als neue Aufsichtsbehörde mit Informationsrechten	• 3 neue Aufsichtsbehörden (für Banken, Versicherungen und Wertpapiermärkte) zur Koordinierung der voll zuständigen nationalen Aufsichtsbehörden • European Systemic Risk Board zur Beobachtung systemischer Risiken
Wertpapiermärkte	• Verbriefungen: min. 5 % müssen in Bilanz des emittierenden Instituts bleiben.	
	• Börsen- und Bankaufsicht kann auch abweichende Verbriefungsanteile in Bilanz festlegen.	• bei erneuten Verbriefungen verbleibt höherer Anteil in Bankbilanz.
	• Derivate: Überwachung durch Börsenaufsicht; kein reiner Interbanken- oder Börsenhandel mehr, sondern nur noch über eine sogenannte Clearing-Stelle	• Derivate: kein reiner Interbanken- oder Börsenhandel mehr, sondern nur noch über eine sogenannte Clearing-Stelle (Ausnahmen noch ungeklärt)
Hedge- und Private Equity-Fonds	• Registrierungspflicht bei der Börsenaufsicht • Börsenaufsicht darf Finanzdaten abfragen.	• Lizenzierungspflicht im Herkunftsland • Regelmäßige Informationspflicht an die Aufsichtsbehörde über Volumina und Anlagestrategien
Banken	• „Basel III": Bis 2015 min. 4,5 % und bis 2019 Aufbau von min. 7 % Eigenkapital für risikoreiche Anlagegeschäfte	
	• Begrenzung des Eigenhandels mit Finanzprodukten	• Freiheit der Mitgliedstaaten, Eigenkapitalquote weiter zu erhöhen
Insolvenz „systemrelevanter" Banken („too big to fail")	• Ab 2012 müssen die 29 „globally systemically important financial institutions (G-SIFIS)" Abwicklungspläne bei einer möglichen Insolvenz vorlegen. • zusätzlicher Eigenkapitalpuffer von bis zu 3,5 % (aufzubauen 2016 - 2019)	
Ratingagenturen	• Haftung bei grober Fahrlässigkeit • Börsenaufsicht darf Ratings untersagen, wenn die Agentur nicht die Mittel für eine zuverlässige Bewertung aufweist. • rechtliche Trennung der Verkaufs- von der Ratingabteilung innerhalb der Agentur • Gesetzlicher Zwang zu Ratings für Finanzprodukte abgeschafft	• Überwachung durch die Wertpapier-Aufsichtsbehörde • Wechsel der Ratingagentur alle 3 Jahre (noch nicht beschlossen) • Haftung der Agentur bei grob fahrlässigen Ratings (noch nicht beschlossen) • Gründung einer öffentlichen EU-Ratingagentur (diskutiert)
Finanzmanager-Gehälter (inkl. Boni)	• Nicht bindende Aktionärsabstimmung über Managervergütung • Bezahlsysteme, die „unangemessene Risiken" vergüten, können durch Aufsichtsbehörden verboten werden.	• min. 40 % der variablen Gehaltsbestandteile („Boni") erst mit Verzögerung auszuzahlen • min. 50 % der Boni in Wertpapieren aus den eigenen Institutsbeständen • aktuelle und zukünftige Risiken in Leistungsvergütung einbezogen

Zusammenstellung des Autors nach: Sebastian Dullien, Anspruch und Wirklichkeit der Finanzmarktreform, IMK Study 26, März 2012, S. 7 ff.

M 11 ● Kontrovers diskutiert: Finanzmärkte noch stärker regulieren?

a) Uwe Foullong: Mehr Regulation

[Nach der Finanzkrise 2008 wurde] vieles reguliert, aber nur halbherzig und konzeptionslos. [...] Das Ziel, zukünftig solche massiven Krisen zu vermeiden, kann nur erreicht werden, wenn die Kapitalmärkte dem Primat der Politik untergeordnet und die Banken auf die Unterstützung der Realwirtschaft ausgerichtet werden. [...]

Die neue Finanzmarktarchitektur sollte aus folgenden Stützpfeilern bestehen: Als Erstes ein Verbot spekulativer Produkte, weil sie der Realwirtschaft schaden. Ein echter „Finanz-TÜV“ sollte deshalb Finanzprodukte auf ihre nützliche Wirkung für die Realwirtschaft prüfen, um sie gegebenenfalls abzulehnen. Die Einführung einer Finanztransaktionssteuer begrenzt kurzfristige Spekulationsgeschäfte, ohne die Realwirtschaft zu belasten, und erbringt gleichzeitig das nötige Geld für die Finanzierung der Krisenkosten. Bei systemrelevanten Banken muss zudem das spekulative Investmentbanking vom realen Bankgeschäft getrennt werden.

Auch die Schattenbanken müssen dringend einbezogen werden: Hedge-Fonds, Private-Equity-Fonds und Zweckgesellschaften sind entsprechend streng zu regulieren. Außerbörsliche Geschäfte sind zu unterbinden, indem alle Wertpapiergeschäfte über Börsen beziehungsweise Clearinghäuser laufen, um so die notwendige Transparenz zu schaffen. [...] Die Macht der Ratingagenturen mit ihren Interessenkonflikten wiederum muss deutlich begrenzt werden. Die Einrichtung einer unabhängigen, europäischen Agentur ist dazu nützlich. [...]

Die Eigenkapitalregeln sollten in einer differenzierten Weise über die geplanten Basel-III-Regeln hinausgehen, indem für spekulative Geschäfte die erforderliche Eigenkapitalunterlegung deutlich angehoben wird. [...]

Uwe Foullong, Wie Finanzmärkte zu regulieren sind, in: Financial Times Deutschland, 16.4.2012

b) Kaspar Villinger: Mehr Schaden als Nutzen durch Regulation

Regulierung schränkt immer Freiräume ein. Freiräume aber sind wichtig, damit Unternehmen Kreativität entwickeln und zum Wachstum beitragen können. Natürlich geht es auch in einer Marktwirtschaft nicht ohne Regulierung, und sei es nur, um den Marktzugang aller Teilnehmer und den Wettbewerb zu sichern. Gerade im Finanzsektor vermag Regulierung auch vertrauensbildend und damit wachstumsfördernd zu wirken. [...] Wenn aber jeder vermeintliche Missstand zu einer neuen Regulierung führt, werden die wirtschaftlichen Freiräume zunehmend eingeschränkt mit fatalen Folgen für Innovation und Wachstum; und die Compliance wird so aufwendig, dass sie mehr und mehr der schöpferischen Kräfte des Managements beansprucht. [...] Zudem verhindern Detailvorschriften oder gar Verbote gewisser komplexer Produkte neue Krisen nicht, weil immer neue regulatorische Lücken ausnutzende Produkte entwickelt werden und weil erfahrungsgemäß Geschäfte in unregulierte Bereiche abgedrängt werden.

Kaspar Villinger, Mit regulatorischer Hektik ist der Subprime-Krise nicht beizukommen, in: Neue Zürcher Zeitung, 1.4.2008

Compliance
Aufwand zur Einhaltung von Regeln

F Im Rahmen politischer Maßnahmen in der Finanzkrise wurden mehrere Banken in den USA und in Europa mit öffentlichen Geldern liquide gehalten und damit vor dem Zusammenbruch bewahrt. Allerdings wurde die US-Bank Lehman Brothers nicht unterstützt und musste Konkurs anmelden. Beurteilen Sie die Forderung, private Banken nicht mehr mit Steuermitteln zu retten. Beachten Sie dabei die Perspektiven von Bürgern (als Steuerzahler und Bankkunden), Bankmanagern, Unternehmen und der Volkswirtschaft als ganzer.

Aufgaben

1. Vergleichen Sie die Regulierungsmaßnahmen der USA und der EU miteinander (M 10).
2. Stellen Sie die Argumentationen Foullongs und Villingers gegenüber (M 11).
3. Nehmen Sie Stellung zu den von Uwe Foullong geforderten zusätzlichen Regulierungsmaßnahmen für Finanzmarktteilnehmer.

2.2.5 Eine Finanztransaktionssteuer in der EU einführen?

M 12 ● EU-Finanzmarktregulierung in der Karikatur

Martin Erl

Bildsymbolik

„Heuschrecke": Vom ehemaligen SPD-Vorsitzenden Franz Müntefering 2005 geprägte abwertende Tiermetapher für sehr risikoreich agierende Finanzmarktakteure und auf kurzfristigen Gewinn zielende „anonyme" Investoren; Referenz zu biblischer Heuschreckenplage

M 13 ● Vorschlag der Europäischen Kommission für eine Finanztransaktionssteuer

dpa • 16030 (14.2.2013) *Quelle: EU-Kommission, dpa*

Finanztransaktionssteuer (FTS)

Der US-amerikanische Ökonom und wissenschaftliche Berater John F. Kennedys James Tobin (1918-2002) forderte seit 1972 eine FTS auf Devisengeschäfte („Tobin-Tax"); die seit 1998 bestehende globalisierungskritische Organisation attac verfolgt als Hauptziel die Einführung einer FTS auf alle Finanztransaktionen.

M 14 Kontrovers diskutiert: Sollen Finanztransaktionen besteuert werden?

a) Finanztransaktionen müssen besteuert werden

[Eine Transaktionssteuer] hatte Keynes (1936) für den Aktienmarkt und Tobin (1978) für den Devisenmarkt vorgeschlagen. [...] Während Keynes nur Aktientransaktionen und Tobin nur Devisentransaktionen erfassen wollte, schlägt das WIFO [Österreichisches Institut für Wirtschaftsforschung] eine generelle Finanztransaktionssteuer (FTS) vor: Sämtliche Transaktionen mit Finanzwerten wie Aktien, Finanz- und Rohstoffderivate, Devisen etc. würden mit einem einheitlichen Satz besteuert [...].

Aus drei Gründen scheint eine generelle FTS effizienter als eine Steuer auf spezifische Transaktionen. Erstens, weil eine generelle FTS nicht bestimmte Markttypen diskriminiert. Zweitens, weil der Steuersatz sehr klein angesetzt werden kann, wenn alle Transaktionen besteuert werden. Drittens, weil eine FTS trotz ihres generellen Charakters in Etappen umgesetzt werden könnte, und zwar entsprechend der unterschiedlichen Marktbedingungen bzw. der unterschiedlichen Bereitschaft in den einzelnen Ländern, eine FTS einzuführen. [...]

Die Befürworter von Transaktionssteuern begründen ihre Position mit folgenden Einschätzungen der Handels- und Preisdynamik auf Finanzmärkten sowie der Effekte solcher Steuern [...]:

Argument 1: Moderne Finanzmärkte („asset markets") sind durch ein Übermaß an Liquidität („excessive liquidity") charakterisiert. Ursache dafür ist die Dominanz kurzfristig-spekulativer Transaktionen.

Argument 2: Spekulation erhöht nicht nur die kurzfristige Volatilität von Wechselkursen, Rohstoffpreisen und Aktienkursen, sondern verursacht auch langfristige Schwankungen dieser für die Weltwirtschaft besonders bedeutenden Preise und damit massive und nachhaltige Abweichungen von ihren theoretischen Gleichgewichtswerten („fundamentals").

Argument 3: Dieses „overshooting" der wichtigsten „asset prices" verstärkt rückwirkend die [Dominanz der Spekulationsgeschäfte gegenüber den Investitionen in der Realwirtschaft] (Keynes, 1936) und dämpft so das Wachstum von Produktion und Beschäftigung.

Argument 4: Eine Transaktionssteuer verteuert die Spekulation umso mehr, je kürzer ihr Zeithorizont [...] bei Derivatgeschäften ist. Sie würde daher spezifisch die destabilisierenden Transaktionen belasten und so zu einer Verbesserung der gesamtwirtschaftlichen Entwicklung beitragen. [...]

Argument 6: Eine generelle FTS würde einen hohen Steuerertrag erbringen, welcher zur Konsolidierung der Staatsfinanzen, aber auch zur Finanzierung supranationaler Institutionen bzw. Projekte verwendet werden könnte (EU-Budget und Entwicklungshilfe).

Stefan Schulmeister, Tobin or not Tobin? Die Finanztransaktionssteuer – Konzept, Begründung, Effekte, in: Informationsbrief Weltwirtschaft & Entwicklung – W&E-Hintergrund, 2009, Nr. 6, S. 1 f.

John Maynard Keynes

(1883 –1946), britischer Ökonom und Regierungsberater, gilt als Begründer der nachfrageorientierten Wirtschaftspolitik

b) Argumente für FTS auf dem Prüfstand

Geld einnehmen

[N]icht alle Länder in der Europäischen Union sind einverstanden mit dem Vorschlag. Großbritanniens Premierminister David Cameron zum Beispiel sperrt sich dagegen, die Londoner Börse mit so einer Steuer zu belasten. [...] Allein für die Finanzprodukte, die aus London heraus ge- und verkauft werden, fällt dann rund ein Drittel der Steuereinnahmen weg. Dazu kommt der Verlagerungseffekt: Börsenhändler könnten in so einer Situation ihre Geschäfte leicht nach London verschieben. [...]

Die Banken bestrafen

Die Banken sollen [für die Folgen der von ihnen verursachten Finanzkrise] bezahlen, fordern die Deutschen [...]. Der Vorschlag der EU-Kommission sieht sogar vor, Geschäfte mit Privatpersonen völlig von der Steuer zu befreien. [...] Doch die Privatleute treten selten direkt an der Börse auf. Sie beauftragen ihre Bank, Aktien zu kaufen – und die Bank kann die Steuer durchaus auf ihre Provision draufschlagen. Dann träfe die Steuer doch wieder die Bürger. [...] Und selbst die ärmere Hälfte [der Bevölkerung] wird die Kosten indirekt mittragen. Wer eine Riester-Rente hat, eine Lebensversicherung oder auch nur einen Anspruch auf eine Betriebsrente, dessen Geld ist meist an der Börse angelegt, in Aktien oder in Anleihen – und damit wird auch für ihn die Steuer fällig. [...]

Und dann gibt es noch Kosten der Transaktionssteuer, die die Bürger indirekt zahlen. Die kommen daher, dass die Steuer den Handel mit Aktien, Anleihen und Co. unattraktiver macht. Deshalb bleiben die Aktienkurse in Ländern mit Transaktionssteuern niedriger als in Ländern ohne, wie mehrere Studien zeigen. Das schadet nicht nur den Privatanlegern, sondern auch den Firmen der Realwirtschaft: Börsengänge bringen weniger Geld, die Kreditzinsen steigen. Deshalb können die Firmen weniger investieren, und das kostet Arbeitsplätze.

Die Märkte beruhigen

[...] Zwar verdrängt die Transaktionssteuer tatsächlich einige Spekulanten, aber ruhiger wird die Börse dadurch nicht. Das zeigt die Erfahrung aus Schweden, wo in den 80er-Jahren die Transaktionssteuer eingeführt und später erhöht wurde. Damals untersuchte der Investmentbanker Steven Umlauf, wie zittrig die Börse in Stockholm nach der Einführung der Steuer war. [...] Tatsächlich wurden die Kurse trotz höherer Steuern nicht ruhiger. Auch London ist trotz seiner „Stamp Duty" nicht als Hort der internationalen Finanzstabilität bekanntgeworden. [...]

Patrick Bernau, Die Robin-Hood-Steuer, in: Frankfurter Allgemeine Zeitung, 14.1.2012

M 15 ● EU-Finanztransaktionssteuer – politisch durchsetzbar?

Deutschland
Viele Kräfte in der deutschen Parteienlandschaft (SPD; Grüne, auch CDU) befürworten grundsätzlich eine Finanztransaktionssteuer (FTS). Die FDP lehnt eine FTS aus prinzipiellen Erwägungen heraus ab (Marktfreiheit, Deregulierung statt neuer Marktregeln).
Seit 1991 existiert in Deutschland keine Börsenumsatzsteuer mehr.

Frankreich
Der 2012 gewählte Präsident François Hollande ist (als Sozialist) Befürworter höherer/hoher Steuersätze auf große Vermögen, hohe Einkommen und auch Finanztransaktionen. Als direkt gewählter Präsident Frankreichs hat er große Macht: Er bestimmt z.B. alle Minister und die Richtlinien der Regierungspolitik.
Eine frühere Börsenumsatzsteuer war 2008 abgeschafft worden.

Irland
Auch aufgrund niedriger Besteuerung erreichte der Bankensektor vor der Finanzkrise (ab 2008) einen BIP-Anteil von 13 %. Industrie ist nur wenig vorhanden, eine wichtige Einnahmequelle besteht im Tourismus.

Großbritannien
Vor allem seit der massiven Deindustrialisierung in den 1980er Jahren ist der Finanzplatz London mit 10 % des gesamten nationalen BIP der wichtigste volkswirtschaftliche Einzelfaktor. Zudem besteht ein enges Verhältnis zu den USA, deren Regierungen eine FTS bislang entschieden ablehnen.
In Großbritannien existiert bereits eine sog. „Stempelsteuer" in Höhe von 5 % für einen Umsatz von über 250.000 Pfund beim Handel mit inländischen Aktien.

Schweden
In Schweden wurde im Jahr 1984 unilateral eine Börsenumsatzsteuer eingeführt. Die erhofften Einnahmen von umgerechnet 165 Mio. Euro/Jahr wurden bei weitem nicht erzielt. Stattdessen ging der Umsatz von Bonds (verzinsliche Wertpapiere) um 85 %, der von Terminkontrakten und Optionen um 98 % zurück. Über die Hälfte des Handels mit schwedischen Aktien verlagerte sich an den Finanzplatz London. Im Jahr 1992 wurde die Steuer wieder abgeschafft.

Autorentext

Info

Entscheidungsstrukturen in der EU

Die Politikfelder in der Europäischen Union sind in höchst unterschiedlichem Grad „vergemeinschaftet“: Im Bereich des (supranational gesteuerten) Binnenmarktes haben die von der Europäischen Kommission vorgeschlagenen und vom Rat der EU („Ministerrat“) sowie vom Parlament beschlossenen „Gesetze“ unmittelbare Gültigkeit in den Mitgliedstaaten (sog. Verordnungen) bzw. müssen in nationales Recht umgesetzt werden (sog. Richtlinien). Schwächer vergemeinschaftet ist bspw. die Sozialpolitik, bei der gemeinsame Entwicklungslinien/-ziele (letztlich nicht verbindlich) vereinbart und evaluiert werden. Rein intergouvernemental ist die Gemeinsame Außen- und Sicherheitspolitik organisiert. Zwar existieren von allen Mitgliedern akzeptierte Grundsatzpapiere (z.B. Europäische Sicherheitsstrategie), aber ein gemeinsames (etwa militärisches) Vorgehen bedarf der Zustimmung jedes einzelnen EU-Staates (Einstimmigkeitsprinzip).
Überhaupt nicht gemeinsam beschlossen wird der wesentliche Teil der Fiskalpolitik; das Recht, Steuern zu erheben, liegt allein bei den Nationalstaaten. Die gleichzeitige Einführung analoger Steuern bedarf also ebenfalls eines einstimmigen Beschlusses der nationalen Entscheidungsgremien.
Vollständig bei einer gemeinschaftlichen Institution (Europäische Zentralbank, EZB) liegt die Geldpolitik in der Euro-Zone. Formal handelt es sich aber hierbei nicht um ein politisches Organ, denn die EZB ist erstens unabhängig von politischen Weisungen und ihre Präsidiumsmitglieder werden nicht durch den Souverän gewählt.

Autorentext

M 16 ● Bestie Finanzmarkt?

Dieter Hanitzsch, Baaske Cartoons, 26.9.2008

Aufgaben

1. Analysieren Sie die Karikatur (M 12).
2. Geben Sie die wesentlichen Ziele und Funktionsweisen der Finanztransaktionssteuer wieder, die von der EU-Kommission vorgeschlagen wird (M 13).
3. Erörtern Sie die Einführung einer EU-Finanztransaktionssteuer (M 14).
4. Beurteilen Sie – vor dem Hintergrund der Interessenlage der EU-Mitgliedstaaten – die Durchsetzungschancen für eine EU-weite Finanztransaktionssteuer (M 15).
5. Analysieren Sie die Karikatur und prüfen Sie, ob sie heute noch als aktuell angesehen werden kann (M 16, Kap. 2.2.4).

FTS in der EU

11 der 27 EU-Staaten haben sich im Januar 2013 grundsätzlich auf die Einführung einer gemeinsamen FTS geeinigt (darunter Deutschland, Spanien, Italien, Österreich).
Art der besteuerten Transaktionen, Höhe der Steuer, Verwendung der Einnahmen sowie Einführungsdatum der Steuer sind noch unklar und teilweise strittig (Stand Februar 2013).

F zu Aufgabe 1
Stellen Sie dabei Hypothesen auf, in welcher Weise die „Heuschrecke“ an der „Wiederaufforstung“ konkret beteiligt werden könnte.

H zu Aufgabe 3
Gewichten Sie die Ihnen bekannten Argumente für und gegen eine FTS und ordnen Sie sie Ihnen bekannten politischen Urteilskategorien/-kriterien zu.

Vorschlag
Simulieren Sie – nach einer weiteren Recherche – eine Sitzung des Rats der EU-Finanzminister zum Thema „Einführung einer EU-weiten FTS“.

Beschaffenheit, Funktionen und Entwicklung der internationalen Finanzmärkte
M 7, M 8

Die internationalen Finanzmärkte bestehen aus den Teilmärkten für Kredite, Devisen und Wertpapiere. Marktakteure sind nicht nur Börsenmakler und Hochrisiko-Spekulanten wie Hedge-Fonds, sondern (teilweise ungewollt) auch einfache Bankkunden und Arbeitnehmer, mit deren Spar- und Renteneinlagen (z.B. durch Pensionsfonds) spekuliert wird. Nach marktwirtschaftlicher Theorie erfüllen Finanzmärkte zwei Funktionen: Zum einen informieren sie durch die Zinshöhe über das Anlagerisiko (Informationsfunktion). Zum anderen sollen sie dazu dienen, Kapital auf effiziente Weise Investoren zur Verfügung zu stellen, um somit zukünftig Gewinne erwirtschaften zu können (Lenkungs- oder Allokationsfunktion).
Infolge der Deregulierung der weltweiten Finanzmärkte seit den 1970er-Jahren bildeten sich nicht nur Märkte für völlig neue Finanzprodukte, sondern nahm auch das Volumen der Finanztransaktionen enorm zu. Wesentlicher Vorteil: Auch dann kann investiert werden, wenn Banken das Risiko einer Kreditvergabe zu hoch ist.

Ursachen der Finanzkrise 2008
M 4

Die Finanzkrise 2008 mit dem Zusammenbruch mehrerer Banken zeigte aber auch die Gefahren einer zu geringen Regulierung: Neben der Verschleierung von in Wertpapieren schlummernden Ausfallrisiken („Verbriefungen") waren folgende systemische Schwächen für die Finanzkrise hauptverantwortlich: eine expansive Geldpolitik insb. der US-amerikanischen Notenbank FED (wodurch viel Kapital „nach Anlagemöglichkeiten suchte"), zu geringe Risikovorsorge bei Banken (schlechte Prüfung der Kreditwürdigkeit; zu geringe Eigenkapitalquote zum Überstehen von Krisen; keine Knüpfung der Managergehälter an das Risiko von Anlagestrategien) und eine unzureichende Risikoeinschätzung durch Rating-Agenturen.

Folgen der Finanz- und Wirtschaftskrise
M 1 – M 3

Die wirtschaftlichen Folgen bestanden in den Industrieländern in einem ruckartigen Absinken der Wirtschaftsleistung mit entsprechenden negativen Auswirkungen auf die Arbeitsmärkte. Zudem muss eine Ursache der Finanzierungskrise von Euro-Staaten ab 2010 sowohl in krisenbedingten staatlichen Mehrausgaben (z.B. für die Bankenrettung, Konjunkturpakete) als auch in Mindereinnahmen gesucht werden. Als Folgen für Entwicklungsländer ist u. a. ein Rückgang der Investitionen zu verzeichnen, was zu einem erhöhten Armutsrisiko und sogar zur Existenzbedrohung zehntausender Menschen geführt haben dürfte.

Politische Regulation der Finanzmärkte
M 11, M 13, M 14

Sowohl die USA als auch die EU haben ab 2009 Regulierungsmaßnahmen für die Finanzmärkte getroffen. Unter anderem wurden neue Aufsichtsbehörden geschaffen. Allerdings wird vielfach kritisiert, dass bisher noch keine echte Haftung realisiert worden ist. Auch sei die Information auf den Märkten, etwa durch das Fehlen öffentlicher Rating-Agenturen, noch immer unzureichend.
Eine EU-weite Finanztransaktionssteuer könnte risikoreiche Kürzestzeit-Investments ggf. eindämmen. Weltweit (insb. Veto der USA) und auch EU-weit (insb. Veto Großbritanniens) ist eine solche Steuer zurzeit nicht durchsetzbar.

Die Funktionalität von Finanzmärkten beurteilen

Banken und Finanzmärkte erfüllen zwei sehr grundlegende wirtschaftliche Funktionen. Sie vermitteln Kapital von Gläubigern zu Schuldnern, und sie verteilen finanzielle Risiken auf diejenigen, die diese am besten tragen können und wollen. [...] Die Öffnung der nationalen Finanzmärkte gegenüber dem Ausland erweitert diese positiven Effekte. Die Unternehmen können auf den weltweiten Pool des Anlage suchenden Kapitals zurückgreifen. [...]

Finanzmärkte sind effiziente Sensoren für [...] Fehlentwicklungen, doch sie erzwingen nicht eine bestimmte Politik [...]. Die Finanzmärkte prüfen nur ständig, ob die Politik in sich konsistent ist oder ob es nicht früher oder später zu einer Korrektur kommen muss. Insofern sollte man [...] von einer „Wächterfunktion" sprechen [...]. Die autonomen Entscheidungen, die Hunderttausende von Anlegern auf den Finanzmärkten treffen, werden im Gegensatz zu Wahlentscheidungen nicht alle vier oder fünf Jahre, sondern täglich gefällt, was Regierungen ständig unter einen erheblichen Erklärungszwang setzt. [...]

Wirklich gefährlich sind spekulative Blasen oder „irrationaler Überschwang", also nicht gerechtfertigte Erwartungen im Zuge eines Herdentriebs an den Finanzmärkten. Auch an den Finanzmärkten agieren fehlbare Menschen, die kollektiven Stimmungen ebenso ausgesetzt sind wie kurzfristigem Entscheidungsdruck. So negativ die Auswirkungen von Fehlentwicklungen auf Finanzmärkten sind, so haben marktwirtschaftliche Ordnungen zumindest den Vorteil, dass Fehler relativ schnell aufgedeckt werden. [...]

Wenn man so will, haben die Finanzmärkte quasi als „fünfte Gewalt" neben den Medien eine wichtige Wächterrolle übernommen. Wenn die Politik im 21. Jahrhundert in diesem Sinn im Schlepptau der Finanzmärkte stünde, wäre dies vielleicht so schlecht nicht.

Rolf-E. Breuer, in: Die Zeit, 27.4.2000
Rolf-E. Breuer war bis 2006 Aufsichtsratsvorsitzender der Deutschen Bank.

Klaus Stuttmann, 21.8.2011

Aufgaben

1. Fassen Sie die Funktionen von Finanzmärkten nach Breuer sowie dessen Bewertung aus dem Jahr 2000 zusammen.
2. Analysieren Sie die Karikatur.
3. Nehmen Sie Stellung a) zu Breuers These, die Finanzmärkte seien als „fünfte Gewalt" bzw. als „Wächter" zu begreifen; oder b) zur Aussage der Karikatur.

   Beziehen Sie sich dabei auf Ihre Kenntnisse zu Ursachen und Verlauf der Finanz- und Wirtschaftskrise ab 2007.

Danger!! Mines!!

3 Frieden und Sicherheit als Aufgabe internationaler Politik

Das Ende des Kalten Krieges weckte auf der ganzen Welt die Hoffnung, dass damit ein Zeitalter der Kriege, Konflikte und Bedrohungen zu Ende geht. Dauerhafter Frieden weltweit schien möglich und greifbar nahe.
Diese Hoffnung musste inzwischen der ernüchternden Erkenntnis Platz machen, dass Frieden und Sicherheit immer noch bedroht sind – vielleicht stärker als jemals zuvor. Neue Herausforderungen und Risiken, die angesichts der Blockkonstellation im Kalten Krieg verdrängt und unterdrückt wurden, setzen die internationale Staatengemeinschaft unter Druck. Auch wenn heute viele Krisen und Konfliktfelder weit entfernt von Europa sind, ihre Auswirkungen betreffen uns mittelbar oder unmittelbar.
Das Kapitel 3.1 zeigt exemplarisch, welche Phänomene und Entwicklungen Frieden und Sicherheit bedrohen. Es stellt gleichsam die Aufgaben und Herausforderungen für Staaten und internationale Organisationen vor, die in den folgenden Kapiteln behandelt werden. Das Kapitel 3.2 beschäftigt sich mit Begriffen und Forschung im Umfeld von Krieg und Frieden.

Was wissen Sie schon?

1. Erschließen Sie in Kleingruppen anhand des Bildmaterials, wodurch Frieden und Sicherheit weltweit bedroht sind.
2. Erstellen Sie Ihre eigene Hierarchie der Bedrohung, indem Sie die Bilder in eine Reihenfolge bringen. Erklären Sie Ihre Entscheidung.
3. Zwischen etlichen Phänomenen auf dieser Seite gibt es Zusammenhänge. Stellen Sie diese in einem Schaubild dar.

KOMPETENZEN

Am Ende dieses Kapitels sollten Sie Folgendes wissen und können:

...Ereignisse und Entwicklungen als potentielle Gefahren für die internationale Sicherheit erkennen und gewichten.

...die Notwendigkeit gemeinsamen Handelns der internationalen Politik einsehen.

...unterschiedliche Interessenlagen internationaler Akteure einschätzen und beurteilen.

3.1 Gefahren für Frieden und Sicherheit

3.1.1 Bevölkerungswachstum: Wie viele Menschen verkraftet unsere Erde noch?

M 1 Die Weltbevölkerungsuhr tickt...

Die Weltbevölkerungsuhr steht seit Oktober 2011 in der Innenstadt von Hannover, siehe Abbildung (17.1.2013). Jede Sekunde kommen 2,6 Menschen hinzu.

M 2 Bevölkerungswachstum

Vielleicht lohnt es sich jetzt, da es menschlich gesehen wegen der rasant wachsenden Weltbevölkerung wieder ein Stück enger wird auf dem Planeten, für einen Moment an Lonesome George zu erinnern. Der alte Knabe ist inzwischen schon gute 100 Jahre alt. George verbringt – daher der Name – recht einsame Tage auf einer Galápagos-Insel, zur Familiengründung fehlt der Riesenschildkröte die Riesenschildkrötin. George ist der Letzte seiner Art. Wenn er sich dereinst endgültig in seinen Panzer zurückzieht, dann wird Geochelone nigra abingdoni die Liste der ausgestorbenen Tiere bereichern. Das ist – zugegeben – der reichlich trübe Beginn einer Erfolgsgeschichte, die mit der Ankunft des siebtmilliardsten Menschenkindes einen vorläufigen Höhepunkt erfährt.

Lonesome George verstarb in der Nacht zum 25.6.2012.

Jedoch: Wer in diesen Tagen von der Ausbreitung des erfolgreichen Homo sapiens redet, sollte vom Verschwinden so manch anderer Lebewesen nicht schweigen. Es gibt da einen unerfreulichen Zusammenhang. Um es kurz zu machen: Seit der Mensch sich immer rasanter auf dem Globus breit macht, schrumpft die Artenvielfalt in atemberaubendem Tempo. [...] Die Probleme, die dieses ungehemmte Wachstum mit sich bringt, dürften sich herumgesprochen haben. Der Ausstoß von Treibhausgasen und der damit verbundene Klimawandel, die Überfischung der Ozeane, das Abholzen des Regenwaldes, die Ausbreitung von Wüsten, das Entstehen von Megacities, Hungersnöte, Elendsmigration – alles Folge der simplen Tatsache: Es gibt zu viele von uns.

Es ist höchste Zeit, sich dem Thema zu stellen, sagt der Naturforscher Sir David Attenborough. „Es ist eine offensichtliche und brutale Tatsache, dass das Wachstum der Menschheit auf einem begrenzten Planeten früher oder später enden wird", sagte Attenborough auf einem Zukunftskongress. Nur zwei Szenarien seien denkbar: Die Menschheit beschließt gemeinsam, sich nicht länger ungehemmt zu vermehren. „Die Alternative ist, wie bei anderen Lebewesen auch, eine steigende Todesrate, durch Hungersnöte, Seuchen oder Krieg –

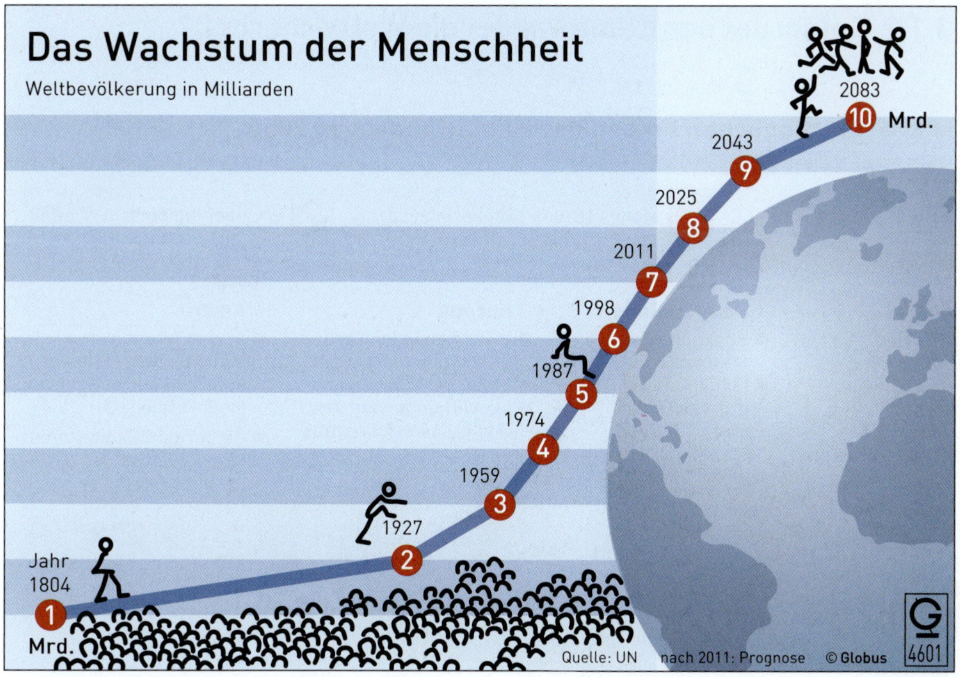

um Öl, Wasser, Essen, Schürfrechte oder einfach nur um Lebensraum." Das sind keine schönen Aussichten. Weshalb mancherorts schon länger nach Auswegen gesucht wird. Chinas Ein-Kind-Politik kann dabei kaum als Vorbild dienen. Ihretwegen leben heute zwar geschätzte 300 Millionen Menschen weniger – erreicht aber wurde das durch unmenschliche Härte, und es hat neue soziale Probleme geschaffen. Einen nicht minder zweifelhaften Weg gehen die Inder: Die Behörden im Norden des Subkontinents ködern gerade jene, die sich freiwillig sterilisieren lassen, mit einer Lotterie. Der Hauptpreis: ein Kleinwagen. Dabei gäbe es durchaus nachhaltige und humane Methoden, das Bevölkerungswachstum zu stoppen. Wie etwa das Beispiel Iran zeigt, sinkt die Geburtenrate überall dort, wo Frauen gut ausgebildet sind und der Zugang zu günstigen Verhütungsmitteln kein Problem ist. Da Letzteres für den Vatikan noch immer Teufelswerk ist, gilt in vielen überbevölkerten Ländern nach wie vor: Wachset und vermehret euch.

Während die Weltbevölkerung insgesamt wächst, nimmt die Bevölkerungszahl in Deutschland ab. Ohne Zwang sind die Deutschen seit Jahren dabei, sich wenigstens teilweise abzuschaffen. Noch sind wir hierzulande gut 80 Millionen, in 50 Jahren aber schon 17 Millionen weniger. Politiker, Rentenexperten und Brauchtumspfleger halten das für eine Katastrophe. Aber fragen Sie einmal Würfelnatter, Mopsfledermaus und Geburtshelferkröte – die sehen das naturgemäß anders.

Jörg Schindler, Sieben Milliarden Menschen leben auf unserer Erde, auf: www.fr-online.de, 31.10.2011

Aufgaben

1. Erschließend Sie die Folgen des rasanten Bevölkerungswachstums (M 1, M 2).
2. Zeigen Sie auf, inwieweit ein ungebremstes Bevölkerungswachstum auch zu sicherheitspolitischen Risiken führen kann.
3. Arbeiten Sie die in M 2 aufgezeigten Ansätze, das Bevölkerungswachstum einzudämmen, heraus und setzen Sie sich kritisch damit auseinander.

3.1.2 Gefährdet der Klimawandel die Weltsicherheit?

M 3 Die möglichen Folgen des Klimawandels ab 2050

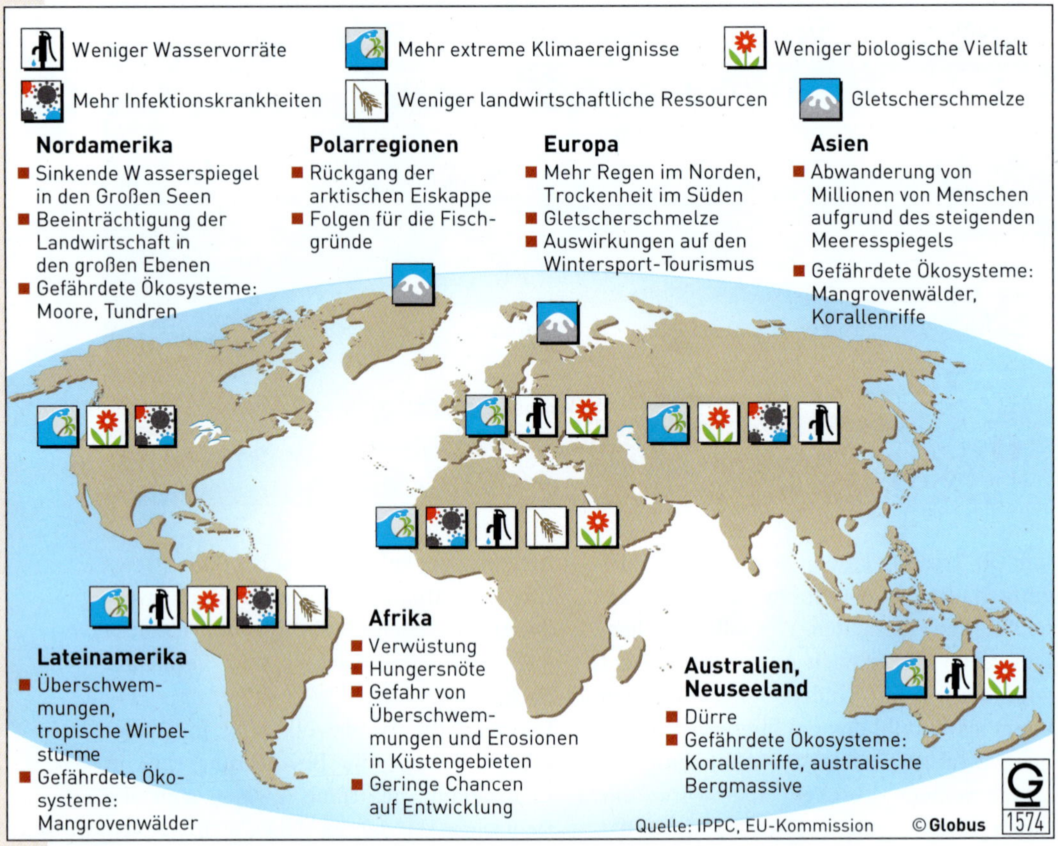

M 4 Klimawandel als Ursache für Konflikte und Kriege? Ein Interview mit Harald Welzer

Darfur-Konflikt
seit 2003 andauernder Konflikt zwischen verschiedenen ethnischen Gruppen der wirtschaftlich unterentwickelten und politisch benachteiligten Region Darfur (Westsudan) gegen die sudanesische Regierung um Macht und Einfluss

tagesschau.de: Was macht den Klimawandel sozial und politisch so gefährlich, dass Sie von Klimakriegen sprechen?
Harald Welzer: Weil es gegenwärtig schon Entwicklungen gibt, wo man den Zusammenhang zwischen Klimaerwärmung und Gewaltkonflikten deutlich sehen kann. Insofern würde ich unter dem Begriff des Klimakrieges tatsächlich solche Konflikte fassen, wo es aufgrund von Bodenerosion, Naturkatastrophen oder ähnlichen Ereignissen zu gewalttätigen Auseinandersetzungen kommt. Prototypisch ist das zu sehen in Darfur im Westen des Sudans. Dort gibt es Konflikte zwischen unterschiedlichen Interessensgruppen, in dem Fall nomadische Viehzüchter auf der einen und Landbauern auf der anderen Seite. Und wenn das Land durch die Klimaveränderung weniger wird, ist für beide Gruppen nicht mehr genug da. [...]
Wo und zwischen welchen Parteien finden denn in Zukunft Klimakriege statt?
Das wird die Zukunft zeigen. Klar ist aber, verschlechterte Umweltbedingungen führen auch zu Flüchtlingsbewegungen. Und die finden innerhalb eines Landes statt, als Binnenmigration, und zwischen Ländern. Beides ist konfliktträchtig, weil Flüchtlinge immer irgendwo hinwandern, wo schon

andere sind. Und das ganze kann auch noch die Kontinente überschreiten, und damit gelangen die Konflikte und die damit verbundenen Sicherheitsprobleme auch zu uns in die Wohlstandsgesellschaften.

Also auch die Industrieländer könnten in umweltbedingte Konflikte verwickelt werden, nicht nur die Entwicklungsländer?

Ein Szenario was ich sehe, ohne dass man gegenwärtig schon sagen kann, dass es dort dann zu Kriegen kommt, sind neue Ressourcenkonflikte. So werden zum Beispiel durch das Schmelzen des arktischen Eises neue Rohstoffvorkommen zugänglich. Die Hoheitsrechte für solche bisher nicht zugänglichen Rohstofflager sind aber überhaupt nicht geklärt. Und deshalb wird man auf jeden Fall darüber streiten. Ist das dann per Vertrag zu regeln oder sind die Konflikte so groß, dass man auch zur Gewalt greift?

Ein fairer Ausgleich zwischen den Gewinnern und Verlierern des Klimawandels ist nicht wahrscheinlich?

Nein, es deutet zumindest aus der Geschichte nichts daraufhin. Wir können im Falle des Klimawandels Verursacher und Notleidende identifizieren, und dann stellt sich die Frage der Gerechtigkeit. Die Verursacher, die wohlhabenden Industriestaaten, müssten mehr tun. Das wäre zwar für das Überleben der Menschheit langfristig sinnvoll, aber das wird nicht passieren. [...]

Das Interview führte Dieter Westhoff, auf: www.tagesschau.de, 9.7.2008

M 5 ● Klimafaktor Mensch

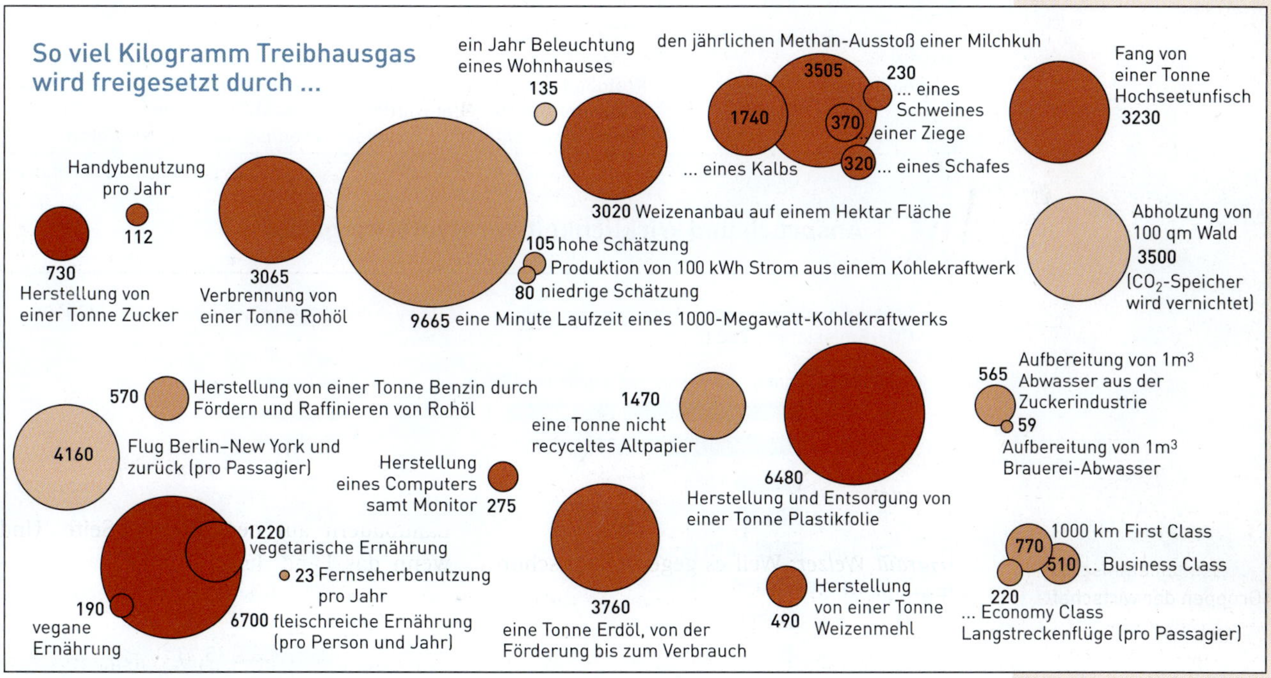

Le monde diplomatique, Atlas der Globalisierung, Berlin 2010, S. 72f.

Aufgaben

1. Zeigen Sie mögliche Folgen des Klimawandels auf (M 3).
2. Setzen Sie sich mit der These von Harald Welzer (M 4) auseinander.
3. Diskutieren Sie mit Hilfe von M 5 Möglichkeiten, den für den Klimawandel hauptsächlich verantwortlichen Ausstoß von Treibhausgasen zu reduzieren.

M 6 ● Kann eine internationale Klimapolitik Klimawandel stoppen?

Wichtige Stationen internationaler Klimapolitik	Vereinbarungen
1992 Rio de Janeiro (Brasilien): Verabschiedung der UN-Klimarahmenkonvention	Die Klimarahmenkonvention erkennt als erster internationaler Vertrag den Klimawandel als ernstes Problem an und verpflichtet die Staatengemeinschaft zum Handeln.
1997 Kyoto-Protokoll (Japan)	Das Kyoto-Protokoll legt als wichtigstes Klimaabkommen die verbindliche Emissionsreduktion für die Industrieländer von mindestens 5,2% bis 2010 im Vergleich zu 1990 fest.
2005 Montreal (Kanada) Inkrafttreten des Kyoto-Protokolls	Das Kyoto-Protokoll wird über 2012 hinaus festgeschrieben, neue Grenzwerte für Treibhausgasemissionen werden festgelegt. Die USA akzeptieren zwar das Ergebnis der Konferenz, ratifizieren das Kyoto-Protokoll aber nicht.
2009 Kopenhagen (Dänemark)	Ein Folgeabkommen für das Kyoto-Protokoll konnte mangels Einigkeit nicht verabschiedet werden. Im rechtlich nicht verbindlichen Copenhagen Accord wird als „Minimalkonsens“ vereinbart, dass die Erderwärmung auf maximal 2°C im Vergleich zum vorindustriellen Zustand begrenzt werden soll.
2010 Cancun (Mexiko)	Der in Kopenhagen gescheiterte Versuch, ein rechtlich verbindliches Nachfolgeabkommen für das Kyoto-Protokoll zu beschließen, gelingt erneut nicht.
2011 Durban (Südafrika)	Das Kyoto-Protokoll wird verlängert. Reduktionsziele und Dauer der zweiten Verpflichtungsperiode zum Kyoto-Protokoll sollen 2012 in Katar festgelegt werden.
2012 Doha (Katar)	Kurz vor dem Scheitern konnte noch die Verlängerung des Kyoto-Protokolls bis 2020 durchgesetzt werden. Bis 2015 soll ein neues Abkommen vorbereitet werden, welches ab 2020 auch Entwicklungsländer verpflichtet, ihre Treibhausgasemissionen zu reduzieren.

Zusammenstellung der Autorin

M 7 ● Anspruch und Wirklichkeit der Kyoto-Vorgaben

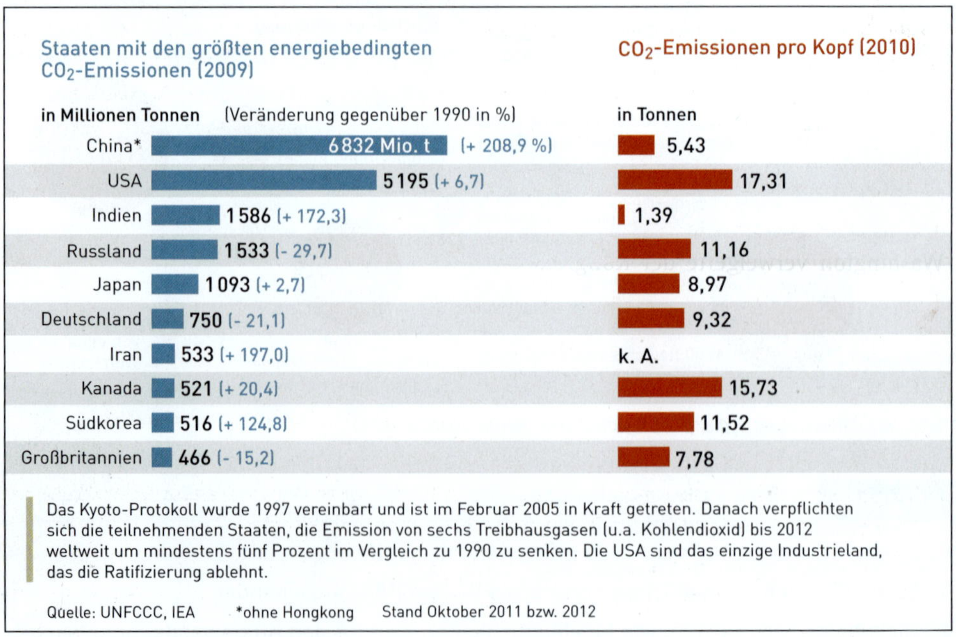

Nach: dpa-Infografik 4612 (ergänzt)

M 8 ● 15 Jahre Kyoto – eine Bilanz

[...] China hat die USA längst als größter Treibhausgas-Produzent überholt, die Wirtschaften (und damit der CO2-Ausstoß) von Staaten wie Vietnam, Indien, Mexiko, Brasilien oder Indonesien wachsen so rasant, dass sie die Einsparungen der Industriestaaten mehr als wett machen. Die reichen Staaten fordern von den Schwellenländern deshalb, endlich selbst mit dem Klimaschutz anzufangen – und in der zweiten Verpflichtungsperiode eigene Reduktionspflichten völkerrechtlich bindend einzugehen. Die Schwellenländer aber bestehen auf dem Prinzip der „Gemeinsamen Verantwortung, aber unterschiedlichen Pflichten". Die Industriestaaten müssten immer noch ihre historische Schuld abtragen und stärkere Klimaschutzschritte unternehmen, tatsächlich aber haben sie nicht einmal die zugesagten Ziele von Kyoto eingehalten [...]. Statt einer Neujustierung der Kyoto-Ziele in einer zweiten Verpflichtungsperiode droht also das Scheitern des Klimadialogs. Industriestaaten und Entwicklungsländer können sich nicht einmal über die Grundkonstruktion des neuen Klimaabkommens einigen. Unter den wichtigen Verhandlungsparteien scheint nur die EU zu einer Verlängerung von Kyoto bereit zu sein. Entscheidend aber sind China und die USA, und deren Positionen wirken unversöhnlich. Die USA hatten das Kyoto-Protokoll unter Präsident Bill Clinton zwar unterzeichnet und eine Senkung der Emissionen um sieben Prozent zugestimmt. Doch daheim in Washington verweigerte der Kongress die Ratifizierung, heute liegt der Treibhausgasausstoß nicht unter dem Niveau von 1990, sondern 25 Prozent darüber. Zugleich hat sich die innenpolitische Stimmung für ein Klimaschutzabkommen weiter verschlechtert, mittlerweile dominieren in den USA Leugner des Klimawandels die öffentliche Debatte.

China hingegen will das Kyoto-Protokoll unbedingt erhalten und beharrt auf seinem 1997 festgelegten Status als Entwicklungsland. Allerdings wissen die Chinesen, dass sie der Welt etwas anbieten müssen: Sie wollen die Erneuerbaren Energien drastisch ausbauen und die Energieeffizienz innerhalb von fünf Jahren um 16 Prozent steigern. Allenfalls relative Emissionssenkungen (gemessen in CO_2-Ausstoß pro erwirtschafteten Yuan) will China akzeptieren, aber keine absolute Minderung. Der Streit wird so hart ausgefochten, weil in der Klimadiplomatie wirtschaftspolitische Interessen eine entscheidende Rolle spielen: Laut wissenschaftlichen Simulationen verträgt die Erdatmosphäre insgesamt nur noch rund 700 Milliarden Tonnen Kohlendioxid, wenn das Zwei-Grad-Ziel erreicht werden soll. Und weil Wirtschaftswachstum immer noch gleichbedeutend ist mit Energieverbrauch und CO_2-Emissionen, lautet die Frage, wer von diesen 700 Milliarden Wirtschaftswachstum wie viel abbekommt. [...]

Toralf Staud, Das Rätsel von Durban, auf: www.bpb.de, 23.11.2011

Aufgaben

1. Vergleichen Sie die vergangenen und aktuellen Klimakonferenzen hinsichtlich ihrer Erfolge. Stellen Sie Überlegungen zu den Ursachen für diese Entwicklung an (M 6, M 7).
2. Analysieren Sie die Übereinstimmungen und Gegensätze der Interessen von Industrie- und Entwicklungsländern im Bereich der Klimapolitik (M 7, M 8).
3. Nehmen Sie – auch unter sicherheitspolitischen Gesichtspunkten – Stellung zur Position der Schwellenländer „Gemeinsame Verantwortung, aber unterschiedliche Pflichten" (M 8, Z. 14 f.).

3.1.3 Migration in Afrika – was geht uns das an?

M 9 ● Tod auf hoher See – Flüchtlinge aus Afrika

Über 1.500 tote Flüchtlinge im Mittelmeer – „das macht 2011 zum tödlichsten Jahr für diese Region, seit UNHCR begann, 2006 diese Statistiken zu erheben", so Sybella Wilkes, Sprecherin des UN-Flüchtlingshochkommissariats UNHCR. [...] Die wahre Zahl der Toten sei „wahrscheinlich deutlich höher", so der deutsche UNHCR-Sprecher Stefan Telöken. [...] Es geht fast ausschließlich um Afrikaner, die illegal nach Europa wollten oder vor dem Bürgerkrieg in Libyen fliehen. [...]
Mehr als 58.000 Illegale erreichten Europa laut UNHCR im vergangenen Jahr auf dem Seeweg. Auch diese Zahl ist eher eine Untergrenze: Während die UN-Behörde sich auf Befragungen vor Ort stützt, zählt die EU-Grenzagentur Frontex alle staatlich registrierten Ankömmlinge und zählt allein bis September 2011 rund 70.000 „Einreisen ohne Papiere" über das Mittelmeer nach Europa. Fast alle landeten in Italien. Dazu kamen laut UNHCR rund 55.000 auf dem Landweg über die Türkei nach Griechenland; [...]
[Im Februar 2012] sitzen weiter knapp 5.000 Flüchtlinge aus Krisenländern wie Somalia, Eritrea, Sudan oder Äthiopien, die während des Krieges aus Libyen geflohen waren, in Wüstenlagern des UNHCR in Ägypten und Tunesien fest. Das UNHCR hat Asylverfahren durchgeführt, um zu prüfen, ob sie in ihre Länder zurückkehren können oder Schutzbedürftige im Sinne der Genfer Konvention sind. Das ist nach UNHCR-Angaben bei etwa 4.400 der Flüchtlinge der Fall. Aber 14 Industriestaaten haben bislang nur rund 900 sogenannte Resettlement-Plätze zugesagt, um die Flüchtlinge aufzunehmen. Über 3.400 müssen in der Wüste bleiben.

Dominic Johnson und Christian Jakob, Tod auf hoher See, auf: www.taz.de, 1.2.2012

Aktuelle Zahlen des UNHCR (2011):

- 42,5 million displaced people worldwide
- 4,3 million newly displaced
- 25,9 million protected by UNHCR
- 12 million stateless
- 876.100 asylum claims
- 17.700 unaccompanied children

www.unhcr.org/4fd6f87f9.html

M 10 ● Weltkarte der Migration

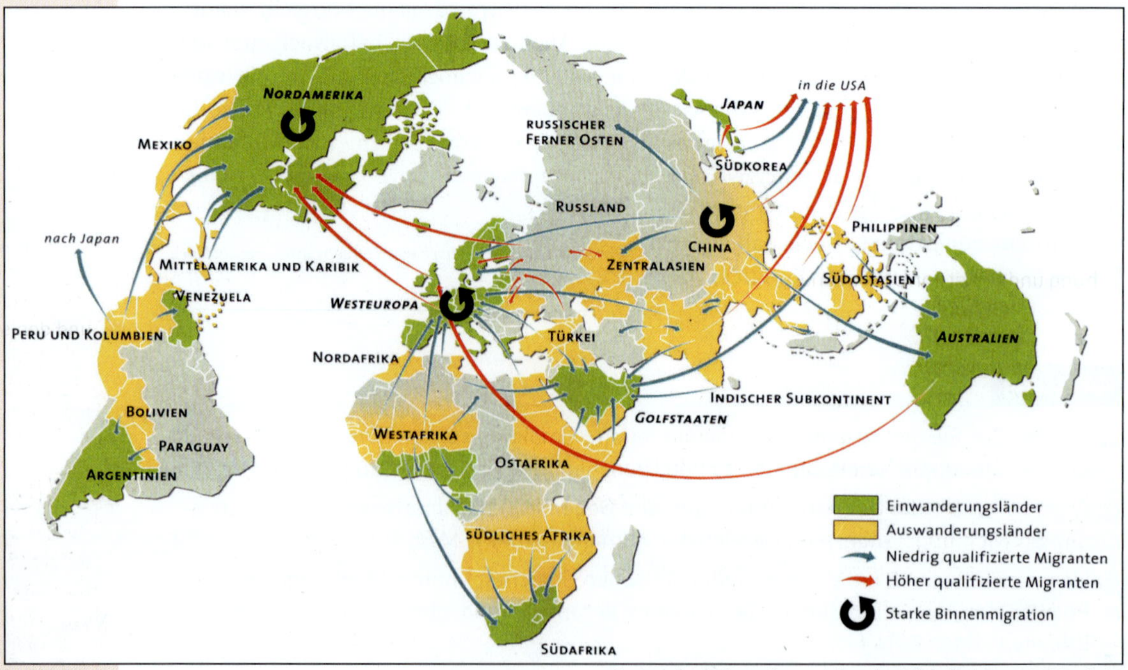

Le monde diplomatique, Atlas der Globalisierung 2009, S. 17

M 11 Fluchtursachen: Pull- und Push-Faktoren

	Push-Faktoren	Pull-Faktoren
demographisch	• Landknappheit • Überbevölkerung	• ausreichendes Flächenangebot • Arbeitskräftemangel
gesellschaftlich	• Armut und ungerechte Besitzverteilung • Einschränkung der Meinungs- und Pressefreiheit • religiöse Verfolgung und Diskriminierung	• Sicherheit • Toleranz (z.B. religiöse, sexuelle) • gutes Bildungs- und Gesundheitssystem
ökonomisch	• Arbeitslosigkeit, geringes Einkommen • hohe Steuern und Abgaben	• gute Verdienstmöglichkeiten und Arbeitsplätze • Förderprogramme der Wirtschaft
politisch	• systematische Verfolgung und Unterdrückung • Krieg, politische Unruhen • Korruption der Verwaltung	• günstige Einwanderungsgesetze • Möglichkeit illegaler Einwanderung • Rechtssicherheit und Frieden
ökologisch	• Naturkatastrophen, wie Überschwemmungen, Erdrutsche, Erdbeben, Vulkanausbrüche • Abnahme der Bodenfruchtbarkeit durch Erosion, Dürre, Überweidung	• ausgeglichenes Klima

Autorentext

Info

Migration und Konflikte

Die Betroffenen nehmen oft lebensbedrohliche Strapazen und unermessliches Leid auf sich, wenn sie ihre Heimat und Existenz verlieren, um sich und ihre Angehörigen in vermeintliche Sicherheit zu bringen.
Die innerstaatliche als auch die zwischenstaatliche Migration strapaziert die Aufnahmebereitschaft und die Aufnahmefähigkeit der Aufnahmeländer. Der Zustrom von Flüchtlingen, die meist ohne Hab und Gut auf materielle Hilfe und öffentliche Versorgung angewiesen sind, kann bei der einheimischen Bevölkerung ein Gefühl der Bedrohung und Angst vor Überfremdung auslösen. Im Extremfall sind Ausländerfeindlichkeit und gewalttätige Ausschreitungen gegen die Fremden die Folge. In Krisengebieten ist der Export ethnischer Konflikte in Nachbarregionen denkbar. So verschärfte 2012 die Flucht tausender Kurden aus Syrien die Kurdenkonflikte der Türkei im syrisch-türkischen Grenzgebiet. In Politik und Öffentlichkeit werden Migranten häufig negativ assoziiert. Gerade westliche Industrienationen könnten jedoch bei entsprechender Integration der Flüchtlinge in Gesellschaft und Arbeitsmarkt profitieren.
Autorentext

Aufgaben

1. Oft wird das Thema Migration als Problem einzelner Staaten (sog. Zielländer bzw. Auffangländer wie Italien oder Spanien) gesehen. Zeigen Sie auf, dass Migration eine globale Herausforderung ist (M 9, M 10, Infobox).
2. Entwickeln und diskutieren Sie in Ihrem Kurs Wege und Lösungsmöglichkeiten für das Problemfeld „Migration". Gehen Sie dabei von den Fluchtursachen (M 11) aus und entwerfen Sie Lösungsstrategien.
3. Stellen Sie einen Zusammenhang zwischen den Herausforderungen Bevölkerungswachstum, Klimawandel und Migration her.

H zu Aufgabe 3
Bedenken Sie evtl. auch die Bevölkerungsentwicklung in den Industriestaaten (Geburtenrückgang, Alterung) und den sich in einigen Sparten bereits abzeichnenden Arbeitskräftemangel.

F Recherchieren Sie den Stand der europäischen Kooperation im Umgang mit den Migranten an Europas Küsten (Stichwort „Frontex", M 9) und informieren Sie Ihren Kurs.

3.1.4 Werden künftig Kriege um natürliche Ressourcen geführt?

M 12 • Peak Oil – wann kommt das Ende des Erdöls?

Wann das Ende der weltweiten Erdölreserven erreicht sein wird, kann niemand genau vorhersagen. Schätzungen bewegen sich zwischen 40 und 100 Jahren. Die Erdölreserven sind deshalb so schwer einzuschätzen, weil ungewiss ist, wie viele Erdölvorkommen, z. B. im Zuge des Klimawandels, neu entdeckt werden. Auch geben die erdölexportierenden Staaten (OPEC) ihre Reserven nur ungenau an. Je höher die angegebenen Reserven, desto höher liegt die von der OPEC vergebene Förderquote und damit der Exportgewinn.
Sicher ist, dass die Reserven endlich sind und ihr Auslaufen drastische Folgen für die Industriestaaten haben wird. Verteilungskonflikte um die letzten Reserven sind wahrscheinlich.
Autorentext

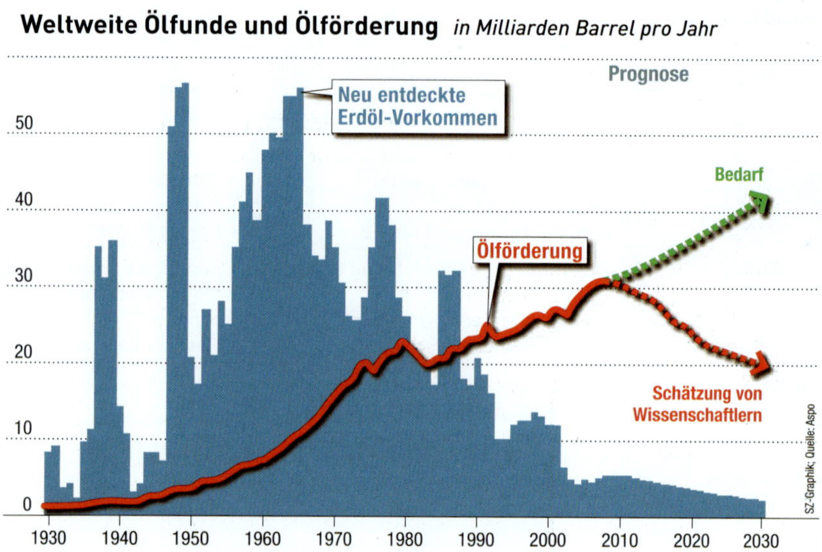

SZ-Grafik, 17.5.2010

M 13 • Der Kampf um Öl – mögliche Konfliktfelder

Bisher wurden im Zusammenhang mit Erdöl vor allem vier unterschiedliche Konfliktkonstellationen diskutiert:

(1) zwischen Erdölexporteuren und -importeuren, bei dem Ölimporteure politisch oder militärisch in Exportländern intervenieren oder Exporteure durch steigende Einkünfte aus dem Ölgeschäft eine aggressivere Außenpolitik verfolgen,
(2) zwischen Erdölimporteuren, die auch die Form von Stellvertreterkonflikten annehmen können,
(3) zwischen Erdölexporteuren, etwa durch grenzüberschreitende Vorkommen oder durch direkten, durch konfliktive Handlungen vollzogenen Zugriff auf die Ressourcen von Nachbarstaaten,
(4) in Erdölexportländern, entweder als Verteilungs- oder Sezessionskonflikte oder Versuche der Übernahme der Zentralgewalt, wenn sie mit dem Zugang zu Ressourcen verbunden ist – beides könnte von Dritten unterstützt werden.

[...] Konflikte in Erdölexportländern waren in der Vergangenheit die häufigste Konfliktform im Zusammenhang mit Erdöl. Auf den ersten Blick erscheinen sie auch zukünftig in fragilen Staaten, die extrem vom Ressourcenexport abhängen, wahrscheinlicher, wenn etwa Verteilungskonflikte nicht mehr innergesellschaftlich und kooperativ gelöst werden können. Die Exporteinnahmen könnten dabei aber über eine bessere Sozialpolitik, die Stärkung von Sicherheitsapparaten und ähnliche Maßnahmen auch zur Eindämmung von Konflikten und zur Erhöhung der Stabilität führen. [...]
Nicht nur eine Konkurrenz um knappe Ressourcen, sondern auch ein gewisser Überfluss an Ressourcen können also Konfliktpotenzial bergen, Konflikte verlängern oder friedliche Lösungen verhindern. Zudem kann die Art der Ressource dabei auch Einfluss auf Konfliktform haben. Diamanten sind bspw. eine relativ leicht abbaubare und transportierbare Ressource, für die es einen internationalen Schwarzmarkt gibt. Rohstoffe wie Erdöl oder Erdgas lassen sich

hingegen weniger leicht durch kleine, nicht-staatliche Gruppierungen nutzbar machen. Die Infrastruktur, die zur Förderung, zum Transport, zur Veredelung und zum Verkauf von Öl notwendig ist, setzt ein relativ stabiles (staatliches) Umfeld voraus. Es reicht nicht, ein Ölfeld zu beherrschen, auch der Transportweg und etwaige Umschlagplätze wie Seehäfen müssen frei zugänglich sein. Auch fehlt für Erdöl und Erdgas bislang ein funktionierender internationaler Schwarzmarkt.

Hinzu kommt, dass Ressourcen nicht nur Ursache oder Auslöser von Konflikten sein können, sondern auch selbst zur Konfliktressource werden können, deren Nutzung zur Finanzierung von konfliktiven [= Konflikt erzeugende] Auseinandersetzungen dient. Damit können Ressourcen auch bestehende Konflikte verlängern und ausweiten, wobei auch um die Ressource als Konfliktressource selbst ein zusätzlicher Konflikt entstehen kann, wenn verschiedene Konfliktparteien darauf zugreifen wollen. [...]

Zentrum für Transformation der Bundeswehr (Hg.), Peak Oil. Sicherheitspolitische Implikationen knapper Ressourcen, Strausberg November 2010, S. 17f.

M 14 ● Wie Staaten ihren Hunger nach Öl stillen – Beispiel China

China ist inzwischen der nach den USA zweitgrößte Ölverbraucher und der nach den USA und Japan drittgrößte Netto-Ölimporteur der Welt. [...] Die großen asiatischen Ölverbraucher bemühen sich inzwischen auf dem gesamten Globus um eine Diversifizierung [= Vervielfältigung] ihrer Lieferungen, Lieferanten und Lieferrouten. Zwar fließen etwa zwei Drittel des Öls des Persischen Golfs nach Ostasien und die Zahl der „Strategischen Ölpartnerschaften“ mit den Öllieferanten der arabischen Welt wächst. Doch werden Afrika und Lateinamerika zunehmend zu wertvollen Energiepartnern: Angola beispielsweise lieferte im Jahr 2006 mehr Öl nach China als Saudi-Arabien. China betreibt in Afrika ein ganzes Bündel wirtschaftlicher und politischer Aktivitäten und beschwört die „Süd-Süd-Solidarität“ gegen amerikanisches „Hegemoniestreben“. Eine Nischenpolitik, kaum konditionierte Hilfe und Schuldenerlass sind Pfeiler der Afrikapolitik. Im Zentrum stehen Rohstoffe und neue Märkte. China zeigt hier einerseits neue Machtansprüche, ist aber im Gegensatz zu westlichen Ländern auch bereit, Milliardensummen in den Kontinent zu investieren. Den Regierungen in Afrika sind alternative Ordnungsmodelle und das Nichteinmischungsprinzip willkommen. Es muss allerdings klar erkannt werden, dass unkonditionierte Leistungen internationale Bemühungen in Bezug auf Korruptionsbekämpfung, „good governance“, Finanztransparenz und damit insgesamt Konfliktprävention, unterlaufen.

China betreibt heute eine diversifizierte Wirtschaftspolitik und sorgt weltweit durch Investitionen und den Kauf von Konzessionen im Rohstoffbereich für Versorgungssicherheit. So verschafft sich die Volksrepublik nicht nur in Nachbarstaaten, sondern auch im weiteren Asien, in Ozeanien, Afrika und Südamerika Zugang zu Energie- und Metallvorkommen. [...]

Saskia Hieber, Asien - Wirtschaftsboom und globale Energieinteressen, auf: www.bpb.de, 5.9.2008

Good Governance

Gute , d. h. rechtsstaatliche, partizipatorische Regierungsführung. Das Prinzip der Nichteinmischung wird in Kapitel 4.3 erklärt.

Aufgaben

1. Erschließen Sie aus M 13 mögliche Konfliktszenarien nach Erreichen des Peak Oil. Suchen Sie Beispiele aus den vergangenen Jahren, die Sie den Konfliktfeldern zuordnen können (Stichworte: Irak, Kuwait, Iran, Nigeria, Libyen, Südsudan).
2. Analysieren Sie mit Hilfe von M 14 Chinas Rohstoffpolitik. Zeigen Sie Möglichkeiten und Grenzen anderer Industriestaaten auf, dieser zu begegnen.

3.1.5 Terrorismus – der heimtückische Angriff auf die Sicherheit von Staaten und Menschen

M 15 ● Die (vielen) Gesichter des Terrors

Der 11. September 2001
Um 8.46 Uhr stürzt ein Passagierflugzeug in den Nordturm des World Trade Centers in New York. Als um 9.03 Uhr eine zweite Maschine den Südturm trifft, ist klar: Amerika wird angegriffen. In Washington rast um 9.37 Uhr ein weiteres Flugzeug ins Pentagon. Ein viertes, welches wohl das Kapitol treffen sollte, stürzt um 10.03 Uhr in der Nähe von Pittsburgh ab. Zu den Anschlägen bekennt sich al-Qaida. Mindestens 2989 Menschen sterben... Am 7. Oktober 2001 beginnt der Krieg in Afghanistan. Er ist gegen die Taliban und al-Qaida gerichtet, die in Afghanistan Ausbildungslager unterhält. [...]

Anschläge auf Pendlerzüge in Madrid
Der islamistische Terrorismus erreicht Europa. Am 11. März 2004 kommen durch Bombenanschläge auf vollbesetzte Pendlerzüge in der spanischen Hauptstadt Madrid 191 Menschen ums Leben. [...]

Anschläge auf die Londoner U-Bahn
In den frühen Morgenstunden des 7. Juli 2005 sprengen sich in London vier „Rucksackbomber" in die Luft – drei von ihnen in vollbesetzten U-Bahnzügen, einer in einem Doppeldeckerbus. Sie reißen 52 Menschen mit in den Tod und verletzen mehr als 700. [...]

Die „Kofferbomber" scheitern
Ein Konstruktionsfehler verhindert am 31. Juli 2006 zwei Bombenexplosionen in Deutschland. Die beiden Täter hatten am Kölner Hauptbahnhof Gepäckstücke, die mit Sprengsätzen präpariert waren, in zwei Regionalzügen deponiert. Die Zerstörungskraft der Bomben war vergleichbar mit denen, die 2005 in London eingesetzt wurden.

Die Sauerland-Gruppe fliegt auf
Am 4. September 2007 setzen Fahnder die vier Mitglieder einer deutschen Terrorzelle fest. Sie wird unter dem Namen „Sauerland-Gruppe" bekannt, weil sie in dieser Region festgenommen wird. Im Dienst der Islamischen Dschihad Union (IJU) planten sie Anschläge auf US-Soldaten. [...]

Anschlag am Frankfurter Flughafen
Ein radikalislamistischer Kosovare erschießt am 2. März 2011 auf dem Frankfurter Flughafen zwei US-Soldaten. Der 21 Jahre alte Mann zückt vor einem Militärbus der amerikanischen Luftwaffe plötzlich eine Pistole und feuert neun Mal auf die Insassen. Er tötet zwei Soldaten und verletzt zwei weitere schwer. Es ist der erste geglückte islamistische Terroranschlag in Deutschland.

Der Mörder von Toulouse
Der 23-jährige Mohammed Merah, ausgebildet in afghanisch-pakistanischen Terrorcamps von al-Qaida, ermordet im März 2012 innerhalb von acht Tagen drei französische Fallschirmjäger nordafrikanischer Herkunft, drei jüdische Schüler und einen jüdischen Lehrer. Er selbst wird von französischen Sicherheitskräften erschossen.

Nach: Steffen Trumpf, Markus Horeld, Was seit 9/11 geschah, auf: www.zeit.de, 8.9.2011 (ergänzt)

Info

Terrorismus

Der Begriff „Terrorismus" bezeichnet [...] eine andauernde und geplante Gewaltanwendung mit politischer Zielsetzung, um mit terroristischen Methoden das Verhalten des Gegners zu beeinflussen... Von „Internationalem Terrorismus" wird dann gesprochen, wenn die Ziele, Begründungen und Aktionsräume der Terroristen sich nicht nur auf eine Region bzw. ein Land beziehen. Sehr wichtig bei der Analyse des Phänomens „Internationaler Terrorismus" ist, dass nicht, wie es häufig geschieht, Methoden und Ziele der politischen Gewalt miteinander vermischt werden. Der Begriff „Terrorismus" bezeichnet ausschließlich eine illegale und menschenverachtende Handlungsmethode, trifft aber keinerlei Aussage über die Legitimität oder Verständlichkeit der angestrebten Ziele.

Kai Hirschmann, in: Informationen zur politischen Bildung Nr. 291/2006, S. 24

M 16 ● Al-Qaida nach Osama bin Ladens Tod

Was den internationalen Terrorismus betrifft, war die Tötung Osama bin Ladens zweifellos das bedeutendste Ereignis der vergangenen Jahre. Ähnlich folgenreich war für al-Qaida aber der arabische Frühling, der seit Februar 2011 die politische Landkarte des Nahen Ostens und Nordafrikas komplett verändert. Diese beiden unterschiedlichen Ereignisse deuteten viele Beobachter als das Ende oder zumindest den Anfang vom Ende der al-Qaida. Tot ist das Netzwerk aber noch lange nicht. [...] Bin Ladens Tötung hat im Westen die Hoffnung genährt, dass al-Qaida schon bald Vergangenheit sein könnte. Der Versuchung, den Sieg über den Terror zu verkünden, sollte man dennoch widerstehen. Zu oft schon wurden in den vergangenen zehn Jahren verfrüht solche Nachrufe geschrieben. Die Geschichte hat außerdem gezeigt, dass die Tötung von Anführern, also die Enthauptung einer Gruppe, eine weitgehend wirkungslose Waffe ist. Bin Ladens Tod hat al-Qaida sicherlich geschwächt, doch das Ende eines einzelnen Mannes bedeutet nicht das Ende einer ganzen Bewegung. Al-Qaida gewann immer schon vor allem die entrechteten, desillusionierten und marginalisierten Jugendlichen. Es gibt keinen Beleg, dass diese Hitzköpfe, an die sich die Botschaften von al-Qaida stets richten, im arabischen Frühling verschwunden sind. Vielmehr dürfte ihre Ungeduld wachsen - und viele, die auf die Straße gegangen sind, werden sich schon bald vom wirtschaftlichen und politischen Fortschritt ausgeschlossen fühlen. Für al-Qaida könnten sie zu einem Reservoir neuer Rekruten werden [...].

In dieser Hinsicht sollten sich die westlichen Staaten Sorgen machen, dass al-Qaida oder andere Dschihad-Gruppierungen dieselben sozialen Netzwerke nutzen, die es schon während des arabischen Frühlings ermöglicht haben, möglichst schnell möglichst viele Menschen zu mobilisieren. [...]

Bruce Hoffman, Twittern für den Terror, in: Süddeutsche Zeitung Nr. 75, 29.3.2012, S. 2 (übersetzt von Frederik Obermaier)

Am 2. Mai 2011 erschießen US-Navy-Seals Osama bin Laden in dessen Anwesen im pakistanischen Abbottabad.

Aufgaben

1. Entwickeln Sie aus den Schlagzeilen (M 15) eine Arbeitsdefinition von „Terrorismus" und vergleichen Sie diese mit der Definition in der Infobox.
2. Erläutern Sie mit Hilfe der Beispiele (M 15) und Ihrem Vorwissen, was unter „terroristischen Methoden" (vgl. Infobox) zu verstehen ist.
3. Zeigen Sie auf, welche Entwicklung von al-Qaida Hoffmann prognostiziert (M 16).

F Recherchieren Sie, ob und inwieweit aktuelle Ereignisse die Prognose Hoffmanns (M 16) bestätigen.

M 17 Ist Deutschland durch Terroristen gefährdet? Islamismus und Salafismus

Der islamistische Prediger Pierre Vogel spricht am 9.6.2012 in Köln auf einer Veranstaltung von Salafisten. Der Verfassungsschutz geht von ca. 3.800 Salafisten in Deutschland aus.

Jihad (auch Dschihad)

Gebot des Koran: Anstrengung, Bemühung, Kampf auf dem Weg zu Gott; wird auch als „Heiliger Krieg", d. h. Kampf gegen Ungläubige bewusst missgedeutet.

Der Salafismus gilt sowohl in Deutschland wie auch auf internationaler Ebene als die zurzeit dynamischste islamistische Bewegung. [...] Salafisten [geben] vor, ihre religiöse Praxis und Lebensführung ausschließlich an den Prinzipien des Koran und dem Vorbild des Propheten Muhammad und der frühen Muslime [...] auszurichten. Ziel von Salafisten ist jedoch die vollständige Umgestaltung von Staat, Rechtsordnung und Gesellschaft nach einem salafistischen Regelwerk, das als „gottgewollte" Ordnung angesehen wird. In letzter Konsequenz soll ein islamischer „Gottesstaat" errichtet werden, in dem wesentliche, in Deutschland garantierte Grundrechte und Verfassungspositionen keine Geltung haben sollen. [...]

Der Salafismus entfaltet seine Breitenwirkung vor allem durch das Internet; salafistische Ideologieinhalte werden durch eine Vielzahl von deutschsprachigen Webseiten sowie durch zahlreiche Kurzvideos, z.B. im Internetportal „Youtube", vermittelt. Salafistische Propaganda erfolgt auch über Vorträge von salafistischen Predigern („Islamseminare"), bundesweit organisierte „Islam-Infostände", die Verteilung von Broschüren und Flugblättern sowie Publikationen und Übersetzungen salafistischer Grundlagenwerke [...].

Die Mehrzahl der salafistischen Einrichtungen in Deutschland ist dem Phänomenbereich des politischen Salafismus zuzuordnen. In Teilbereichen des politischen Salafismus positionieren sich die Akteure ostentativ [= herausfordernd, provokativ] gegen Terrorismus. Sie vermeiden offene Aufrufe zur Gewalt, so dass ein aktiv kämpferisch-aggressives Vorgehen gegen die freiheitliche demokratische Grundordnung kaum nachzuweisen ist. Dennoch ist festzustellen, dass fast ausnahmslos alle Personen mit Deutschlandbezug, die den gewaltsamen Jihad befürworten, zuvor mit salafistischen Strukturen in Kontakt standen. [...]

Die Protagonisten der seit März 2009 vermehrt aufgetretenen Reisebewegungen in Richtung Afghanistan und Pakistan entstammen ebenfalls aus Milieus mit salafistischer Prägung. [...] Ein aktuelles Beispiel für die radikalisierende Wirkung salafistischer Botschaften – vor allem auf Jugendliche – ist der Fall eines 21-jährigen Mannes, der sich vor dem Staatsschutzsenat des Oberlandesgerichts Frankfurt verantworten muss. Die Generalbundesanwaltschaft wirft ihm vor, am 2. März 2011 am Flughafen Frankfurt a. M. zwei US-amerikanische Soldaten ermordet zu haben. Darüber hinaus soll er versucht haben, drei weitere Angehörige der US-amerikanischen Streitkräfte zu töten. Bezüge ins salafistische Spektrum bestanden über das Internet in Form einer sog. Facebook-Freundschaftsbeziehung. Das Verbrechen am Frankfurter Flughafen ist das erste vollendete islamistisch motivierte Terrorattentat im Bundesgebiet.

Bundesamt für Verfassungsschutz, auf: www.verfassungsschutz.de (Stand: 27.5.2012)

M 18 Der Kampf gegen den Terrorismus in Deutschland – Antiterror-Gesetze seit 2001 in Auszügen

- Einschränkungen des Fernmeldegeheimnisses: Einzeltäter und Gruppen, die nicht als terroristische Vereinigung organisiert sind, dürfen ohne konkreten Anfangsverdacht überwacht werden.
- Nach einer Änderung des Vereinsgesetzes können extremistische Religionsgemeinschaften verboten werden. [...]
- Geheimdienste dürfen bei Banken, Luftfahrtunternehmen, Ausländerbehörden und Telekommunikationsfirmen mehr Daten von Kunden erfragen.

- In Pässe und Personalausweise werden biometrische Daten aufgenommen. [...]
- Im Ausländer- und Asylrecht werden die Einreisebestimmungen verschärft. So genannten Gefährdern darf die Einreise verweigert werden [...].
- Behörden dürfen verdachtsunabhängig im Grenzgebiet sowie an allen Bahnanlagen und in Zügen kontrollieren.
- Telekommunikationsfirmen müssen alle Kundendaten speichern.
- US-Behörden bekommen Zugang zu Passagierdaten von Fluggästen auf transatlantischen Flügen aus der EU.
- In einer Anti-Terror-Datei werden Informationen über terroristische Vereinigungen, mutmaßliche Unterstützer und gewaltbereite Extremisten gesammelt, die in Bund und Ländern zugänglich sind; Polizei und Geheimdienst haben Zugriff auf die Identität der Betroffenen [...].
- Die Vorratsdatenspeicherung durch Telekommunikationsfirmen wird auf 6 Monate ausgedehnt. Das Bundesverfassungsgericht erlaubt Online-Durchsuchungen von Computern durch Spionageprogramme (sog. Bundestrojaner) zur Strafverfolgung und Gefahrenabwehr, setzt allerdings hohe Hürden durch das neu geschaffene Grundrecht „auf Gewährleistung der Vertraulichkeit und Integrität informationstechnischer Systeme".

Nach: Süddeutsche Zeitung Nr. 156, 10.7.2007, S. 2 (aktualisiert durch Autorentext)

Vorratsdatenspeicherung

Die Vorratsdatenspeicherung, basierend auf einer EU-Richtlinie aus dem Jahr 2006, wurde 2010 vom Bundesverfassungsgericht vorerst gestoppt. Mitte 2012 verklagte die EU Deutschland, weil die Richtlinie nicht umgesetzt wird. Im April 2014 hat der EuGH die Richtlinie aufgehoben, da sie gegen die Grundrechte verstoße. *(Stand: Juni 2014)*

M 19 ● Terrorismusbekämpfung – eine Gratwanderung

Gerhard Mester, Baaske Cartoons

Aufgaben

1. Arbeiten Sie die ideologischen Grundlagen, Ziele und möglichen Gefahren des Salafismus heraus (M 17).
2. Diskutieren Sie, ob salafistische Aktivitäten in Deutschland eine Bedrohung darstellen.
3. Erwägen Sie mit Hilfe des Grundgesetzes Möglichkeiten und Grenzen eines Vorgehens gegen Salafisten in Deutschland.
4. Interpretieren Sie die Karikatur (M 19). Ziehen Sie zur Beurteilung M 18 heran.

H zu Aufgabe 3
Ziehen Sie die Artikel 2, 3, 4, 5, 8, 9 und 12 GG heran.

F Referieren Sie vor der Klasse zum derzeitigen Stand der Vorratsdatenspeicherung in Deutschland.

3.1.6 Unkontrollierte Verbreitung von Atomwaffen – eine Gefahr für den Frieden?

M 20 ● Hat er sie oder hat er sie nicht?

ONLINE FOCUS

Startseite Politik Finanzen Wissen Gesundheit Kultur Panorama Sport Digita

» Deutschland » Ausland » Zeugnistag

Atomwaffen aus Teheran

Iran baut nach US-Berichten nicht an Atombombe

Der Iran besitzt offenbar kein geheimes Programm zum Bau einer Atombombe. Die CIA geht davon aus, dass der Iran sein militärisches Atomprogramm eingestellt hat. Dass Iran die Welt im Unklaren lässt, könnte aber Teil einer Strategie sein, mit der das Land Einfluss im Nahen Osten gewinnen will.

Die US-Geheimdienste sehen einem Bericht der „New York Times" zufolge nach wie vor

www.focus.de, 25.2.2012

Donnerstag, 15. Dezember 2005

Bild

UNABHÄNGIG · ÜBERPARTEILICH

KÖLN

Süße Anna (5) sooooo glücklich

Boris feiert Weihnachten mit unehelicher Tochter

Los geht's - Multimedia erleben!

1€

vodafone

Grand Prix

Vicky singt gegen Thomas Anders!

Der gefährlichste Mann der Welt

Er will Israel vernichten +++ Er baut die Atombombe +++ Stürzt er uns in den nächsten Krieg? +++ Wer kann ihn stoppen?

Bild, 15.12.2005

M 21 ● Was passiert, wenn der Iran die Atombombe baut?

[...] Die Welt hat viele gute Gründe, den Iran am Bau von Atomwaffen hindern zu wollen. [...] Die USA und Israel haben klargemacht, dass sie einen nuklear bewaffneten Iran nicht akzeptieren werden. Israel droht offen mit einem Militärschlag, die USA schließen ihn nicht aus. Der Iran würde eine Intervention zwar überstehen, aber die Zerstörung wäre beträchtlich. Das Land hätte keine Aussicht, einen solchen Krieg zu gewinnen. Im Falle eines Angriffes könnte der Iran seinen Gegnern zwar Schaden zufügen, würde aber selbst viel höhere Kosten zu tragen haben als die Angreifer. [...]

Es kommt zu einem regionalen Aufrüstungswettbewerb. Sobald der Iran eine Bombe besitzt, wird sich eine Spirale der Aufrüstung in Gang setzen, die nach oben hin offen ist. Schon jetzt rüstet Saudi-Arabien – der wichtigste Gegenspieler des Irans in der Region – massiv auf, um dessen Einfluss auszubalancieren. Sollte der Iran über Atomwaffen verfügen, könnten die Saudis ebenfalls alles daransetzen, solche zu erlangen, das haben sie bereits angedeutet. Auch die Türkei und Ägypten könnten sich zu diesem dramatischen Schritt entschließen. Im Ergebnis wäre der nukleare Vorsprung des Irans innerhalb kurzer Zeit egalisiert.

Das würde ein erhebliches Risiko für alle Staaten in der Region erzeugen, auch für den Iran selbst. Atomare Abschreckung hat während des Kalten Krieges zwar funktioniert, aber zwischen nur zwei Gegenspielern, den USA und der Sowjetunion, und mit sehr viel Glück. Das neue Gleichgewicht der atomaren Aufrüstung hätte ein halbes Dutzend Akteure. Je mehr Teilnehmer das nukleare Spiel hat, desto gefährlicher und unberechenbarer wird es. [...]

Ulrich Ladurner, Nützt es dem Iran, eine Atombombe zu besitzen?, in: DIE ZEIT, 16.5.2012, Nr. 21

Info

Der Handel mit Massenvernichtungswaffen (Proliferation):

Als Proliferation bezeichnet man die Weiterverbreitung von atomaren, biologischen und chemischen Massenvernichtungswaffen bzw. der zu ihrer Herstellung verwendeten Produkten sowie von entsprechenden Waffenträgersystemen (z. B. Raketen und Drohnen), einschließlich des dafür erforderlichen Know-how. [...]

So genannte Risikostaaten bemühen sich darum, in den Besitz solcher Waffen und der für deren Einsatz benötigten Trägertechnologie zu gelangen. Die Staaten Iran, Nordkorea, Syrien und Pakistan sehen darin ein geeignetes Mittel, um aus ihrer Sicht bestehende außenpolitische Bedrohungen abzuwehren. Auf diesem Wege sollen eigene politische Forderungen gegenüber Nachbarstaaten oder der internationalen Staatengemeinschaft durchgesetzt werden. Diese Entwicklung kann in den Nachbarländern zu einer Neubewertung der eigenen Bedrohungslage führen und birgt daher die Gefahr eines militärischen Wettrüstens in den einzelnen Regionen.

Bundesamt für Verfassungsschutz (Hg.), Proliferation. Wir haben Verantwortung, 2010, S. 3 f.

Staatliche Programme für	Atomare Waffen	Biologische Waffen	Chemische Waffen	Trägersysteme
Iran	vermutet	nein	nein	ja
Nordkorea	ja	vermutet	vermutet	ja
Syrien	vermutet	nein	ja	ja
Pakistan	ja	vermutet	vermutet	ja

Internationale Verpflichtungen zum Schutz vor Proliferation

Mit dem **Nuklearen Nichtverbreitungsvertrag (NVV), auch Atomwaffensperrvertrag** von 1968 verpflichten sich Kernwaffenstaaten, keine Nuklearwaffen an Nichtkernwaffenstaaten weiterzugeben und diese nicht bei Erwerb und Herstellung solcher Waffen zu unterstützen. Nichtkernwaffenstaaten verpflichten sich, spaltbares Material unter Kontrolle der **Internationalen Atomenergieorganisation (IAEO)** zu stellen und dieser Einblick in ihre Nuklearprogramme zu gewähren. So führt die Atomenergiebehörde regelmäßige, nicht angemeldete Kontrollen durch, die jedoch nicht zugelassen werden müssen.

Dem Vertrag sind derzeit 190 Teilnehmerstaaten beigetreten, u. a. die Atomstaaten USA, Russland, China, Frankreich und Großbritannien und der Iran. Israel, Indien und Pakistan, die ebenfalls über Atomwaffen verfügen, haben den Vertrag nicht unterzeichnet. Nordkorea ist 2003 wieder ausgetreten.

Das **Übereinkommen über das Verbot** der Entwicklung, Herstellung und Lagerung **bakteriologischer (biologischer) Waffen** und von Toxinwaffen (BWÜ) von 1975 wurde bislang von 163 Staaten ratifiziert. Die **Chemiewaffenkonvention** (CWÜ) trat 1997 in Kraft. Sie wurde von 188 Staaten ratifiziert.

Autorentext

Aufgaben

1. Arbeiten Sie heraus, weshalb die Verbreitung von Massenvernichtungswaffen eine Gefährdung der internationalen Sicherheit darstellt (M 20, M 21).
2. Stellen Sie mögliche Motive eines Staates für und gegen den Besitz von Atomwaffen gegenüber.
3. Nehmen Sie vor dem Hintergrund „Proliferation“ Stellung zur UN-Deklaration von 1970: „Alle Staaten genießen souveräne Gleichheit. Sie haben dieselben Rechte und Pflichten und sind gleichberechtigte Mitglieder der internationalen Gemeinschaft, ungeachtet aller Unterschiede wirtschaftlicher, gesellschaftlicher, politischer oder anderer Natur.“

F Referieren Sie zum Umgang der internationalen Staatengemeinschaft (speziell der IAEO) mit dem iranischen Atomprogramm.

3.1.7 Waffenhandel – Profit auf Kosten anderer?

M 22 ● Hände hoch für Waffenkontrolle – eine Kampagne von Amnesty International

„Werbebeilage" von Amnesty International als Beilage in der Wochenzeitung „DIE ZEIT" (31.5.2012)

Zahlen und Fakten

- Jährlich werden weltweit Waffenexporte und Rüstungstransfers im Wert von rund 19 Milliarden US-Dollar genehmigt.
- Rund 650 Millionen Kleinwaffen – Pistolen, Maschinenpistolen, Schnellfeuergewehre, Maschinengewehre und Ähnliches – gibt es heute weltweit. Damit verfügt jeder zehnte Mensch über eine Waffe.
- Jedes Jahr werden 800.000 kleine und leichte Waffen vernichtet. Gleichzeitig werden 8 Millionen Kleinwaffen produziert – also das Zehnfache.
- Die Waffen werden von mehr als 1.200 Firmen in rund 90 Staaten produziert.
- Jedes Jahr werden 14 Milliarden Schuss Munition produziert – das sind weltweit mehr als zwei Geschosse für jeden Mann, jede Frau und jedes Kind.
- Etwa 60 % der Kleinwaffen befinden sich in den Händen von Zivilisten.
- Es wird geschätzt, dass 80–90 % aller illegalen Kleinwaffen ursprünglich aus dem staatlich sanktionierten Handel stammen.

www.amnesty.de (Zahlen: 2003)

M 23 ● Waffenhandel – alles legal?

Die Anhäufung von Waffen und Munition fördert die Entwicklung von Konflikten und Krisen. [...] Einen großen Beitrag zu dieser Bedrohung leisten unkontrollierte Rüstungstransfers über den globalen Waffenmarkt, dessen Handelswege vielfältig sind: Offizielle Lieferungen durch Regierungen gehören ebenso dazu wie die verschlungenen grauen oder schwarzen Kanäle der privaten Waffenmakler und -händler. Zudem überfluten „Überschusswaffen" aus den Beständen des Kalten Krieges immer noch die Weltwaffenmärkte – eine Globalisierung der besonderen Art.

Am Ende steht die bewaffnete Gewalt, ausgetragen in Bürgerkriegen mit so genannten „Kleinwaffen" und „leichten Waffen", aber auch mit Panzern, gepanzerten Fahrzeugen, Kampfflugzeugen oder anderen Waffensystemen. Bewaffnete Gewalt fordert ihre Opfer ebenso im Alltag, wenn Polizei oder andere Sicherheitskräfte durch unverhältnismäßigen Waffeneinsatz die Menschenrechte mit Füßen treten oder kriminelle Banden zunehmend aufrüsten und ihre Waffen einsetzen. Eine weitere Bedrohung sind Minen und nicht explodierte Munition, beispielsweise aus so genannte

Streubomben, die eine Gefährdung noch auf fast unabsehbare Zeit darstellen.
Ein zentrales Problem ist dabei die Verfügbarkeit von Rüstungsmaterial – fast umstandslos fließen Waffen, Munition, „Know-how“ und Training oder Lizenzen zur Rüstungsproduktion in fast alle Regionen der Welt, soweit dafür gezahlt wird. Und gezahlt wird, sei es mit Geld, Bodenschätzen oder Rohstoffen. Begünstigt wird dies durch die weltweiten Defizite bei Rüstungsexportkontrollen. Häufig fehlt der politische Wille, Rüstungstransfers zu verhindern, die zu Menschenrechtsverletzungen oder Kriegsverbrechen führen können. Unzureichende Kontrollen auf den Transportwegen und mangelhafte Transparenz tragen zur Verbreitung von Waffen in Konfliktregionen bei; dabei verdienen besonders auch private Waffenmakler. Folgen der unkontrollierten Verbreitung und des Missbrauchs von Rüstungsgütern sind nicht nur Gräueltaten, Konfliktverschärfung, Menschenrechtsverletzungen, ständige Angst und Unsicherheit, sondern auch die Zunahme von Unterentwicklung und Armut.

Mathias John, Rüstungstransfers – Globaler Handel mit Tod und Gewalt, in: APuZ Kriege und Konflikte, 17-18/2007, S. 17f.

Info

Richtlinien für den Handel mit konventionellen Waffen Exportkontrolle im Bereich der Europäischen Union

Kriterien für die Prüfung von Ausfuhranträgen in Nicht-EU-Länder:

1. Die Einhaltung der internationalen Verpflichtungen der EU-Mitgliedstaaten (z.B. Sanktionen etc.)
2. Achtung der Menschenrechte und des humanitären Völkerrechts durch das Endbestimmungsland;
3. Innere Lage im Endbestimmungsland als Ergebnis von Spannungen oder bewaffneten Konflikten;
4. Erhalt von Frieden, Sicherheit und Stabilität in einer Region;
5. Die nationale Sicherheit der EU-Mitgliedstaaten
6. Verhalten des Käuferlandes gegenüber der internationalen Gemeinschaft; insbesondere seine Haltung zum Terrorismus und Einhaltung internationaler Verpflichtungen zur Verhinderung der Proliferation;
7. Risiko der Umleitung der Ausrüstung im Käuferland (z.B. an terroristische Vereinigungen) oder des Reexports in Krisengebiete.
8. Die Vereinbarkeit der Rüstungsexporte mit der technischen und wirtschaftlichen Kapazität des Empfängerlandes.

Auswärtiges Amt, Internationale Exportkontrollen (Gemeinsamer Standpunkt des Rates vom Dezember 2008), 3.5.2012

Internationale Exportkontrolle

Im Juli 2012 scheiterte eine UN-Konferenz zu einem weltweiten Waffenhandelsabkommen.

Autorentext

Aufgaben

1. Das abgebildete Plakat (M 22) war als „Werbebeilage“ der Wochenzeitung DIE ZEIT beigelegt. Schildern Sie spontan seine Wirkung und analysieren Sie, welche Absicht Amnesty International mit dieser Beilage verfolgt.
2. Erläutern Sie mögliche Gründe für das Scheitern eines weltweiten Waffenhandelsabkommens (Infobox).
3. Die Gefahren für den Frieden, die vom Handel mit konventionellen Waffen ausgehen, werden – im Unterschied zur Proliferation – oft unterschätzt und stehen kaum im Lichte der Öffentlichkeit. Verfassen Sie mit Hilfe von M 23 einen „offenen Brief“, um auf die Problematik aufmerksam zu machen.

ORIENTIERUNGSWISSEN

Die internationale Sicherheitspolitik steht im 21. Jahrhundert vor großen demographischen, ökologischen, ökonomischen und politischen Herausforderungen, die nur durch gemeinsame Kraftanstrengungen bewältigt werden können.

Entwicklung der Weltbevölkerung
M 2

Obwohl in einigen Industriestaaten bereits ein Bevölkerungsrückgang zu verzeichnen ist, wird die Weltbevölkerung insgesamt durch die ungebremste Zunahme in den Entwicklungsländern weiter ansteigen. Bestehende Probleme wie Massenarmut, Hunger, Krankheiten und Wassermangel verschärfen sich und führen zu politischen, ethnischen und sozialen Konflikten. Wie in den Industriestaaten wird auch dort die Verstädterung fortschreiten. Jedoch wird der Großteil der Stadtbewohner in den Entwicklungsländern in sogenannten Megastädten mit Slums ohne ausreichende sanitäre Einrichtungen und Infrastruktur hausen.

Klimawandel
M 3, M 4, M 6, M 8

Nicht nur eine ökologische Herausforderung, sondern auch eine Gefahr für den Weltfrieden ist der Klimawandel. Als Hauptursachen der Erderwärmung gilt die erhöhte CO_2-Konzentration in der Atmosphäre (durch Verbrennung fossiler Brennstoffe, wie Kohle, Erdöl, Erdgas) und der so verstärkte Treibhauseffekt. Die Folgen sind Wetterextreme (Hitzewellen, Stürme, sintflutartige Regenfälle, Überschwemmungen), das Abschmelzen der Gletscher und des ewigen Eises an Nord- und Südpol mit dem daraus folgenden Anstieg der Meeresspiegel sowie Dürre, Trockenheit und Ausweitung der Wüsten. Knapper werdende Ressourcen wie Wasser und fruchtbares Land könnten in Zukunft zu Verteilungskämpfen führen. Um ein Fortschreiten des Klimawandels aufzuhalten, werden Weltklimakonferenzen abgehalten. Nach erfolgversprechenden Anfängen in Rio de Janeiro 1992 und dem Abschluss des Kyoto-Protokolls 1997 stagnieren jedoch die Bemühungen aufgrund der Interessengegensätze von Industriestaaten und Entwicklungsländern.

Migration
M 10, M 11

Massenmigration innerhalb von Staaten und über Staatsgrenzen hinaus destabilisiert ganze Regionen, vor allem dann, wenn die Aufnahmebereitschaft der Zielländer und ihre Fähigkeit, Flüchtlinge aufzunehmen, begrenzt ist. Flucht- und Migrationsbewegungen entstehen aus einer Reihe von Ursachen. Man unterscheidet hierbei so genannte Push-Faktoren, also Druckfaktoren, die im Auswanderungsland wirksam sind, wie Menschenrechtsverletzungen, religiöse oder politische Verfolgung, Bürgerkrieg, Armut, Umweltzerstörung, und so genannte Pullfaktoren. Das sind Faktoren im Einwanderungsland, welche die Migration als aussichtsreich erscheinen lassen, wie die Hoffnung auf Arbeit, Wohlstand, Schutz und Sicherheit.

Begrenzte Ressourcen
M 13, M 14

Knapper und teurer werdende Ressourcen könnten zu den großen sicherheitspolitischen Herausforderungen der Zukunft gehören. Die immense Abhängigkeit der westlichen Industriestaaten von fossilen Energieträgern wie Erdöl und Erdgas machen diese schwindenden Reserven zu einer sicherheitspolitischen Bedrohung und verhelfen ihren Förderländern im politisch instabilen Nahen und Mittleren Osten zu gesteigerter Macht und weltpolitischem Einfluss. Die Konkurrenz um das begehrte

„schwarze Gold" ist mit den aufstrebenden Industrienationen Indien und China schärfer geworden ist. Während demokratische Staaten Bedingungen bezüglich Herkunft und Abbaubedingungen (z.B. Einhaltung der Menschenrechte) stellen, agiert z.B. China hier vorbehaltloser und bietet Entwicklungsländern den Aufbau von Infrastruktur an – ohne strenge Auflagen.

Terrorismus
M 15, M 16

Seit den Anschlägen des 11. Septembers 2001 ist die Bedrohung durch den internationalen Terrorismus als neue Form der Bedrohung ins Zentrum der globalen Aufmerksamkeit gerückt.
Im Unterschied zum traditionellen Terrorismus (z.B. Linksterrorismus der RAF, ethnisch-nationalistischer bzw. separatistisch-autonomer Terrorismus der baskischen ETA), welcher lokal begrenzt mit moderaten Mitteln operiert, um mit gezielten Anschläge und geringen Opferzahlen konkrete politische Ziele (z.B. Autonomie) durchzusetzen, setzt der moderne international vernetzte Terrorismus auf Massenmorde und Vernichtung weltweit. Er will das gesamte weltpolitische System verunsichern und letztendlich vernichten. Diese Bedrohung besteht auch nach dem Tod Osama Bin Ladens weiter.

Terrorbekämpfung und innere Sicherheit
M 18

Der von der Bush-Regierung 2001 erklärte „Krieg gegen den Terror" mit den Angriffszielen Afghanistan und Irak, um die Führungsebene, Hintermänner und Rückzugsgebiete von al-Qaida auszuhebeln, hat nicht vollständig zum erhofften Erfolg geführt.
In der gesamten westlichen Welt wurden Maßnahmen zur Terrorbekämpfung und für die innere Sicherheit mit einer Einschränkung von Freiheits- und Persönlichkeitsrechten sowie einer Ausweitung der Rechte von Ermittlungsbehörden bezahlt.

Verbreitung von Massenvernichtungswaffen
M 21

Das Streben terroristischer Gruppen nach Massenvernichtungswaffen, also nuklearen, biologischen und chemischen Waffen, gefährdet Sicherheit und Stabilität der internationalen Ordnung. Dazu gehören auch die geheimen Atomprogramme bestimmter Staaten (Iran, Nordkorea) sowie die nach Ende des Kalten Krieges nicht mehr zu überschauende Verbreitung (Proliferation) solcher Waffen. Mit Rüstungskontrollverträgen (z.B. Atomwaffensperrvertrag von 1968) und durch internationale Organisationen (z.B. die Internationale Atomenergiebehörde IAEO) versuchen Kernwaffen- und Nichtkernwaffenstaaten seit den 1960er Jahren die unkontrollierte Verbreitung von Nuklearwaffen zu verhindern und vorhandene Bestände abzubauen oder einzufrieren.

Internationaler Waffenhandel
M 23

Mangelnde Rüstungskontrollen, fehlende Transparenz und illegale Waffenexporte privater Händler führen zu einer immensen Anhäufung und Verfügbarkeit von konventionellen Waffen sowie Minen in Krisengebieten. Sie bedrohen nicht nur die dort kämpfenden Kriegsparteien, die nahezu jeden Preis zahlen (u.a. auch mit Rohstoffen), um an Waffen zu gelangen, sondern auch die dortige Zivilbevölkerung.

Verschiedene Lösungsansätze für ein globales Problem prüfen

Lösungsansatz 1: Der Westen braucht Iran mit Atombombe – die Position des US-amerikanischen Politikwissenschaftlers Kenneth Waltz

Kenneth Waltz. Der 1924 geborene Politikwissenschaftler ist Senior Research Scholar am Arnold A. Saltzman Institute of War and Peace Studies der Columbia University.

Der Iran will die Atombombe. Für den Westen und für Israel wäre es am besten, er bekäme sie. Das brächte Stabilität in den Nahen Osten. Mit dieser Argumentation provoziert die Legende der US-Außenpolitik, Kenneth Waltz. Der Clou wäre die Abschreckung. Wie damals im Kalten Krieg.

Foreign Affairs ist das Zentralorgan der amerikanischen Debatte über Außen- und Weltpolitik. Die Juli-Ausgabe [2012] titelt: „Warum Iran die Bombe kriegen sollte", Autor des Artikels ist Kenneth Waltz. [...] Er vertritt die Ansicht, dass es auf Dauer unmöglich ist, die Verbreitung der Atombombe zu verhindern. [...]

Waltz widerspricht entschlossen der herrschenden Meinung. Er schreibt: „Die Mehrzahl der US-amerikanischen, der europäischen und israelischen Kommentatoren und Politiker erklären einen atomar bewaffneten Iran für das verheerendste Ergebnis der derzeitigen Auseinandersetzung. Tatsächlich aber wäre das das Beste aller möglichen Resultate; das, mit dem am wahrscheinlichsten wieder Stabilität einziehen könnte in den Nahen Osten."

Das Modell für diese Weltsicht ist der Kalte Krieg. Dass beide Seiten über Atomwaffen verfügten, verhinderte, dass sie auf einander losgingen. Im Nahen Osten sei die Lage bislang völlig anders. Hier hat Israel ein Atomwaffenmonopol. „Es ist Israels Nukleararsenal, nicht der iranische Wunsch danach, der am stärksten die derzeitige Krise munitioniert." Es wäre falsch, so Waltz, die Spannungen im Nahen Osten als die frühe Phase einer neuen iranischen Nuklearkrise zu betrachten. Sie seien vielmehr die letzte Station einer langen Nuklearkrise im Nahen Osten, die erst enden wird, wenn es zu einer militärischen Balance in der Region kommen wird.

Waltz erinnert an einen anderen Konflikt: „1991 zeichneten die historischen Rivalen Indien und Pakistan einen Vertrag, in dem sie sich darauf einigten, ihre nuklearen Einrichtungen nicht anzugreifen. Sie hatten verstanden, dass die Abschreckungsmacht des Gegners bei weitem nicht so besorgniserregend war wie die Instabilität, die dadurch entstünde, dass sie in Frage gestellt würde. Seitdem haben die beiden Länder, trotz Spannungen und hoch riskanter Provokationen, Frieden bewahrt. Wenn Iran eine Atommacht würde, würden Israel und Iran einander abschrecken. Zwischen zwei Atommächten habe es nie einen wirklichen Krieg gegeben. Waltz endet seinen Text mit den Worten: „Was Atomwaffen angeht, sind heute wie immer mehr besser als weniger."

Der Beitrag hat eine Debatte ausgelöst. In Foreign Affairs, aber auch im Konkurrenzorgan Foreign Policy. Dort antwortete Richard Falk, Völkerrechtler und Sondergesandter des UN-Menschenrechtsrates für die palästinensischen Autonomiegebiete, auf Kenneth Waltz: „Kenneth Waltz ist nicht verrückt, sondern gefährlich."

Arno Widmann, Der Westen braucht Iran mit Atombombe, auf: www.fr-online.de, 25.7.2012

Lösungsansatz 2: „Demokratie ist wichtiger als die Kontrolle von Nuklearprogrammen" – im Gespräch mit Friedensnobelpreisträgerin Shirin Ebadi

Frau Ebadi, die Welt schaut mit Sorgen nach Iran, insbesondere wegen der Atomwaffenpläne des Landes. Ist Ihr Heimatland aus Ihrer Sicht eine Gefahr für die Welt?

Was glauben Sie?

Ja.

Warum?

Weil mir die atomare Aufrüstung in der gesamten Region gefährlich zu sein scheint.

Frankreich hat auch die Atombombe. Haben Sie Angst vor Frankreich?

Nein.

Warum nicht? Ich sage Ihnen warum. Weil Frankreich ein demokratisches Land ist, in dem die Menschen die Regierung kontrollieren. Deshalb geht keine Gefahr von Frankreich aus. Aber Länder wie Iran oder Pakistan haben keine Demokratie, und die Menschen haben keinen Einfluss auf die Regierung. Sie haben sehr viel Angst, weil Pakistan die Atombombe hat. Und die Menschen haben Angst, dass Iran ebenfalls damit aufrüstet.

Was ihnen Angst macht, sind undemokratische Regierungen, nicht die Atombombe. Deshalb sage ich, dass bei den Verhandlungen über die Atomfrage auch über Menschenrechte und Demokratie gesprochen werden muss. Wenn sie eine Einigung erreichen mit einem undemokratischen Land, können sie nicht sicher sein, ob dieses Land die Vereinbarung einhält. Deshalb müssen wir alle und Sie sich dafür einsetzen, dass Iran ein demokratisches Land wird. Das wäre auch eine gute Garantie für die Sicherheit Europas.

Der Aufstand der „grünen Bewegung" hat den Mangel an Demokratie im Iran vor drei Jahren ins Bewusstsein der Welt getragen. Hat sich die Lage seit seiner Niederschlagung verbessert oder verschlechtert?

Leider wird die Lage von Tag zu Tag schlimmer. Es ist so schlimm geworden, dass der Menschenrechtsrat der Vereinten Nationen einen Sonderberichterstatter für Iran ernannt hat. Die iranische Regierung lässt diesen Berichterstatter aber nicht ins Land. Wenn ich sage, dass bei den Gesprächen auch Menschenrechte angesprochen werden müssen, dann ist ein Ziel, dass der Sonderberichterstatter endlich ins Land gelassen wird. [...]

Das Interview führte Pitt von Bebenburg, in: Frankfurter Rundschau Nr. 109, 10.5.2012, S. 9

Shirin Ebadi setzt sich seit Jahren als Anwältin und Menschenrechtsaktivistin für Demokratie in Iran ein. Die 64-Jährige kämpft für die Rechte von Frauen und Kindern. Sie war die erste Frau im Richteramt in der Geschichte des Iran. Das Mullah-Regime vertrieb sie jedoch daraus. Den Friedensnobelpreis erhielt die Iranerin 2003.

Aufgaben

1. Zeigen Sie Chancen und Hindernisse der Lösungswege auf, die der US-Amerikaner Waltz und die iranische Friedensnobelpreisträgerin Ebadi vorschlagen, um der Bedrohung der Welt durch iranische Atomwaffen zu begegnen.
2. Diskutieren Sie in der Klasse, welcher der beiden Vorschläge im Sinne von Frieden und Sicherheit forciert werden sollte.

3.2 Krieg und Frieden – der Zustand der Welt als Forschungsfeld

3.2.1 Alte und neue Kriege

M 1 Drohnenkrieg – Krieg per Knopfdruck

„Zielperson hat Gebäude betreten", meldet die Stimme. „Verstanden", antwortet die Frau. „Von Sensoren bestätigt."
Sie sitzt vor einer Computertastatur mit fünf Monitoren, ihre Hände umfassen zwei Joysticks. Neben ihr sitzt ein Mann vor einer ähnlichen Anordnung. „Acht Raketen und zwei Bomben auf zwei Predators", sagt er. „Waffen bereit." Der Hauptmonitor zeigt das Luftbild einer Straße, live und aus einiger Höhe. Zwei Personen sind erkennbar, sie kommen aus einem Haus, setzen sich in einen Truck und fahren los, verfolgt vom Fadenkreuz auf dem Schirm. „Drei, zwei, eins", zählt der Mann und drückt einen roten Knopf. „Einschlag." Der Wagen verschwindet. Eine Explosionswolke steigt auf. „Exzellente Arbeit", sagt der Mann. [...]
Das Demo-Video zeigt die Sicht der Bodenstation in den USA, am anderen Ende der Welt, wo der Pilot und der „Sensor-Bediener" sitzen, in diesem Fall eine Frau. Das Ganze sieht aus wie ein Computerspiel, nur ohne Geräuscheffekte. Doch natürlich ist es kein Spiel. Der Einsatz von Drohnen im Kampf gegen al-Qaida und Taliban ist ein virtueller Krieg, bei dem sich die Krieger die Finger nicht schmutzig machen müssen – der aber an der Front kaum minder tödliche Folgen hat. [...]

Marc Pitzke, auf: www.spiegel.de, 9.3.2010

M 2 „Toyota-Krieg" – die Waffen der Rebellen

Bewaffnete Tuareg-Rebellen auf ihren Pick-ups; Nordmali im Februar 2012.

Der Toyota Pritschenwagen ist die Kavallerie des kleinen Mannes. Und er ist ein Symbol für den asymmetrischen Krieg, in dem Rebellen mit einfachsten Mitteln westliche Hochtechnologie herausfordern.
Denkwürdig ist die Szene, die Tommy Franks, 2003 Kommandeur der amerikanischen Intervention im Irak, in seiner Autobiographie schildert. [...] Franks verfolgt in seinem Hauptquartier in Doha Bilder einer Aufklärungsdrohne. Nirgendwo sind Panzer oder Stellungen Saddam Husseins zu sehen. Doch dann fällt dem General etwas ins Auge: Auf seinem Bildschirm erscheinen „fünf staubige weiße Toyota Pick-up Trucks, jeder mit einem schweren Maschinengewehr bewaffnet und vollgestopft mit Männern in zivilen Kleidern, die mit Kalaschnikows und Panzerfäusten bewaffnet sind". Die Pritschenwagen rasen über eine Staubpiste auf den [Panzer-]Konvoi zu und eröffnen das Feuer – der erste irakische Überraschungsangriff des Krieges. Nach Franks Schilderung haben die angreifenden Milizen Saddams keine Chance, nach zehn Minuten Gefecht sind sie geschlagen. Doch anderen Fedaijin-Kämpfern gelingt es mit ihren Pritschenwagen in den folgenden Tagen, den Nachschub der schnell vorrückenden Einheiten zu unterbrechen. Mindestens vier Abrams-Panzer schalten sie mit Panzerfäusten aus. [...]

Thomas Gutschker, Boris Schmidt, Thomas Scheen, Die Kavallerie des kleinen Mannes, auf: www.faz.net, 11.4.2011

M 3 Das Ende des Staatenkrieges

Dass der klassische Staatenkrieg [...] ein historisches Auslaufmodell sei, [...] diese Feststellung [gehört] zum festen Repertoire der Voraussagen für das 21. Jahrhundert. Damit ist nicht gesagt, dass es überhaupt keine zwischenstaatlichen Kriege mehr geben werde [...]. An die Stelle der Staatenkriege sind transnationale Kriege getreten, solche also, in denen supra- wie substaatliche Akteure die entscheidende Rolle spielen, von regionalen Warlords bis zu globalen Netzwerken, die Geldtransfers organisieren, um einen Konflikt am Köcheln zu halten. In diesen Kriegen, zu denen jene im Kongo, in Somalia und in Afghanistan gehören, können auch Staaten gelegentlich eine Rolle spielen, aber das Heft des Handelns haben sie nicht in der Hand. Ginge es nach den beteiligten Staaten, so würden diese Kriege schnell beendet. Das aber liegt nicht unbedingt im Interesse der anderen Akteure, die von der Fortdauer dieser Kriege zum Teil erheblich profitieren. [...]

Zwar [ist] der klassische Staatenkrieg, aber nicht der Krieg in seiner Gänze ein historisches Auslaufmodell, und deswegen mussten wir vor kurzem erst zur Kenntnis nehmen, dass der seit Ende des Zweiten Weltkriegs verlustreichste Krieg mit etwa vier Millionen Toten in den vergangenen Jahren im östlichen Kongo stattgefunden hat. Dabei dürfte nicht einmal ein Zwanzigstel dieser Toten durch unmittelbare Waffeneinwirkung ums Leben gekommen sein; die große Mehrzahl der Opfer ist dagegen an Hunger und Seuchen gestorben, die sich im Gefolge der Kriegsgewalt ausgebreitet haben. Zum klassischen Staatenkrieg gehörte auch, dass immer weniger der daran Beteiligten an Krankheiten und den Folgen leichter Verwundungen starben, weil die Medizin unmittelbar an das Kampfgeschehen heranrückte und die Hygiene zu einer bestimmenden Größe bei Aufstellung und Einsatz der Truppen wurde – was sich zunächst einmal als ein weiterer Verteuerungsfaktor auswirkte.

Doch erst für das 20. Jahrhundert war typisch, dass erheblich mehr Soldaten im Kampf fielen als an Krankheiten, Hunger und Seuchen starben; [...] Auch hier beobachten wir also eine Umkehrung der Entwicklungsrichtung: Die mit der Geschichte des Staatenkrieges verbundene Trennung des Krieges von Seuchen und Hungersnöten ist in den vergangenen Jahren porös geworden. [...]

Der klassische Staatenkrieg war von Anbeginn an mit der Idee seiner Vermeidbarkeit und der Perspektive seiner Abschaffbarkeit versehen. Dies trifft für die neuen Kriege nicht zu, weil in ihnen Akteure eine Rolle spielen, für die der Umstand, dass der Krieg mehr kostet als einbringt, vernachlässigbar ist. Tatsächlich lohnt sich für viele von ihnen der Krieg, weil sie die Gewinne privatisieren und die Verluste sozialisieren können: Die Nummernkonten der Warlords und ihrer logistischen Helfer sind prall gefüllt, während sie die verminten Felder, die zerstörte Infrastruktur, die verstümmelten Menschen nicht auf ihrer Rechnung haben. [...]

Herfried Münkler, Neues vom Chamäleon Krieg - Essay, in: APuZ 16-17/2007, S. 3

Krieg

bezeichnet einen organisierten, mit Waffen gewaltsam ausgetragenen Konflikt zwischen Staaten bzw. zwischen sozialen Gruppen der Bevölkerung eines Staates (Bürgerkrieg)

Asymmetrischer Krieg

Krieg, in dem sich die kriegsführenden Parteien hinsichtlich der eingesetzten Waffen, der Strategie, der Zielsetzung sowie ihres völkerrechtlichen Status nach stark unterscheiden

Aufgaben

1. Wenden Sie die Definition von „Krieg" (vgl. Randspalte) auf die beiden Beispiele M 1 und M 2 an.
2. Erschließen Sie die wesentlichen Charakteristika der „neuen Kriege" nach Münkler (M 3) und stellen Sie Unterschiede zwischen klassischem Krieg und neuem Krieg tabellarisch gegenüber.

3.2.2 Vom Frieden zum Krieg: Staatsversagen und Staatszerfall

M 4 Wenn der Staat droht, die Gewalt zu verlieren – Drogenkrieg im Urlaubsland

Felipe Calderón
2006–2012 Präsident von Mexiko

Es war kein gutes Jahr für Felipe Calderón. Im fünften Amtsjahr des mexikanischen Präsidenten tobt der Drogenkrieg mit unverminderter Härte. Vergangenes Jahr fielen dem Morden der Mafias 12.359 Menschen zum Opfer, fast 800 mehr als 2010. Mexikos Militärs stehen am Pranger, seit Human Rights Watch den Soldaten massive Menschenrechtsverletzungen in diesem Krieg vorwirft. Deshalb haben Anwälte vor dem Internationalen Strafgerichtshof in Den Haag auch gegen Calderón ein Verfahren angestrengt.

Aber die größte Sorge bereitet dem konservativen Staatsoberhaupt, dass der Arm seiner Regierung kürzer wird. Seit Calderón Ende 2006 mit Zehntausenden Soldaten und Bundespolizisten in die Offensive ging, seien die Machtbereiche der Kartelle nicht kleiner geworden, urteilen Experten. Im Gegenteil – die Kartelle hätten sich atomisiert. „Die Gebiete, in denen der Staat das Gewaltmonopol verloren hat, haben sich ausgedehnt", sagt Günther Maihold, Inhaber des Humboldt-Lehrstuhls an der Hochschule Colegio de México. „Zonen der Unregierbarkeit", nennt Edgardo Buscaglia, Experte für Organisierte Kriminalität, solche Gebiete, die es vor allem in den nördlichen Bundesstaaten Sinaloa und Tamaulipas gibt, wo traditionsgemäß die Kartelle den Ton angeben. „Aber selbst in einigen Regionen in Südmexiko, wie in Michoacán oder Chiapas, ist der Staat völlig abwesend und kann Leben und Eigentum der Bürger nicht verteidigen", sagt der Leiter des International Law and Economic Development Centre in Mexiko und den USA. [...]

Klaus Ehringfeld, Drogenkrieg in Mexiko, in: Frankfurter Rundschau Nr. 8, 10.1.2012, S. 8 f.

M 5 Was heißt Staatszerfall? Ein Gespräch mit dem Experten Volker Perthes

Symbol für das Versagen staatlicher Organe: Bei dem schweren Erdbeben 2010 war auch der Präsidentenpalast auf Haiti zerstört worden.

Herr Perthes, gibt es den Prototyp des „zerfallenden Staates"?
Ich habe einen solchen Prototyp noch nicht gefunden. Es gibt Staaten, die sind bereits zerfallen. Bestes Beispiel: Somalia. Und es gibt Staaten, denen der Zerfall droht – wie etwa Haiti. [...]
Auch im Falle des Jemen besteht ein hohes Zerfallsrisiko. Aber Haiti ist ein besonders augenfälliges Beispiel für einen zerfallenden Staat, weil es dort keinen Bürgerkrieg gibt und keine Involvierung in den transnationalen Terrorismus. Beides wird sonst gern mit zerfallenden Staaten assoziiert. In Haiti ist das reine Versagen der staatlichen Organe zu beobachten. Dies ist so immens, dass zehn Stabilisierungsmissionen der USA und der UN nichts daran ändern konnten.

Gibt es gemeinsame Merkmale für zerfallende Staaten?
Es lässt sich immer dann von einem zerfallenden Staat sprechen, wenn der Staat nicht in der Lage ist, das eigene Territorium zu kontrollieren. Wenn ferner das Mindestmaß an Wohlfahrts- und Infrastrukturleistungen fehlt, das Bürger auch von einem armen Staat erwarten können. Dazu gehören dann auch Dinge wie Straßenverbindungen oder die Versorgung mit Elektrizität. Beides macht Wirtschaft und Beschäftigung oft erst möglich. Das Wichtigste ist: In zerfallenden Staaten fehlt es an Regierungsleistungen, nicht zuletzt im Bereich der Bereitstellung von Sicherheit für die eigenen Menschen. Wenn es überhaupt eine Polizei gibt, dann lässt sich oft beobachten, dass

diese korrupt ist oder für kriminelle Banden arbeitet.

Oft heißt es, die Kolonialgeschichte eines Landes sei schuld am Zerfall seiner Staatlichkeit.

Das stimmt nur teilweise. Wenn die Kolonialzeit – sagen wir einmal – 60 Jahre zurückliegt, ist es schwer, sie für die aktuellen Verhältnisse verantwortlich zu machen. Anders ist das im Fall des Irak. Das Land ist seit 2003 auf der Liste der stark gefährdeten Staaten. Das hat damit zu tun, dass eine ausländische Besatzungsmacht damals zwar schlechte Regierungsstrukturen, aber immerhin funktionierende Regierungsstrukturen zerschlagen hat.

Ist Mexiko ein zerfallsgefährdeter Staat? Die Regierung wird der Drogenmafia nicht Herr.

Mexiko taucht auf keiner Liste mit zerfallsbedrohten Staaten auf. Mexiko ist ein Staat, der ein enormes Kriminalitätsproblem hat und vor allem im Norden des Staatsgebiets an der Grenze zu den USA seine staatliche Autorität nicht durchsetzen kann. Aber Mexiko funktioniert ansonsten als Staat, der zum Beispiel auch mit gewaltigen Erdbeben umgehen kann. Und im übrigen Mitglied der G20 ist und im nächsten Jahr deren Gipfel ausrichten wird.

Was ist mit Afghanistan?

Wir müssen in weiten Teilen Afghanistans von Staatsversagen reden – und das seit Jahrzehnten schon. Was wir derzeit sehen, ist ein großes, nicht immer erfolgreiches internationales Bemühen, diesem Staat auf die Beine zu helfen.

Wenn das Haiti-Beispiel mit zehn fehlgeschlagenen internationalen Missionen gilt, wird das nichts werden in Afghanistan.

Staaten müssen nicht immer die Form behalten, die die nationalen Regierungen und ihre internationalen Partner bevorzugen. Selbst im Falle Somalias, wo ein Staat faktisch nicht mehr existiert, findet sich deshalb nicht einfach ein Vakuum: Auch in staatsfreien Gebieten „regiert“ oft jemand. So gibt es in der Region Somaliland eine lokale Regierung, die zwar von niemandem anerkannt wird, aber eine vernünftige Regierungspraxis hat. Im benachbarten Puntland dagegen „regiert“ vor allem die organisierte Kriminalität und übt sozusagen im Nebenerwerb Regierungsfunktionen aus.

Wollen Sie sagen, irgendjemand findet sich immer, der Autorität ausübt?

So ist es. Das können im schlimmsten Falle Banden sein, Milizen, aber auch traditionelle lokale Notabeln [= gesellschaftlich hoch angesehene Personen] oder Stammesführer. Vielleicht ist Somalia in der Form, in der wir es auf der Landkarte sehen und in der es in den UN vertreten ist, einfach zu groß und es wäre besser, wenn es kleine Einheiten gäbe. Ähnliches haben wir in Jugoslawien erlebt. Manchmal kann es sein, dass aus einem großen Staat kleinere Staaten entstehen.

Für wen ist der Zerfall der Staatlichkeit das größere Problem – für die Bevölkerung des Landes oder für die Außenwelt, die darin eine Bedrohung der eigenen Sicherheit sieht?

Zunächst immer für die eigene Bevölkerung. In manchen Fällen hat Staatszerfall Auswirkungen auf die regionale und internationale Sicherheit: Denken Sie an die Piraterie vor den Küsten Somalias. Aber zuerst ist es immer die lokale Bevölkerung, die durch Unsicherheit, sehr oft durch Bürgerkrieg und nicht selten auch durch Versorgungskrisen und Hunger bedroht ist.

Das Interview führte Damir Fras, in: Frankfurter Rundschau Nr. 8, 10.1.2012, S. 9
Volker Perthes, 53, ist seit 2005 Direktor der Stiftung Wissenschaft und Politik.

Aufgaben

1. Erläutern Sie die Sorge Calderóns, dass „der Arm seiner Regierung kürzer wird“ (M 4).
2. Arbeiten Sie heraus, welche Bedeutung die drei Staatsfunktionen (Sicherheit, Wohlfahrt und Rechtsstaatlichkeit) für Staat und Gesellschaft haben (M 5).
3. Diskutieren Sie, weshalb Mexiko (noch) nicht, wohl aber Haiti als „failing state“ eingeordnet wird.

F Referieren Sie über die aktuelle Hierarchie zerfallener und zerfallender Staaten. http://www.foreignpolicy.com/failed_states_index_2012_interactive

3.2.3 Frieden – ein Begriff mit vielen Facetten

M 6 ● Der Friedensbegriff des Nobelkomitees: Friedensnobelpreisträger

Der Friedensnobelpreis wird seit 1901 jährlich in Oslo an Personen und Organisationen verliehen, die sich in besonderem Maße für den Frieden verdient gemacht haben. Er geht auf den Stifter Alfred Nobel zurück, einen schwedischen Wissenschaftler.

1964 Martin Luther King, USA
Führer der Bürgerrechtsbewegung in den USA, setzt sich gegen Rassismus und die Unterdrückung der schwarzen Bevölkerung ein.

2007 Intergovernmental Panel on Climate Change (IPCC, Weltklimarat) und Al Gore, USA
„für ihre Bemühungen, ein besseres Verständnis für die von Menschen verursachten Klimaveränderungen zu entwickeln und zu verbreiten".

1905 Bertha von Suttner, Österreich
Ehrenpräsidentin des Ständigen Internationalen Friedensbüros, wendet sich mit ihrem pazifistischen Roman „Die Waffen nieder!" vehement gegen Krieg.

1979 Mutter Teresa, Indien
Gründerin des Ordens „Missionare der Nächstenliebe" und Initiatorin zahlreicher Hilfsprojekte für Arme in Indien.

1971 Willy Brandt, Deutschland
Bundeskanzler und Initiator einer neuen, auf Ausgleich und Entspannung zielenden Ostpolitik.

2006 Muhammad Yunus, Bangladesh
„für die Förderung wirtschaftlicher und sozialer Entwicklung von unten" durch sogenannte Mikrokredite.

1973 Henry A. Kissinger, USA
Koautor des Vietnam-Friedensvertrags 1973.

2005 International Atomic Energy Agency und Mohammed El Baradei
„für ihren Einsatz gegen Missbrauch von Atomenergie".

2012 Europäische Union (EU)
„Die Union und ihre Vorgänger haben über sechs Jahrzehnte zur Förderung von Frieden und Versöhnung beigetragen."

Zusammenstellung der Autorin, nach: www.dhm.de

Info

Frieden

Frieden in der Minimaldefinition kann beschrieben werden als „Abwesenheit von Gewalt“. Ein erweiterter Friedensbegriff unterscheidet zwischen negativem Frieden, also der Abwesenheit von direkter, physischer Gewalt und Bedrohung und einem positiven Frieden, der als ein Zustand der sozialen Gerechtigkeit, des relativen Wohlstands, der politischen Teilhabe und des ökologischen Gleichgewichts gesehen wird. Der Übergang von negativen zum positiven Friedenszustand wird in der Friedensforschung dabei als ein Prozess gesehen, bei dem Gewalt abnimmt und Gerechtigkeit zunimmt.

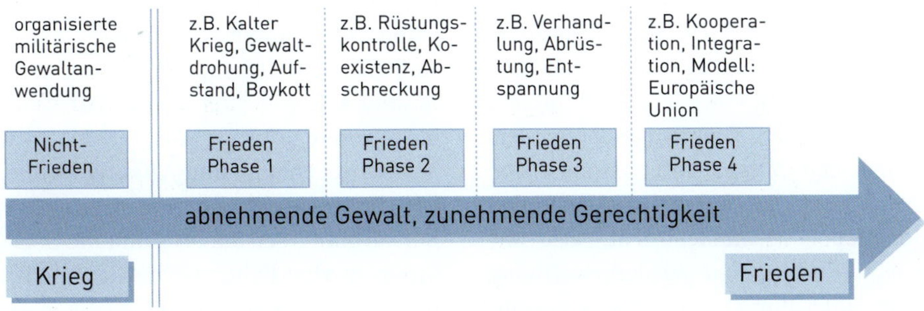

Ragnar Müller, auf: www.dadalos-d.org/frieden/grundkurs_2/frieden.htm

M 7 ● Plakat Krisenherd

Aufgaben

1. Zeigen Sie am Beispiel der Friedensnobelpreisträger/-innen (M 6) die verschiedenen Facetten des Begriffs „Frieden“ auf.
2. Erschließen Sie den Friedensbegriff der Hilfsorganisation *Brot für die Welt* (M 7).

F Referieren Sie über die Arbeit und Funktion diverser Hilfsorganisationen (z. B. Brot für die Welt, Terre des Hommes, Rotes Kreuz, Roter Halbmond etc.) in Krisenregionen.

M 8 Das zivilisatorische Hexagon: Ein Modell zur Analyse der Bedingungen von Frieden

Für den Friedensforscher Dieter Senghaas (geb. 1940) ist die Zivilisierung des Konfliktaustrags davon abhängig, dass bestimmte Bedingungen, auch innerhalb der Staaten, erfüllt sind.

Wo zivilisierte Politik zur Zivilisierung des Zusammenlebens der Menschen innerhalb von modernen Gesellschaften beiträgt, wird ein solches Projekt im Idealfall von den folgenden sechs Sachverhalten gekennzeichnet:

1. Entprivatisierung von Gewalt (Gewaltmonopol):
Wesentlich für jeden Zivilisierungsprozess ist die Entprivatisierung von Gewalt bzw. die Herausbildung eines legitimen, in aller Regel staatlichen Gewaltmonopols, dem die einzelnen Bürger untergeordnet sind („Entwaffnung der Bürger"). Wo das Gewaltmonopol zusammenbricht, also die Wiederaufrüstung und Wiederbewaffnung der einzelnen Bürger eine Chance bekommen, findet statt, was [...] im Hinblick auf entsprechende Vorgänge als [...] „Jugoslawisierung" politischen Konfliktverhaltens bezeichnet wird, nämlich die Renaissance von Bürgerkriegssituationen.

2. Kontrolle des Gewaltmonopols und Herausbildung von Rechtsstaatlichkeit (Verfassungsstaat):
Ein Gewaltmonopol, das nicht durch Rechtsstaatlichkeit eingehegt wird, wäre im Grenzfall nichts mehr als eine beschönigende Umschreibung von Diktatur. Dann wären seine gesellschaftlichen Träger nichts anderes als eine von mehreren Konfliktparteien in einer potenziellen Bürgerkriegssituation. Soll demgegenüber das Gewaltmonopol als legitim akzeptiert werden, bedarf es der Institutionalisierung rechtsstaatlicher Prinzipien und öffentlicher demokratischer Kontrolle, auf deren Grundlage sich Konflikte in einem institutionellen Rahmen fair austragen lassen.
Rechtsstaatlich verfasste politische Ordnungen hegen das Gewaltmonopol ein. Es verliert dadurch seinen ursprünglichen Charakter, nämlich einfach eine Instanz von letztlich kriegerisch errungener, also willkürlicher Vormacht zu sein. [...]
Überdies zeichnen sich solche politischen Ordnungen auch im gesellschaftlichen Bereich durch eine Fülle von institutionalisierten Formen der Konfliktartikulation, des Konfliktmanagements, der Konfliktregelung und der Konfliktlösung aus. Konflikte jedweder Art, seien es Interessen- oder Identitätskonflikte, werden dabei von vornherein als „normal" und legitim erachtet, wobei in intakten rechtsstaatlichen Ordnungen Interessenkonflikte häufiger sind als Identitätskonflikte und die ersteren in aller Regel leichter bearbeitbar sind als die letzteren.

3. Interdependenz und Affektkontrolle:
Die Entprivatisierung von Gewalt („die Entwaffnung der Bürger") und die Sozialisation in eine Fülle von institutionalisierten Konfliktregelungen implizieren eine Kontrolle von Affekten. Solche Selbstkontrolle wird maßgeblich durch die Herausbildung von großflächig angelegten Verflechtungen [...] unterstützt, weil diese, zu beobachten vor allem in arbeitsteiligen Ökonomien, ein erhebliches Maß an Berechenbarkeit erfordern und in der Folge Erwartungsverlässlichkeit mit sich bringen. [...] Affektkontrolle [...] meint dabei die in differenzierten Gesellschaften sich aus diversen komplexen Handlungszusammenhängen ergebende Selbstkontrolle bzw. Selbstbeherrschung. Sie ist Grundlage nicht nur von Aggressionshemmung und Gewaltverzicht, sondern darauf aufbauend von Toleranz und Kompromissfähigkeit. [...]

4. Demokratische Beteiligung:
In politisierbaren Gemeinschaften müssen Interessen auf breiter Front artikulationsfähig und in den gängigen politischen Prozess integrierbar sein. Je offener und flexibler dabei das rechtsstaatlich-demokratische Institutionsgefüge ist, um so belastungsfähiger wird es bei anhaltenden und möglicherweise sich ausweitenden politischen Anforderungen sein. [...]

5. Soziale Gerechtigkeit:
In Gesellschaften mit einem erheblichen Politisierungspotenzial ist eine aktive Politik der Chancen- und Verteilungsgerech-

tigkeit, letztlich ergänzt um Maßnahmen der Bedürfnisgerechtigkeit (Sicherung der Grundbedürfnisse), unerlässlich, weil nur dann sich die Mehrzahl der Menschen in einem solchen politischen Rahmen fair behandelt fühlt. Die materielle Anreicherung von Rechtsstaatlichkeit, insbesondere im Sinne eines Anteils an Wohlfahrt, ist also nicht eine politische Orientierung, der in solchen Gesellschaften nach Belieben gefolgt werden kann oder auch nicht; sie ist vielmehr eine konstitutive Bedingung der Lebensfähigkeit von rechtsstaatlichen Ordnungen und damit des inneren Friedens. Rechtsstaatlich verfasste Gesellschaften tun deshalb gut daran, die Frage der Gerechtigkeit niemals zur Ruhe kommen zu lassen, zumal wenn die ihnen zugrunde liegenden Ökonomien, in der Regel Marktwirtschaften, systembedingt eher Ungleichheit als Gleichheit produzieren.

6. Konstruktive politische Konfliktkultur: Gibt es in einer aufgegliederten, aber deshalb auch zerklüfteten Gesellschaft faire Chancen für die Artikulation und den Ausgleich von unterschiedlichen Interessen, kann unterstellt werden, dass ein solches Arrangement verlässlich verinnerlicht wird, eine Bereitschaft zur produktiven Auseinandersetzung mit Konflikten vorliegt und kompromissorientierte Konfliktfähigkeit einschließlich der hierfür erforderlichen Toleranz zu einer selbstverständlichen Orientierung politischen Handelns wird. Dann kann noch ein weiterer Faktor hinzutreten: Das Gewaltmonopol und die Rechtsstaatlichkeit werden in politischer Kultur verankert, denn ohne diese blieben beide ohne emotionale Grundlage. Die materiellen Leistungen („soziale Gerechtigkeit") erweisen sich dabei als eine wichtige Brücke zwischen dem Institutionengefüge und dessen positiver emotionaler Absicherung („Bürgergesinnung").

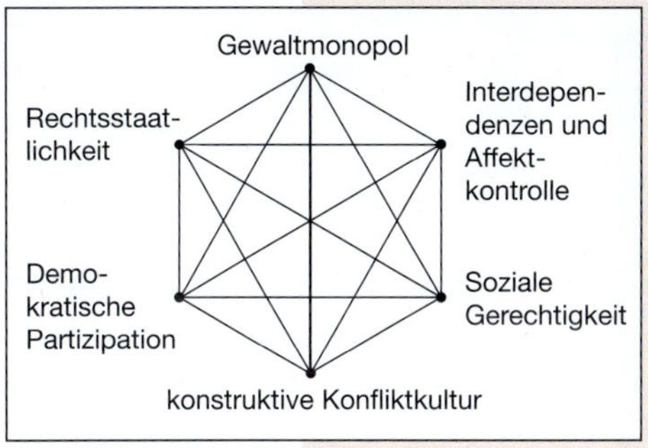

Das Hexagon als Verarbeitung historischer Erfahrungen

Im zivilisatorischen Hexagon wird eine historische Erfahrung aus der neuzeitlichen Geschichte in Teilreligionen Europas gebündelt. Historisch betrachtet hat sich seit dem Ende des europäischen Mittelalters zunächst das Gewaltmonopol herausgebildet; dieses Monopol war das Ergebnis lang anhaltender politischer Ausscheidungskämpfe (in der Regel von Kriegen) um Vormachtstellungen. Zusammen mit der Herausbildung des Gewaltmonopols begannen sofort die Konflikte um die Kontrolle dieses Gewaltmonopols; langfristig mündeten sie in die Institutionalisierung von Rechtsstaatlichkeit. Die Ausdifferenzierung und Vernetzung der sich modernisierenden Gesellschaft in der Folge großflächig werdender Verkehrswirtschaften und immer feinmaschigerer Kommunikationsstrukturen erfolgten zeitverschoben. Den Kampf um demokratische Partizipation, vorstellbar nur auf der Grundlage sozial mobil gewordener Gesellschaften, ging einher mit Auseinandersetzungen um soziale Gerechtigkeit, insbesondere Verteilungsgerechtigkeit. Parallel dazu entfaltete sich schrittweise eine politische Konfliktkultur liberaler Prägung.

Dieter Senghaas, Frieden als Zivilisierungsprojekt, in: ders. (Hg.), Den Frieden denken, Frankfurt/ M. 1995, S. 198 ff.

Aufgaben

1. Geben Sie die Bedingungen wieder, die für eine zivilisierte Austragung von Konflikten innerhalb von Staaten erfüllt sein sollten.
2. Arbeiten Sie heraus, ob und inwieweit sich das „Zivilisatorische Hexagon" auch dazu verwenden lässt, den Grad der Friedlichkeit zwischen Staaten einzuschätzen.
3. Beurteilen Sie den Grad der Friedlichkeit von Mexiko (Kap. 3.2, M 4, M 5) anhand des zivilisatorischen Hexagons auf der Grundlage einer eigenen Recherche.

Krieg

In der Konfliktforschung wird der Begriff „Krieg" für einen mit Waffen gewaltsam ausgetragenen Konflikt zwischen Staaten bzw. zwischen sozialen Gruppen der Bevölkerung eines Staates verwendet.

Neue Kriege
M 1, M 2, M 3

Der Politikwissenschaftler Herfried Münkler prägte den Begriff der „neuen Kriege", die im Unterschied zum Staatenkrieg der vergangenen Jahrhunderte nicht mehr zwischen Staaten, sondern unter supra- und substaatlichen Akteuren (Warlords, Netzwerke) ausgefochten werden. Diese profitieren in vielerlei Hinsicht vom Kriegszustand (Privatisierung des Gewinns), ohne sich um die Folgen (z. B. Zerstörung der Infrastruktur) kümmern zu müssen. Dafür zahlt die Zivilbevölkerung bzw. die Allgemeinheit (Sozialisierung der Verluste). Aus diesem Grund besteht auch kein Interesse an einer Beendigung des Kriegszustandes. Kennzeichnend für diese neuen Kriege ist ihre Asymmetrie, d. h. die kriegsführenden Parteien unterscheiden sich hinsichtlich der eingesetzten Waffen, ihrer Strategie und Zielsetzung sowie ihres völkerrechtlichen Status stark voneinander (asymmetrische Kriege).
Eine neue Art der Kriegsführung scheint durch High-Tech-Waffen (z. B. Drohnen, Computerviren) möglich. Erste Einsätze mit dieser Waffentechnik zeigen jedoch, dass darauf mit konventionellen Gegenschlägen reagiert wird. Auch wird der momentan noch bestehende Rüstungsvorsprung der Industriestaaten von anderen Staaten binnen kurzer Zeit aufgeholt werden. Bereits jetzt arbeiten z. B. Deutschland und die USA an Programmen, die Cyber-Angriffe abwehren können.

Staatsversagen, Staatszerfall
M 5

Das Phänomen oft schleichender Übergänge von einem Friedenszustand in einen (meist inneren) Kriegszustand eines Staates werden in der neueren Konfliktforschung mit den Begriffen schwacher Staat (fragiler Staat), Staatsversagen, Staatszerfall und gescheiterter Staat (failed state) beschrieben. Diese Begriffe markieren verschiedene Stadien eines Staates, in denen bestimmte Aufgaben gegenüber den Bürgern (Sicherheit, Wohlfahrt, Legitimität/Rechtsstaatlichkeit) in unzureichendem Maße bzw. nicht mehr erfüllt werden. Als Beispiele solcher zerfallender Staaten gelten Afghanistan, Haiti und Somalia.

Frieden
M 6, M 8

Frieden ist mehr als nur die Abwesenheit von Gewalt, darüber besteht heute Einigkeit. In der Friedensforschung werden deshalb die Begriffe

- negativer Friede, d. h. die Abwesenheit von direkter, physischer Gewalt und Bedrohung und
- positiver Friede, also ein Zustand der sozialen Gerechtigkeit, des relativen Wohlstands und ökologischen Gleichgewichts unterschieden.

Die Entwicklung vom negativen zum positiven Frieden wird dabei als Prozess gesehen, bei dem sich abnehmende Gewalt und zunehmende Gerechtigkeit gegenüberstehen.
Der Friedensforscher Dieter Senghaas zeigt mit dem zivilisatorischen Hexagon die Bedingungen für ziviles Zusammenleben und zivile Konfliktaustragung in einem erweiterten Friedensbegriff auf.

Kriegsdefinition anwenden und Zukunftsszenario entwickeln

Das Zeitalter des nuklearen Krieges begann am 6. August 1945 um 8.16 Uhr mit einem Blitz, einer Druckwelle und einem Feuersturm. Knapp 600 Meter über der Innenstadt von Hiroshima explodierte die erste Atombombe. Fast 80.000 Menschen starben sofort, Zehntausende weitere Einwohner erlagen in den Monaten danach ihren Verletzungen.

Das Zeitalter des Cyberkrieges begann irgendwann im Lauf des Jahres 2009. In einer Hall in der iranischen Nuklearanlage Natans drehten plötzlich Hunderte Zentrifugen durch, in denen Uran angereichert wurde. Die Software zur Steuerung der Maschinen spielte verrückt, die empfindlichen Rotoren im Inneren der glänzenden Aluminiumröhren wurden zerstört.

Die Hiroshima-Bombe trug den freundlichen Namen Little Boy. Das Computer-Virus, das die iranischen Zentrifugen in Schrott verwandelte, wurde unter der kryptischen Kennung Stuxnet bekannt. Beide kamen auf ausdrücklichen Wunsch eines US-Präsidenten zum Einsatz, und in beiden Fällen war dem Oberbefehlshaber im Oval Office wohl durchaus klar, dass er eine Waffe völlig neuer Art gegen den Feind richtete. [...]

Nun ist es immer verlockend, historische Zäsuren zu vergleichen. Insofern ist es verständlich, wenn einige Militärfachleute jetzt den Einsatz von Stuxnet in eine Reihe mit der Erfindung von Atomwaffen stellen. Und auf eine sehr abstrakte Art stimmt das auch: Beide Waffen können etwas, was vorher militärisch entweder nicht oder nur mit hohem Aufwand und hohem Risiko machbar war. Auch bevor es Atombomben gab, war es möglich, große Städte in Schutt und Asche zu legen. Dafür waren jedoch Hunderte Kampfflugzeuge nötig, die in mehreren Wellen, zum Teil tagelang Angriffe flogen und Tausende Tonnen Sprengstoff über dem Ziel abwarfen. An dem morgendlichen Angriff auf Hiroshima waren hingegen nur drei B-29-Bomber beteiligt. Lediglich einer davon trug eine einzige Bombe, in der 60 Kilogramm Uran steckten.

[...] Es gibt nur wenige denkbare Szenarien, wie die USA oder Israel ohne das Computer-Virus mehrere hundert der iranischen Zentrifugen hätten zerstören können: durch einen Luftschlag, einen Angriff mit Spezialeinheiten, eine Sabotageaktion mit Hilfe einheimischer Agenten – alles höchst riskante Operationen an oder gar jenseits der Schwelle zum offenen Krieg. Stattdessen wurde irgendwo in einem Labor eine Schadsoftware entworfen, die speziell darauf zielte, nur ein bestimmtes Steuerungsprogramm in den Zentrifugen zu stören – lautlos, fast spurlos, unblutig. [...]

Wer will, kann also gewisse Gemeinsamkeiten sehen zwischen Little Boy und Stuxnet. Doch es gibt einen entscheidenden Unterschied: die Toten. Stuxnet hinterließ lediglich ratlose iranische Techniker, die auf verbogenes Aluminium starrten. Die Entwicklung von Stuxnet ist insofern nicht nur eine Zäsur, sondern auch ein Bruch in der Geschichte der Waffentechnik. Denn seit es Waffen gibt, ging es Ingenieuren und Generälen zumeist darum, sie möglichst noch tödlicher zu machen [...].

Hubert Wetzel, Ein neues Kapitel der Kriegsgeschichte, in: Süddeutsche Zeitung Nr. 139, 19.6.2012, S. 13

Aufgaben

1. Steht der Einsatz von Stuxnet in einer Reihe mit der Erfindung der Atombombe? Erschließen Sie Parallelen und Unterschiede.
2. Zeigen Sie mögliche Folgen eines Cyberangriffs auf unsere Gesellschaft auf.
3. Wenden Sie die Definition von „Krieg" auf das Phänomen Cyberkrieg an.
4. Entwickeln Sie ein Szenario, wie diese Waffentechnik Krieg und Kriegsführung der Zukunft verändern, ja vielleicht sogar ad absurdum führen könnte.

Akteure und Herausforderungen der internationalen Sicherheitsarchitektur

4

Kann Deutschland, können internationale Akteure (EU, NATO, UNO) noch weltweit Frieden und Sicherheit herstellen und gewährleisten?
Inwieweit sich die Europäische Union zu einem sicherheitspolitisch relevanten Player der Weltgemeinschaft entwickelt hat, lässt sich anhand des Anti-Piraterie-Einsatzes vor Somalia beurteilen (Kap. 4.1). In diesem Kontext erarbeiten Sie die Wandlung der Bundeswehr seit 1989/90 zu einer Armee out-of-area.
Am Beispiel Afghanistan analysieren Sie sowohl die NATO-Agenda als auch die Konflikte innerhalb dieser Organisation (Kap. 4.2). Sie beurteilen rückblickend den Afghanistan-Einsatz und schätzen den zukünftigen Einfluss der NATO ein.
Die Vereinten Nationen organisierten sich mit dem Anspruch, den internationalen Frieden zu wahren. Am Syrien-Konflikt (Kap. 4.3) erläutern Sie die Rolle, die die UNO und ihre Organe bei der Lösung inner- und zwischenstaatlicher Konflikte spielen kann. Sie untersuchen zudem, auf welche Weise – heute und in Zukunft – der Grundkonflikt zwischen Gewaltverbot und nationaler Souveränität austariert werden kann.
Mit dem internationalen Strafgerichtshof (ICC) lernen Sie abschließend (Kap. 4.4) ein überstaatliches Gericht kennen, das die Verrechtlichungstendenz internationaler Beziehungen in jüngerer Vergangenheit repräsentiert und somit die Mächteungleichheit zwischen Staaten auszugleichen versucht. Kommt es auch dadurch mittelfristig zu einer (demokratischen) „Global Governance"?

Was wissen Sie schon?

1. Interpretieren Sie die Darstellung
   a) hinsichtlich des Verhältnisses von Frieden und Sicherheit und
   b) hinsichtlich der Frage, ob dauerhafter weltweiter Frieden erreichbar scheint.
2. Weltfrieden ist dauerhaft erreichbar! Positionieren Sie sich zu dieser Aussage und begründen Sie Ihre Haltung im Kurs.

KOMPETENZEN

Am Ende dieses Kapitels sollten Sie Folgendes wissen und können:

... die Entscheidungsstrukturen, Befugnisse bzw. Zuständigkeiten sowie Machtmittel und Ziele wesentlicher sicherheitspolitischer Akteure (Nationalstaaten, Europäische Union, NATO, UNO) kennen.

... internationale Konflikte anhand von Kategorien bzw. Leitfragen analysieren.

... die Handlungsmöglichkeiten und die Durchsetzungsfähigkeit sicherheitspolitischer Akteure in einem konkreten Konflikt begründet einschätzen.

... das Handeln von Konfliktparteien und von internationalen sicherheitspolitischen Spielern bewerten.

4.1 Einsatz der Bundeswehr im EU-Auftrag

4.1.1 Piraten: Warum gerade vor Somalia?

M 1 Piraterie „vor“ Somalia 2007 und 2010/2011 im Vergleich

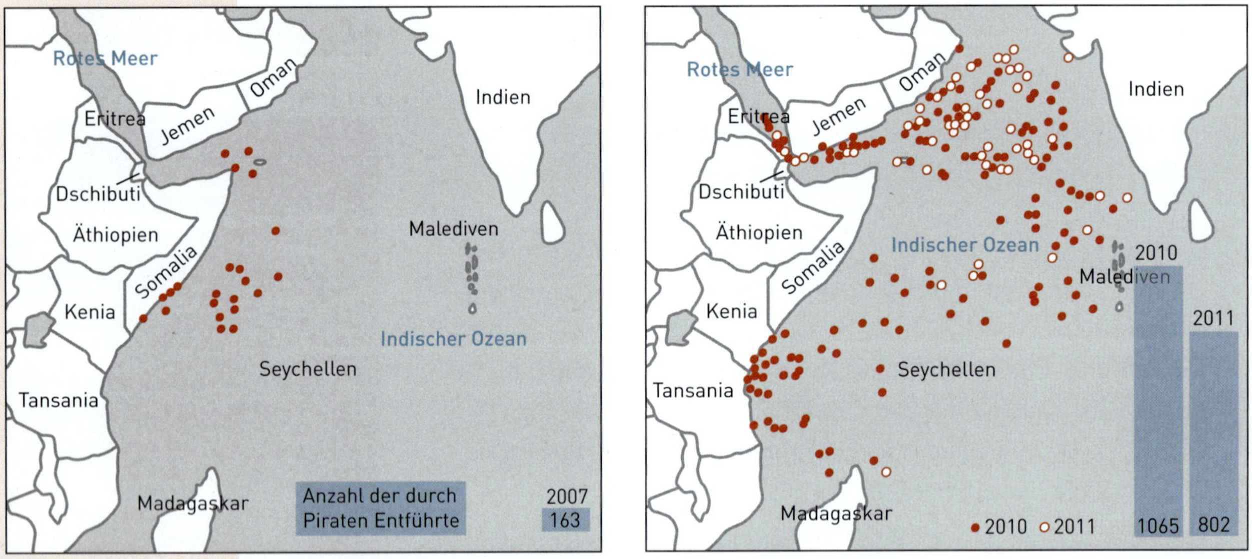

Die Punkte kennzeichnen Piratenübergriffe am Horn von Afrika 2007 bzw. 2011, die Balken, die jeweils gefangen genommenen Seeleute 2007–2011

Karte: GAO-11-449T, Ergänzungen IMI
Aus: Jonna Schürkes, Die vielen Formen des Krieges am Horn von Afrika (IMI-Studie 03/2012), Tübingen 2012, S. 6

M 2 Warum werden Fischer zu Piraten?

a) Überfischung und Verseuchung

Europäische Fischfangflotten nutzen seit dem Zusammenbruch der somalischen Zentralregierung Anfang der 1990er Jahre das Fehlen einer Küstenwache und überfischen das Meer vor Somalia. 2006 versuchte Greenpeace auf das Problem aufmerksam zu machen, dass vor Somalia und in anderen Regionen durch illegalen Fischfang für die Ärmsten dieser Welt jährlich Milliarden von Verlusten entstehen. [...] Auch wenn die Schiffe häufig unter Billigflaggen fahren, sind die Profiteure meist klar zu benennen: Sie sitzen in der EU, den USA und Japan. [...]

Neben der Überfischung gefährdet auch die illegale Müllentsorgung die Sicherheit der Gewässer am Horn von Afrika. [...] Ein Sprecher des Umweltprogramms der Vereinten Nationen (UNEP), Nick Nutall, beschreibt in einem Interview mit Aljazeera die ökonomische Bedeutung der illegalen

Info

Piraterie

„Nur in Hollywoodfilmen sind Piraten so zuvorkommend, durch das Hissen einer Totenkopfflagge ihren Gegnern die Identifizierung und Bekämpfung einfach zu machen.“ (Claudia Haydt)
Nach Artikel 101 des Seerechtsübereinkommens der Vereinten Nationen (vom 18.12.1982) ist „Seeräuberei [...] jede rechtswidrige Gewalttat oder Freiheitsberaubung oder jede Plünderung, welche die Besatzung oder die Fahrgäste eines privaten Schiffes oder Luftfahrzeugs zu privaten Zwecken begehen und die gerichtet ist i) auf Hoher See gegen ein anderes Schiff oder Luftfahrzeug oder gegen Personen oder Vermögenswerte an Bord dieses Schiffes oder Luftfahrzeugs; ii) an einem Ort, der keiner staatlichen Hoheitsgewalt untersteht, gegen ein Schiff, ein Luftfahrzeug, Personen oder Vermögenswerte“. Nach dieser Definition wurden 2011 weltweit 439 Piratenangriffe auf See verzeichnet.

Müllentsorgung: „Europäische Unternehmen stellten fest, dass es sehr billig ist, so seinen Müll zu entsorgen, wenn dies lediglich 2,50 Dollar pro Tonne kostet, während Müllentsorgungskosten in Europa bei 1.000 Dollar pro Tonne liegen.“ [...] „Es geht um radioaktives Uran. Es geht um Blei und um Schwermetalle wie Cadmium und Quecksilber. Es geht um Industrieabfall, um Krankenhausmüll, Chemieabfälle [...].“

Claudia Haydt, Kanonenboote und Piraten. NATO, EU und die Kontrolle der Meere, in: IMI-Analyse 2008/008, S. 13

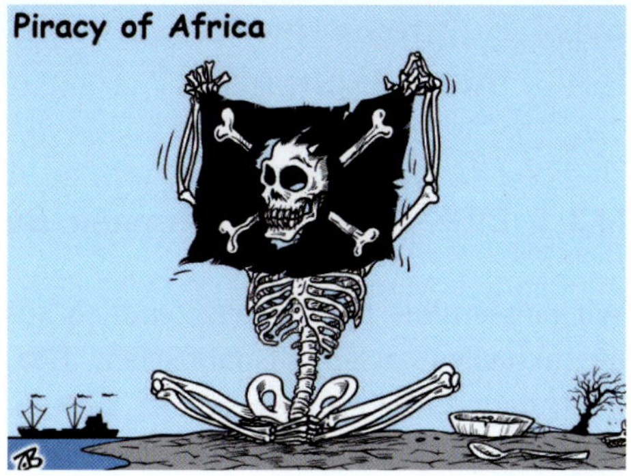

Emad Hajjaj

b) Somalia – ein failed state

Somalia ist seit der Verdrängung von Siad Barres' [diktatorischem] Regime im Jahr 1991 als gescheiterter Staat (failed state) gebrandmarkt. In den vergangenen zwanzig Jahren hat Somalia unter zwar schwachen, aber doch feindseligen Machtteilungsbestrebungen gelitten, die das Land noch weiter auf eine politisch, wirtschaftlich und sozial nachteiligte Bahn geführt haben. [...] Die Übergangsregierung, die lediglich in der Lage ist, einzelne Blöcke im Herzen der Hauptstadt Mogadischu zu kontrollieren, verfügt [...] nicht über genug Macht, die Unzahl bestehender Probleme zu bewältigen. Die teilautonomen Gebiete Puntland und Somaliland bleiben sich selbst überlassen. Die Küsten und küstennahen Gebiete sind faktisch ein „Niemandsmeer“. [...]

Zur Überfischung und Verseuchung der somalischen Hoheitsgewässer kommen die endlosen Kampfhandlungen zwischen den Clans hinzu, die das Problem der Nahrungsmittelknappheit zusätzlich verschärfen. Verschiedene Stämme kämpfen erbittert um Rohstoffe wie Kohle, Khat, Nutztiere und Wasser. Viele Somalis haben keine andere Wahl, als in Gebiete abzuwandern, in denen die Ressourcenkonkurrenz gewaltlos ist und Lebensmittel leichter zugänglich sind. Dadurch wird jedoch ein Flüchtlings- und Vertriebenenproblem geschaffen und der Nachschub an untätigen jungen Männern als Kanonenfutter für gewaltsame Aktivitäten gewährleistet. [...] Die von den Entführern verwendeten Waffen sind relativ einfach – Sturmgewehre, leichte Maschinengewehre und Panzerfäuste – und im Überfluss vorhanden. Es ist nicht schwer, sie über die unbewachten Grenzen Somalias zu bringen. [...] Piraterie hat sich zu einer alternativen Lebensgrundlage entwickelt, die finanziell einträglich ist und für viele Somalis einen Ausweg aus den ärmlichen Verhältnissen darstellt – das ganze Land befindet sich in starkem Elend.

Edward A. Ceska, Michael Ashkenazi, Piraterie vor den afrikanischen Küsten und ihre Ursachen, in: Aus Politik und Zeitgeschichte, 34-35, 2009, S. 33 ff.

Humanitäre Katastrophe in Somalia

- Missernten/Dürre 2011, anhaltender Kampf um pol. Macht/Bürgerkrieg
- kaum handlungsfähige Übergangsregierung
- ca. 2-4 Mio. dringend Hilfebedürftige (Hungernde, kaum Trinkwasserzugang)
- ca. 320.000 akut unterernährte Kinder unter 5 Jahren
- ca. 1,5 Mio. Binnenflüchtlinge
- ca. 950.000 Flüchtlinge in Lagern in Nachbarländern

(Stand: 2012)

Link

http://www.icc-ccs.org/piracy-reporting-centre/imb-live-piracy-map
Laufend aktualisierter Report (mit Karte) der Internationalen Handelskammer zu Piratenüberfällen weltweit

Aufgaben

1. Beschreiben Sie die Entwicklungen der vom somalischen Gebiet ausgehenden Piraterie von 2007-2011 (M 1).
2. Gliedern Sie das Bedingungsgefüge, durch das Piraterie zustande kommt, nach Ursachen und Auswirkungen/Folgen (M 2).

   Vorschlag: Visualisieren Sie das Bedingungsgefüge in einem systematischen Schaubild (z. B. Concept-Map oder Fischgrät-Diagramm).
3. Arbeiten Sie hypothesenartig mögliche Interessen der EU und Deutschlands heraus, die Piraterie im Indischen Ozean bzw. im Roten Meer zu bekämpfen.

F Fassen Sie knapp die jüngere Geschichte Somalias seit der Unabhängigkeit 1960 zusammen. Beurteilen Sie im Anschluss die Bedeutung der Kolonialisierung und die regionaler Mächte (Eritrea, Äthiopien, Kenia) sowie die Rolle militanter islamistischer Kräfte und somalischer Stämme/Clans für die heutige politische und humanitäre Situation.

4.1.2 Bundeswehr vor Somalia – humanitärer Zweck oder Interessenpolitik?

Piratenangriffe weltweit

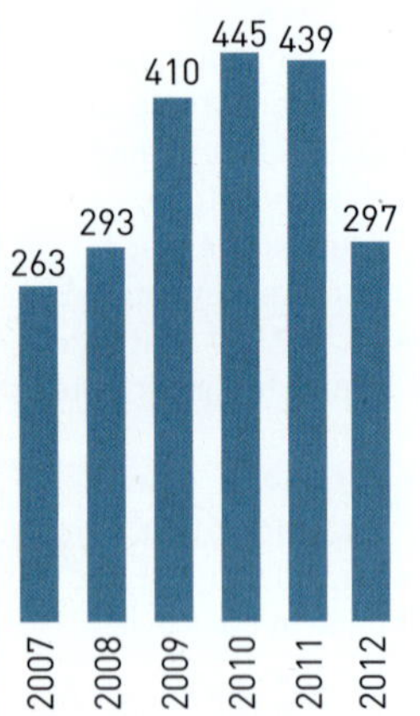

www.icc-ccs.org

M 3 ● DIHK-Präsident Driftmann: Bundeswehr soll Handelsrouten schützen

Wir müssen [die Bundeswehr] endlich auf die aktuellen sicherheitspolitischen Herausforderungen einstellen. Dabei geht es um unsere ureigenen legitimen Interessen – auch die der Wirtschaft. Wir sind Vize-Weltmeister im Export. Für uns wäre es eine Katastrophe, wenn die Handelswege, insbesondere nach Südostasien, dauerhaft eingeschränkt oder bedroht wären. Die dürfen wir nicht Piraten überlassen.
Zudem: Die USA haben seit der Finanzkrise als Absatzmarkt an Bedeutung für uns verloren. Stattdessen engagieren wir uns jetzt stärker in Südostasien und Teilen Südamerikas. Wenn also die Schifffahrts- und Handelswege dorthin nicht mehr sicher sind, was glauben Sie, was wir hierzulande für Probleme bekommen! Nicht nur wirtschaftliche, sondern auch haushaltspolitische, arbeitmarktpolitische und gesamtgesellschaftliche. Auch für diese Aufgabe brauchen wir die Bundeswehr.

Interview: Annette Beutler, Frank Thewes, in: Focus, 30.8.2010
Hans Heinrich Driftmann war von 2009 bis 2013 Präsident des Deutschen Industrie- und Handelskammertages

M 4 ● Wirtschaftliche Interessen an sicheren Handelsrouten

a) Die größten Frachtschiff-Flotten

		Zuladung in Mio. Bruttoregistertonnen	Zahl der Schiffe
1	Griechenland	202,4	3.213
2	Japan	197,2	3.795
3	Deutschland	114,8	3.798
4	China	107,9	3.651
5	Südkorea	47,5	1.189
6	USA	46,4	1.972

Zahlen: United Nations Conference on Trade and Developement (UNCTAD), Review of Maritime Transport 2011, New York, Genua 2011, S. 43 (Zahlen gerundet)

b) Kosten der Piraterie vor Somalia

insg. ca. 7 Milliarden US-Dollar ($); davon...
- ca. 3,2 Mrd. $ durch höheren Kraftstoffverbrauch der Schiffe wegen höherer Durchschnittsgeschwindigkeiten und erzwungener Umwege
- ca. 1 Mrd. $ für private Sicherheitskräfte und Ausrüstung
- 635 Mio. $ für erhöhte Versicherungsprämien
- 160 Mio. $ für Lösegelder

Wert aller auf See transportierten Waren (2008): 11,8 Billionen $ (Schätzung der WTO)

Anna Bowden, Shikha Basnet, The economic cost of Somali piracy 2011, auf: www.oceansbeyondpiracy.org

M 5 ● Die völkerrechtliche Legitimation des EU-Einsatzes

Zur Zusammensetzung und zu den Befugnissen des UN-Sicherheitsrates, siehe Kap. 4.3.5.

Der Sicherheitsrat [der Vereinten Nationen], [...]
nach wie vor zutiefst besorgt über die Bedrohung, die Seeräuberei und bewaffnete Raubüberfälle auf See gegen Schiffe für die rasche, sichere und wirksame Leistung humanitärer Hilfe an Somalia, die internationale Schifffahrt und die Sicherheit der gewerblichen Seeschifffahrt dienenden Schifffahrtswege sowie für andere gefährdete Schiffe und die in Übereinstimmung mit dem Völkerrecht durchgeführten Fischereitätigkeiten darstellen,
in Bekräftigung seiner Achtung der Souveränität, der territorialen Unversehrtheit, der politischen Unabhängigkeit und der

Einheit Somalias, [...] mit dem erneuten Ausdruck seiner Entschlossenheit, die langfristige Sicherheit der auf dem Seeweg erbrachten Hilfslieferungen des Welternährungsprogramms (WFP) an Somalia zu gewährleisten, [...]
feststellend, dass Vorfälle von Seeräuberei und bewaffnete Raubüberfälle auf Schiffe in den Hoheitsgewässern Somalias und auf Hoher See vor der Küste Somalias die Situation in Somalia verschärfen, die nach wie vor eine Bedrohung des Weltfriedens und der internationalen Sicherheit in der Region darstellt, [...]
fordert die Staaten und Regionalorganisationen, die über die entsprechenden Kapazitäten verfügen, auf, sich aktiv am Kampf gegen die Seeräuberei und bewaffnete Raubüberfälle auf See vor der Küste Somalias zu beteiligen, insbesondere indem sie, im Einklang mit dieser Resolution und den einschlägigen Bestimmungen des Völkerrechts, Marinefahrzeuge und Militärluftfahrzeuge entsenden sowie Boote, Schiffe, Waffen und ähnliches Gerät, die bei der Begehung seeräuberischer Handlungen und bewaffneter Raubüberfälle auf See vor der Küste Somalias verwendet werden oder für deren Verwendung es einen hinreichend begründeten Verdacht gibt, beschlagnahmen und beseitigen [...].

UN-Resolution 1846 (2008) verabschiedet auf der 6026. Sitzung des Sicherheitsrats am 2.12.2008, zitiert nach: www.un.org/depts/german/sr/sr_08/sr1846.pdf

M 6 ● Aufgaben der Bundeswehr im Rahmen der Operation Atalanta

Die Bundeswehr leitet aus der Resolution 1846 des UN-Sicherheitsrates und dem Auftrag der Europäischen Union folgende konkrete Aufgaben und Befugnisse ab.

- Gewährung von Schutz für die Schiffe des Welternährungsprogramms unter anderem durch die Präsenz von bewaffneten Kräften an Bord dieser Schiffe, insbesondere wenn sie die Hoheitsgewässer Somalias durchqueren;
- im Einzelfall und bei Bedarf Schutz von zivilen Schiffen im Operationsgebiet;
- Überwachung der Gebiete vor der Küste Somalias, einschließlich der somalischen Hoheitsgewässer, die Gefahren für maritime Tätigkeiten, insbesondere des Seeverkehrs, in sich bergen;
- Durchführung der erforderlichen Maßnahmen, einschließlich des Einsatzes von Gewalt, zur Abschreckung, Verhütung und Beendigung von seeräuberischen Handlungen oder bewaffneten Raubüberfällen, die im Operationsgebiet begangen werden könnten;
- Aufgreifen, Festhalten und Überstellen von Personen, die in Verdacht stehen, seeräuberische Handlungen oder bewaffnete Raubüberfälle begangen zu haben, sowie Beschlagnahme der Seeräuberschiffe, der Ausrüstung und der erbeuteten Güter. Diese Maßnahmen erfolgen mit Hinblick auf die eventuelle Strafverfolgung durch Deutschland, andere Mitgliedstaaten der Europäischen Union oder aufnahmebereite und zur Strafverfolgung bereite Drittstaaten; [...]

Deutsche Marine-Soldaten der Boarding-Kompanie trainieren das Landen auf einem Schiff (Februar 2009).

Christoph Reik, Fragen und Antworten zur Operation Atalanta, auf: www.bundeswehr.de, 14.8.2012

Deutsche Soldaten vor Somalia

- Obergrenze Bundestagsmandat: 1.400
- eingesetzt im Januar 2013: 340
- eine Fregatte mit Bordhubschrauber
- ggf. Unterstützung durch andere deutsche Kampfschiffe

M 7 ● Verteidigungspolitische Richtlinien der Bundesrepublik Deutschland

Deutschlands Platz in der Welt wird wesentlich bestimmt von unseren Interessen als starker Nation in der Mitte Europas und unserer internationalen Verantwortung für Frieden und Freiheit. Deutsche Sicherheitspolitik ist den Werten und Grundsätzen der freiheitlich demokratischen Ordnung des Grundgesetzes und des Völkerrechts verpflichtet.

Deutschland nimmt als gestaltendes Mitglied der internationalen Staatengemeinschaft seine Interessen wahr und setzt sich aktiv für eine bessere und sichere Welt ein. Wir wollen als starker Partner in einem vereinten Europa dem Frieden der Welt dienen.

Deutsche Sicherheitsinteressen ergeben sich aus unserer Geschichte, der geografischen Lage in der Mitte Europas, den internationalen politischen und wirtschaftlichen Verflechtungen des Landes und der Ressourcenabhängigkeit als Hochtechnologiestandort und rohstoffarme Exportnation. Sie sind nicht statisch, sondern veränderlich in und mit internationalen Konstellationen und ihren Entwicklungen.

Die sicherheitspolitischen Ziele Deutschlands sind:

- Sicherheit und Schutz der Bürgerinnen und Bürger Deutschlands;
- territoriale Integrität und Souveränität Deutschlands und seiner Verbündeten;
- Wahrnehmung internationaler Verantwortung

Abgeordnete stimmen im Deutschen Bundestag über eine Verlängerung des Einsatzes der Bundeswehr (im Kosovo) ab, 25.5.2012.

Zu den Sicherheitsinteressen gehören:

- Krisen und Konflikte zu verhindern, vorbeugend einzudämmen und zu bewältigen, die die Sicherheit Deutschlands und seiner Verbündeten beeinträchtigen;
- außen- und sicherheitspolitische Positionen nachhaltig und glaubwürdig vertreten und einzulösen;
- die transatlantische und europäische Sicherheit und Partnerschaft stärken;
- für die internationale Geltung der Menschenrechte und der demokratischen Grundsätze einzutreten, das weltweite Respektieren des Völkerrechts zu fördern und die Kluft zwischen armen und reichen Weltregionen zu reduzieren;
- einen freien und ungehinderten Welthandel sowie den freien Zugang zur Hohen See und zu natürlichen Ressourcen zu ermöglichen

Sicherheit für unser Land zu gewährleisten, bedeutet heute insbesondere, Auswirkungen von Krisen und Konflikten auf Distanz zu halten und sich aktiv an deren Vorbeugung und Einhegung zu beteiligen. Deutschland ist bereit, als Ausdruck nationalen Selbstbehauptungswillens und staatlicher Souveränität zur Wahrung seiner Sicherheit das gesamte Spektrum nationaler Handlungsinstrumente einzusetzen. Dies beinhaltet auch den Einsatz von Streitkräften.

Die verfassungsrechtlich gebotene Einbindung des Deutschen Bundestages beim Streitkräfteeinsatz bleibt auch in Zukunft unverzichtbare Grundlage deutscher Sicherheitspolitik. Militärische Einsätze ziehen weitreichende politische Folgen nach sich. In jedem Einzelfall ist eine klare Antwort auf die Frage notwendig, inwieweit die Interessen Deutschlands und die damit verbundene Wahrnehmung internationaler Verantwortung den Einsatz erfordern und rechtfertigen und welche Folgen ein Nicht-Einsatz hat. [...]

Die traditionelle Unterscheidung von äußerer Sicherheit und öffentlicher Sicherheit im Inneren verliert angesichts der aktuellen Risiken und Bedrohungen mehr und mehr ihre Bedeutung. Die Wahrung unserer Interessen ist heute nur ressortgemeinsam möglich. Deshalb ist eine gesamtstaatliche, umfassende und abgestimmte Sicherheitspolitik erforderlich, die politische und diplomatische Initiativen genauso umfasst wie wirtschaftliche, entwicklungspolitische, polizeiliche, humanitäre, soziale und militärische Maßnahmen.

Bundesministerium der Verteidigung, Verteidigungspolitische Richtlinien, Berlin 2011, S. 4 ff.

Info

Die Bundeswehr im Grundgesetz

Das Grundgesetz für die Bundesrepublik Deutschland verpflichtet die Bundesrepublik, die Bundeswehr zur Wahrung von „Menschenrechten als Grundlage jeder menschlichen Gemeinschaft, des Friedens und der Gerechtigkeit in der Welt" (Art. 1, Abs. 2 GG) einzusetzen. Jeder Einsatz – ob im Ausland oder zur unmittelbaren Verteidigung des eigenen Territoriums – steht, anders als in vielen anderen Staaten, unter Parlamentsvorbehalt. Von der Regierung beantragten Auslandseinsätzen (und auch deren Verlängerung) muss der Bundestag mit absoluter Mehrheit zustimmen („Parlamentsbeteiligungsgesetz" von 2005). Bei der Landesverteidigung im Falle eines Angriffs (Feststellung des „Verteidigungsfalls") ist sogar eine Zweidrittel-Mehrheit von Bundestag und Bundesrat notwendig (Art. 115a GG). Daher wird die Bundeswehr auch als „**Parlamentsarmee**" bezeichnet. Teilweise in einem Spannungsverhältnis dazu steht das Recht des Bundes, „Hoheitsrechte auf zwischenstaatliche Einrichtungen [zu] übertragen" und „sich zur Wahrung des Friedens einem System gegenseitiger kollektiver Sicherheit ein[zu]ordnen" (Art. 24 GG). Wenn die Verfügungsgewalt von Streitkräften an intergouvernementale Instanzen (z.B. EU) teilweise übertragen oder die Armee in ein Sicherheitsbündnis eingeflochten ist (z. B. NATO), können Bündnisinteressen und Parlamentsentscheidung einander möglicherweise entgegenstehen, was die militärische Handlungsfähigkeit der Bundesrepublik einschränkt.

Autorentext

M 8 ● Ergebnisse der Mission Atalanta aus Sicht der EU

Die Europäische Union kommentiert im November 2012 die Ergebnisse der Mission Atalanta wie folgt:

Seit dem Beginn der [...] Operation ATALANTA

- gab es eine 100%-ige Erfolgsquote des bereitgestellten Begleitschutzes für Schiffe des Welternährungsprogramms, die humanitäre Hilfsgüter für die somalische Bevölkerung liefern.
- wurden ebenso Schutz für Transporte der AMISOM bereitgestellt, die bedeutsam für den Erfolg der Mission der Afrikanischen Union in Somalia sind. [...]

Als ein Ergebnis der engen Zusammenarbeit mit Regierungen in der Region wie der der Republik Seychellen konnten Piraterie-Verdächtige, die von der EU NAVFOR gefangen wurden, mit Blick auf eine [spätere] Anklage kompetenten Behörden übergeben werden.

www.eunavfor.eu/about-us/mission (Stand: 28.11.2012)

Der Kommandeur der NAVFOR, Admiral Duncan L. Patts, während einer Pressekonferenz (20.2.2012).

Aufgaben

1. Fassen Sie die sicherheitspolitischen Interessen sowie Grundsätze, Ziele und Mittel deutscher Sicherheitspolitik der Bundesrepublik Deutschland zusammen (M 3, M 6, M 7).
2. Erläutern und gewichten Sie die (wahrscheinlichen) Interessen der Bundesrepublik Deutschland am Anti-Piraterie-Einsatz (M 3 - M 8).
3. Erörtern Sie – ausgehend von Driftmanns Aussage zu den Motiven für Auslandseinsätze der Bundeswehr (M 3) – die deutsche Beteiligung an der Operation Atalanta.

4.1.3 Folgt die EU vor Somalia ihrer Sicherheitsstrategie?

M 9 ● Die Sicherheitsstrategie der Europäischen Union

In ihrer Sicherheitsstrategie von 2003 bzw. 2008 beschreiben die Mitglieder der Europäischen Union die sicherheitspolitischen Herausforderungen und Bedrohungen für die Staatengemeinschaft und legen Ziele und Folgen für die Gemeinsame Außen- und Sicherheitspolitik (siehe Infobox) fest.

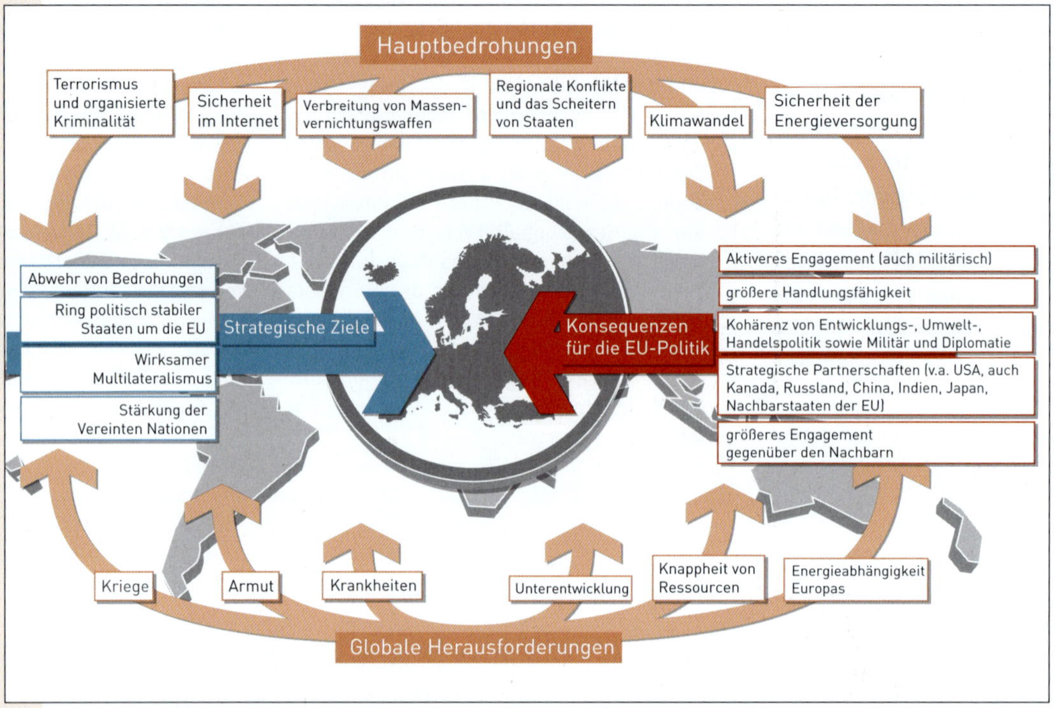

Nach: bpb, Europäische Sicherheits- und Verteidigungspolitik, 24.9.2009 (auf: www.bpb.de)

Info

Gemeinsame Außen- und Sicherheitspolitik der EU

Seit dem Vertrag von Maastricht (1992) existiert die Gemeinsame Außen- und Sicherheitspolitik der Europäischen Union (GASP); weitergeführt wird sie durch den Vertrag von Lissabon (2009): Der Europäische Rat (das Gremium der Staats- und Regierungschefs) muss die Leitlinien der GASP einstimmig beschließen. Ebenso einstimmig müssen die Außenminister im Rat der EU unter Vorsitz des Hohen Vertreters für Außen- und Sicherheitspolitik über die – dann für alle Mitgliedstaaten verbindlichen – konkreten außen- und sicherheitspolitischen Maßnahmen befinden; eine Parlamentsbeteiligung ist nicht vorgesehen. Drei Beschlusstypen sind möglich: 1) *Aktionen der EU* (früher „Gemeinsame Aktionen"), also beispielsweise Sanktionen gegen einen Staat, Entsendung von Beobachtern oder (Kampf-)Truppen; 2) *Gemeinsame Standpunkte*, also Leitlinien für die jeweils nationalen Außenpolitiken; 3) *Durchführungsbeschlüsse*, die die Umsetzungsmodalitäten dieser Standpunkte regeln.

Anders als zum Beispiel beim Binnenmarkt handelt es sich aber bei der GASP nicht um ein supranational, sondern ein vorwiegend intergouvernemental geregeltes Politikfeld der EU. Das Einstimmigkeitsprinzip führte in der Vergangenheit häufig zu sehr uneinheitlichem außenpolitischen Verhalten oder zu nur minimalen Konsensformulierungen. Zum Beispiel beteiligten sich Großbritannien und Spanien am nicht durch die UNO legitimierten Irak-Einmarsch der USA (ab 2003), Deutschland, Frankreich und Österreich hingegen nicht. Aufgrund energiepolitischer und historischer Interessengegensätze war die Haltung der EU-Staaten gegenüber Russland im Georgien-Konflikt (2008) inkonsistent. Einstimmigkeit herrscht(e) hingegen bei der UN-legitimierten Absicherung der Wahlen in der Demokratischen Republik Kongo (2006) und beim Anti-Piraterie-Einsatz am Horn von Afrika (seit 2008).

Autorentext

M 10 ● Operation Atalanta – der Auftrag der EU-Soldaten

Am 10.11.2008 beschloss der Rat der Europäischen Union die „Gemeinsame Aktion 2008/851/GASP über die Militäroperation der Europäischen Union als Beitrag zur Abschreckung, Verhütung und Bekämpfung von seeräuberischen Handlungen und bewaffneten Raubüberfällen vor der Küste Somalias". Umfang und Art der Beteiligung der Mitgliedstaaten wird darin allerdings nicht geregelt.

Artikel 2 - Auftrag

Atalanta führt unter den durch das einschlägige Völkerrecht, insbesondere durch die VN-Seerechtskonvention sowie die Resolutionen 1814 (2008), 1816 (2008) und 1838 (2008) des VN-Sicherheitsrates festgelegten Bedingungen und im Rahmen der verfügbaren Kapazitäten folgende Aufgaben aus:

a) Gewährung von Schutz für die vom WEP gecharterten Schiffe, unter anderem durch die Präsenz von bewaffneten Kräften von Atalanta an Bord dieser Schiffe, insbesondere wenn sie die Hoheitsgewässer Somalias durchqueren;

b) im Einzelfall bei Bedarf Schutz von Handelsschiffen in den Gebieten, in denen sie im Einsatz ist;

c) Überwachung der Gebiete vor der Küste Somalias, einschließlich der somalischen Hoheitsgewässer, die Gefahren für maritime Tätigkeiten, insbesondere des Seeverkehrs, bergen;

d) Durchführung der erforderlichen Maßnahmen, einschließlich des Einsatzes von Gewalt, zur Abschreckung, Verhütung und Beendigung von seeräuberischen Handlungen oder bewaffneten Raubüberfällen, die in den Gebieten, in denen sie präsent ist, begangen werden könnten;

e) Aufgriff, Festnahme und Überstellung von Personen, die seeräuberische Handlungen oder bewaffnete Raubüberfälle begangen haben oder im Verdacht stehen, diese Taten begangen zu haben, [...] und Beschlagnahme der Schiffe der Seeräuber oder bewaffneten Diebe oder der nach einem seeräuberischen Akt oder eines bewaffneten Raubüberfalls gekaperten Schiffe [...] im Hinblick auf die eventuelle Strafverfolgung durch die zuständigen Staaten [...].

Auf: http://eur-lex.europa.eu (Stand: 29.11.2012)

Operation Atalanta in Zahlen

- Ø ca. 1.500 Soldaten im Einsatz
- 4-7 Kampfschiffe
- 1-2 Versorgungsschiffe
- 2-4 Aufklärungsflugzeuge
- Größe des überwachten Gebietes: ca. 4 Mio. km² (10-fache Größe Deutschlands)
- Gefangennahme von 111 Piraterie-Verdächtigen
- Schutz von 674.000 Tonnen Hilfsgütern des Welternährungsprogramms
- Kosten (deutscher Anteil 2012): ca. 97 Mio. Euro

Daten: www.eunavfor.eu/about-us/mission/ (Stand: 6.4.2012)

AMISOM

- UN-mandatierte Stabilisierungstruppe der afrikanischen Union auf dem Festland Somalias;
- knapp 10.000 vorwiegend ugandische und burundische Soldaten (Stand: April 2012);
- vorwiegend finanziert durch die EU (insg. ca. 325 Mio. Euro von 2007-2012) und die USA

Aufgaben

1. Beschreiben Sie die Sicherheitsstrategie der EU und konkretisieren Sie die „strategischen Ziele" und „politischen Konsequenzen" an Ihnen bekannten oder selbst konstruierten Beispielen (M 9). eher ungeeignet
2. Arbeiten Sie heraus, inwieweit es sich bei der Operation Atalanta um einen (un)typischen Anwendungsfall der Gemeinsamen Außen- und Sicherheitspolitik der EU handelt (M 9). //
3. Überprüfen Sie, ob die Operation Atalanta als gelungene Maßnahme zum Erreichen sicherheitsstategischer Ziele der EU angesehen werden kann (M 9, M 10).

Transformation der Bundeswehr

1989
- Bundeswehr: Truppenstärke ca. 495.000 Soldaten (davon ca. 218.000 Wehrdienstleistende)
- Nationale Volksarmee der DDR (NVA): Truppenstärke ca. 155.000 Soldaten (zzgl. Grenztruppen)

1990
- Auflösung der NVA
- Verteidigungsetat (inkl. NVA): 57,54 Mrd. DM (29,42 Mrd. Euro) = 15,1% des Bundeshaushalts
- 2 + 4-Verträge (zur deutschen Einigung) setzen maximale Truppenstärke auf 370.000 Soldaten fest
- Erster „Out-of-area-Einsatz“: u.a. Minenräumung im Persischen Golf; Abzug: 1991

1992
- Beginn der Unterstützungseinsätze (zunächst Luftaufklärung u.Ä.) im Rahmen der Staatenzerfallskriege Jugoslawiens

1994
- Truppenstärke: 370.000 Soldaten (davon ca. 150.000 Wehrdienstleistende)
- Bundesverfassungsgericht urteilt, dass der Bundestag allen Auslandseinsätzen der Bundeswehr (nach Art. 24 GG) zustimmen muss (Parlamentsarmee).

1999
- Erster Kampfeinsatz der NATO und der Bundeswehr, Bombardierung der jugoslawischen Armee zum Schutz von

4.1.4 Auslandseinsätze auch in Zukunft? Die Transformation der Bundeswehr zur Parlamentsarmee „out-of-area“

M 11 ● Auslandseinsätze der Bundeswehr

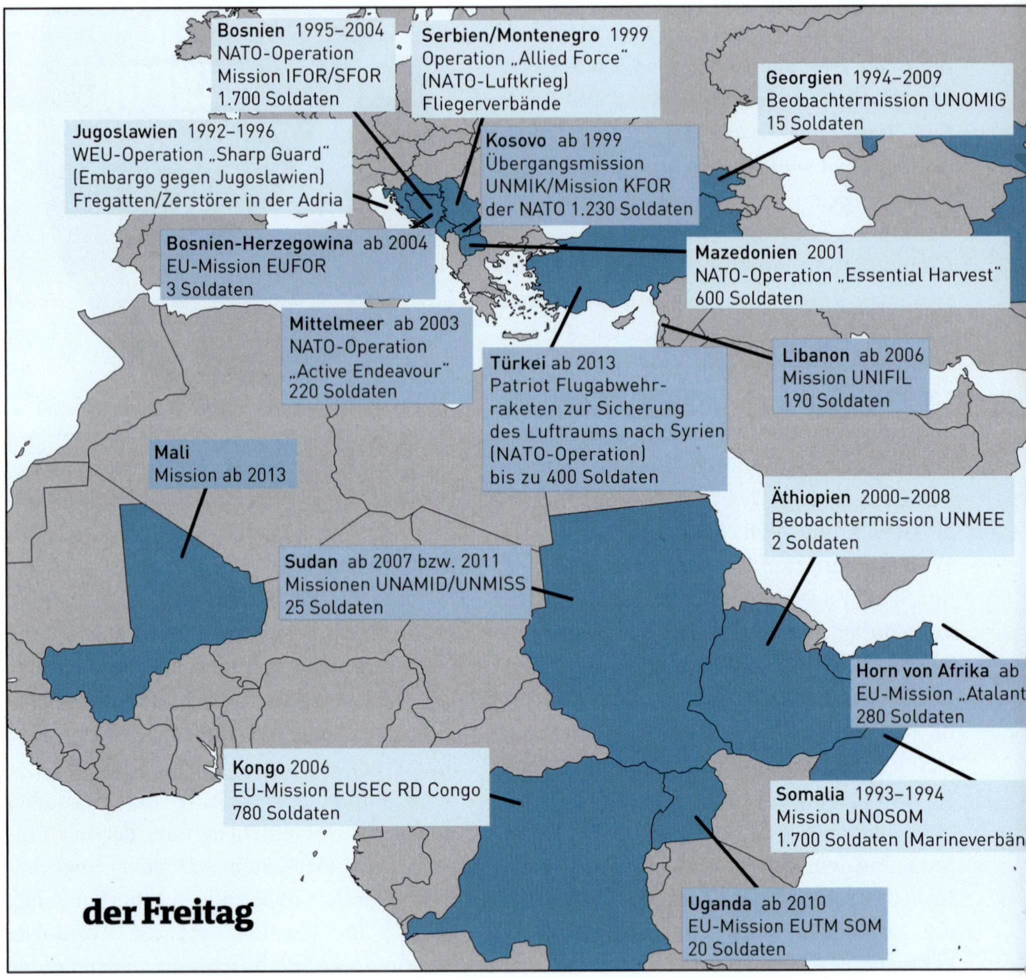

Der Freitag, 31.10.2012 (ergänzt)

M 12 ● Die LINKE: Abzug aller deutschen Truppen aus dem Ausland!

Ein Großteil der Abgeordneten im Bundestag ist nicht grundsätzlich gegen Auslandseinsätze der Bundeswehr. Neben einzelnen Volksvertretern anderer Parteien lehnt die Fraktion „Die LINKE“ aber jeglichen Einsatz deutschen Militärs im Ausland ab.

Die Kosten für die Auslandseinsätze [der Bundeswehr] sind für das Jahr 2013 mit 1,1 Milliarden Euro veranschlagt. Davon entfallen alleine für den Afghanistaneinsatz (ISAF) der Bundeswehr etwas über eine Milliarde Euro. Die realen Kosten liegen meist wesentlich höher als die veranschlagten. Laut einer Studie des Deutschen Instituts für Wirtschaftsforschung (DIW) liegen die Kosten allein für den Afghanistan-Einsatz unter Berücksichtigung volkswirtschaftlicher Belastungen bei drei Milliarden Euro pro Jahr.
DIE LINKE lehnt die Auslandseinsätze der Bundeswehr vor allem aus zwei Gründen

ab: Zum einen muss das Friedensgebot der Charta der Vereinten Nationen strikt befolgt und in den Mittelpunkt von Konfliktlösungen gestellt werden. Zum anderen ist es eine Tatsache, dass der Einsatz von Militär keine Konflikte löst. Militärs sind oftmals Teil des Problems. [...] [I]n militärischen Kampfhandlungen leidet zuerst und vor allem die Zivilbevölkerung. Bestenfalls werden oberflächlich die unmittelbaren Kampfhandlungen eingedämmt. Militäreinsätze haben, so zeigen es die Erfahrungen auf dem Balkan, in Afghanistan und Libyen, oftmals zur Folge, dass den Menschen ein einseitiger Lösungsversuch von außen aufgezwungen wird. Das Resultat war und ist häufig eine Art militärische Dauerbesatzung, um den Ausbruch neuer Gewalthandlungen zu verhindern („frozen Conflicts"). Mit dieser Strategie schafft man keinen Frieden. Zivile Krisenvorsorge sowie ziviles Konfliktmanagement spielen im Vergleich zu den militärischen Maßnahmen nahezu keine Rolle mehr. [...]

Hinzu kommt, Deutschland wird seine „Verantwortung in der Welt" nicht durch den Einsatz der Bundeswehr gerecht, sondern nur durch eine faire und transparente Außen-, Sicherheits- und Wirtschaftspolitik – kurz um einer echten Friedenspolitik, die ihren Namen verdient.

DIE LINKE lehnt alle Auslandseinsätze, auch mit UN-Mandat, ab und fordert den vollständigen Abzug der Bundeswehr aus allen Einsatzgebieten. [...]

Die militärischen Potenziale Deutschlands – und der EU – sollen zurückgebaut und der Verteidigungsetat verkleinert werden. DIE LINKE fordert zivile Krisenvorbeugung und Konfliktlösung als Alternative zu Kriegseinsätzen, deshalb soll mehr Geld in die Entwicklungszusammenarbeit und die zivile Krisenprävention investiert werden.

DIE LINKE, Positionspapiere, Auslandseinsätze der Bundeswehr, auf: www.linksfraktion.de (20.11.2013)

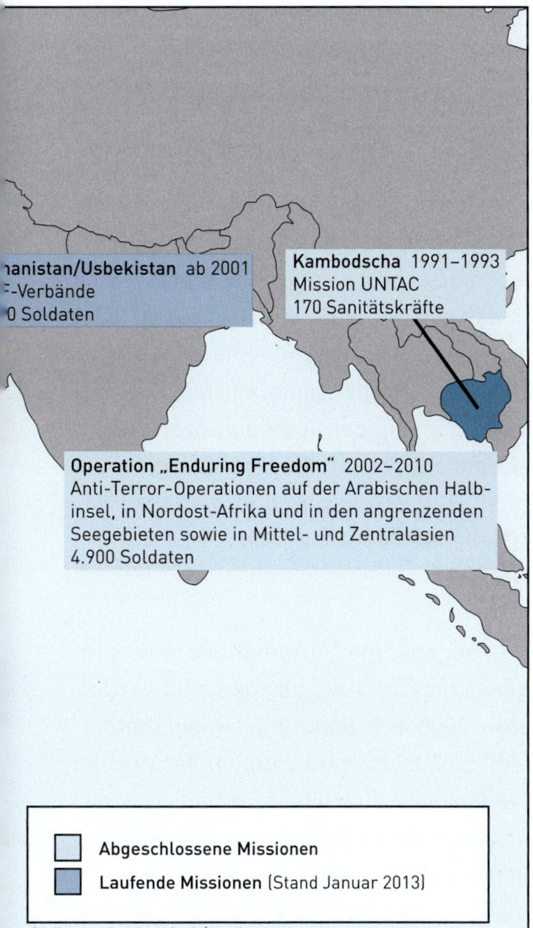

Quelle: www.bundeswehr.de/portal

verfolgten Kosovo-Albanern; kein UN-Mandat
- UN-Mandat zur Einrichtung einer ständigen NATO-Schutztruppe im Kosovo (KFOR); Gesamtstärke 2012: 6.000 Soldaten (davon 1.230 deutsche)

2001
- Terroranschläge in den USA (11.9.); NATO ruft ersten Bündnisfall aus
- Zweiter Kampfeinsatz: im Rahmen des UN-Mandats ISAF sind deutsche Soldaten in Afghanistan zur Sicherung der Regierung sowie als zivile Aufbauhelfer im Einsatz; geplanter Abzug: 2014

2008
- Beginn der Anti-Piraterie-Operation Atalanta der EU vor der Küste Somalias und Dschibutis (UN-Mandat)

2011
- Truppenstärke: 221.000 Soldaten (davon ca. 9.300 Wehrdienstleistende)
- Verteidigungsetat: 31,55 Mrd. Euro = 10,3% des Bundeshaushalts
- Aussetzung der Wehrpflicht zum 1. Juli

2013
- Nato-Einsatz an der syrischen Grenze des EU-Beitrittskandidaten Türkei

Aufgaben ✓

1. Beschreiben Sie die Transformation der Bundeswehr seit der Wiedervereinigung.
2. Geben Sie die Argumente der Bundestagsfraktion „Die LINKE" gegen (zukünftige) Auslandseinsätze der Bundeswehr wieder (M 12).
3. a) Entwickeln Sie eine Gegenposition zur Haltung der Fraktion „Die Linke". Berücksichtigen Sie dabei mindestens die Werte „Sicherheit" und „Frieden" sowie das Kriterium „(internationales und Menschen-)Recht". } vorher Urteilstabelle besprechen

   b) Nehmen Sie Stellung, ob die Bundeswehr im Ausland eingesetzt werden sollte.

   ↳ Hierarchisieren

H zu Aufgabe 3
Ordnen Sie die Argumente für und gegen Auslandseinsätze Ihnen bekannten Urteils-kategorien/-kriterien zu.

ORIENTIERUNGSWISSEN

Ursachen der Piraterie in Somalia
M 2

Die Piraterie in Somalia wird durch ein Ursachenbündel hervorgerufen. Unmittelbarer Beweggrund der Seeräuber ist – neben Profitinteressen insbesondere der Hintermänner – die Existenz bedrohende Versorgungslage. Diese ist extrem prekär, nicht nur aufgrund der naturräumlichen Bedingungen (wetterbedingte Missernten), sondern vor allem wegen des seit Jahrzehnten immer wieder aufflammenden Bürgerkriegs, der von der äußerst schwachen Regierung nicht beendet werden konnte (failed state). Zur Versorgungsproblematik tragen weiterhin Überfischung und Verseuchung der Küstengewässer durch Schiffe u.a. aus der EU bei.

Anti-Piraterie-Einsatz der EU vor Somalia
M 6

Bei der Operation Atalanta handelt es sich um den größten gemeinsamen Out-of-area-Einsatz der EU-Staaten. Zum einen sollten maritime Zufahrtswege für Hilfsorganisationen, zum anderen eigene Handelswege gesichert werden. Damit deckt sich der UN-mandatierte Auftrag mit der EU-Sicherheitsstrategie (ESS) von 2003 bzw. 2008, nach der nicht nur die Bewahrung der Menschenrechte und aktiver Multilateralismus Leitlinie der Gemeinsamen Außen- und Sicherheitspolitik (GASP) der EU sein soll, sondern insbesondere die Sicherung der eigenen Außengrenzen (durch einen Ring stabiler Staaten um die EU), des Handels und der Energieeinfuhr in die Union. Kritiker bemängeln, dass die EU für die Symptom-, sprich Piratenbekämpfung deutlich mehr Mittel einsetzt als für die Behebung der Ursachen der Seeräuberei.

Out-of-area-Einsätze der Bundeswehr
M 7, M 9

Bei der Bundeswehr handelt es sich um eine sogenannte Parlamentsarmee; d. h. dass alle Auslandseinsätze vom Bundestag beschlossen bzw. turnusmäßig verlängert werden müssen. Diese Regelung wurde 2005 mit dem „Parlamentsbeteiligungsgesetz" rechtlich kodifiziert. Hieran zeigt sich besonders deutlich der Wandel der Bundeswehr nach 1990 von einem stehenden Heer zur Gebietsverteidigung gegen einen klar definierten Gegner hin zu einer Armee im Einsatz zur Verteidigung deutscher Interessen in den unterschiedlichsten Weltregionen.
Diese Interessen sind definiert in den Verteidigungspolitischen Richtlinien. Neben dem klassischen Gebietsschutz finden sich hier vor allem die Konfliktprävention (insofern deutsche Interessen berührt werden), Bekenntnis zu Bündnissystemen (NATO), Förderung der Menschenrechte und des Völkerrechts (UNO) sowie die Bewahrung ungehinderten und freien Welthandels (vgl. WTO).

Auslandseinsatz vor Somalia

Kritiker werfen der Bundespolitik vor, reine Handelsinteressen am Horn von Afrika zu verfolgen und die Bewahrung und Wiederherstellung der Menschenrechte höchstens als sekundäres Ziel zu betrachten. Auf Auslandseinsätze generell bezogen wird die zivile Konfliktprävention, -intervention und -nachsorge aufgrund von Militärpräsenz bemängelt. Selbst Befürworter von Auslandseinsätzen sehen – vor allem vom Beispiel Afghanistan abgeleiteten – Optimierungsbedarf. Zum einen solle mehr Wert auf die Konfliktverhütung denn auf die Intervention gelegt werden. Zum anderen müssten von vornherein realistischere Ziele gesetzt werden – z. B. Stabilisierung des staatlichen Gewaltmonopols anstatt vollständige Demokratisierung.

Militärische Auslandseinsätze (der Bundeswehr) bewerten

„Von deutschem Boden darf nie wieder ein Krieg ausgehen". Ein Satz, der, formuliert nach dem Zweiten Weltkrieg, nichts von seiner Gültigkeit verloren hat. Die albtraumhaften Ereignisse der Jahre 1939 bis 1945, ausgelöst durch ein extremistisch-größenwahnsinniges Regime und getragen durch eine ganze Nation, hat vor allem den Deutschen jede Form der Kriegslüsternheit ausgetrieben. Bis heute. Das ist die gute Nachricht. Die schlechte: Der Pazifismus europäischen Zuschnitts ist keine weltweite Bewegung geworden. Bis heute nicht.

Und er wird es so schnell auch nicht werden. Dutzende von bewaffneten Konflikten gab es in den vergangenen Jahren. Neben Angriffskriegen und Unabhängigkeitskriegen auch so genannte Verteidigungskriege wie der Feldzug in Afghanistan. Es war ein „guter" Krieg, damals 2001, im Angesicht des Schreckens, den al-Qaida mit den Anschlägen auf die USA verbreitet hatte. Das Land am Hindukusch war nicht nur Brut- und Ausbildungsstätte von radikal-islamistischen Terroristen, sondern auch beherrscht von einem Regime, das als unmenschlich, brutal und rückständig betrachtet wurde. Es fiel nicht wirklich schwer, diese Invasion zu rechtfertigen.

Deutschland war auch Teil dieses Krieges. Und es ist nicht so, dass sie es sich mit Kampfeinsätzen allzu einfach machen würden. [...] Jede Verlängerung oder Ausweitung eines Bundeswehr-Auslandseinsatzes, sei es auf dem Balkan oder Tornado-Aufklärungsflüge über Afghanistan, muss dem Parlament mühsam abgerungen werden. Das ist auch gut so. Ein Land wie Deutschland mit seiner Vergangenheit darf es sich nicht leicht machen mit dem Kriegführen. Aber es sollte auch nicht davor zurückschrecken.

Natürlich ist es wünschenswert, für jeden Konflikt eine politische Lösung zu finden. Wünschenswert, aber unrealistisch. Und wenn sich die internationale Gemeinschaft gezwungen sieht, militärisch zu intervenieren, dann sollte Deutschland nicht außen vor bleiben. Dieses Land ist eine der größten Wirtschaftsnationen, es steht auf Platz 13 der bevölkerungsreichsten Länder der Welt, es ist ein Global Player, dem zum Glück Großmannssucht und Geltungsdrang in 60 Jahren Frieden und Wohlstand fremd geworden sind. Es ist zudem NATO und EU-Mitglied und gern und angesehener Makler in der internationalen Politik.

Ein so wichtiger Teil der internationalen Gemeinschaft kann und sollte sich nicht drücken, wenn es Ernst wird. Und die hämischen Kommentare der Alliierten nach dem von einem deutschen Offizier angeordneten Luftangriff in Afghanistan zeigen: Nur wer mitkämpft, bekommt Respekt. Und wer Respekt genießt, darf mitreden. Und wer mitredet, darf mitbestimmen. Das es nicht verkehrt sein muss, wenn Deutschland mitbestimmt, zeigt sich bei der neuen US-Strategie für den Einsatz am Hindukusch: Sie orientiert sich in Teilen an dem, wie die Bundeswehr ursprünglich in Afghanistan gekämpft hat: mit Pflugscharen statt mit Schwertern.

Niels Kruse, Nur wer kämpft, darf mitreden, auf: www.stern.de, 11.9.2009

Aufgaben

1. Geben Sie die Position und die Argumentation Kruses für Auslandseinsätze der Bundeswehr wieder.
2. Vergleichen Sie Kruses Begründungen für Auslandseinsätze mit den Verteidigungspolitischen Richtlinien sowie den Interessen der Bundesrepublik an dem Einsatz vor Somalia.
3. Nehmen Sie Stellung zu Kruses Position.

4.2 Die NATO in Afghanistan – erfolgreicher Einsatz eines sich verändernden Bündnisses?

4.2.1 Afghanistan-Mission erfolgreich beendet?

NATO
- Nordatlantisches Militärbündnis (Beistandpflicht bei Angriff auf ein Mitglied)
- gegründet 1949
- zurzeit 28 Mitgliedstaaten aus Nordamerika und Europa

Taliban
- radikal islamische Gruppierung/en
- Ursprünge in pakistanischen Religionsschulen (talib (arab.) = Student, Suchender)
- herrschten in Afghanistan von 1996-2001
- Ideologie: völlige Entrechtung von Frauen (z.B. Burka-Zwang, Schulverbot), drakonische Körperstrafen, Musikverbot u.Ä.

ISAF
- *International Security Assistance Force* unter Führung der NATO
- Frieden erzwingende Stabilisierungs- und Aufbaumission in Afghanistan
- legitimiert durch UN-Resolution vom 20.12.2001
- größte Truppenstärke: ca. 140.000 Soldaten (2010)

M 1 ● NATO – 10 Jahre Jagd auf Taliban in Afghanistan

Klaus Stuttmann (7.10.2011)

M 2 ● Warum kämpft(e) die NATO in Afghanistan?

„Nichts wird mehr sein, wie es war.“ Diese spontane Reaktion auf die Anschläge vom 11. September 2001 ging um die Welt. 19 al-Qaida-Terroristen hatten vier Passagier-Flugzeuge entführt und auf Ziele in den USA zugesteuert. Die ersten beiden Flugzeuge brachten die Zwillingstürme des World Trade Centers zum Einsturz, das dritte Flugzeug steuerten die Terroristen in das Pentagon. Die vierte Maschine stürzte wenig später in Pennsylvania ab. Ihr Ziel war das Weiße Haus in Washington. Insgesamt starben bei den Anschlägen mehr als 3.000 Menschen, doppelt so viele wurden verletzt. [...]

Unter dem Eindruck der Anschläge wurde der 11. September 2001 vielfach als historische Zäsur, als Paradigmen- oder Epochenwechsel gewertet. Zugleich rückte das Bedrohungsszenario durch den islamistischen Terror an die Spitze der internationalen Sicherheitsagenda. Bereits einen Tag nach den Anschlägen verabschiedete der UN-Sicherheitsrat eine Resolution, in der diese als eine „Bedrohung des Weltfriedens“ verurteilt wurden. Die NATO beschloss am 4. Oktober zum ersten Mal in ihrer Geschichte den Bündnisfall. „Ein bewaffneter Angriff gegen einen Bündnispartner wird als Angriff gegen alle angesehen“, so der damalige Generalsekretär George Robertson. [...]

Auch die damalige US-Regierung unter Präsident George W. Bush reagierte auf die Anschläge umgehend mit einem Kurswechsel: Der Kampf gegen den Terror wurde zur zentralen Aufgabe der US-Außenpolitik erklärt. Die erste militärische Maßnahme war die Operation „Enduring Freedom“. Zu dieser gehörte der Einmarsch der NATO-Truppen in Afghanistan am 7. Oktober 2001. Osama bin Laden, Drahtzieher der Attentate und Kopf des Terrornetzwerks al-Qaida, sollte gefasst und die Taliban-Diktatur, die al-Qaida im Land Unterschlupf gewährte, sollte gestürzt werden. Im Dezember 2001 wurden die Taliban entmachtet. In den darauffolgenden zehn Jahre wurde Osama bin Laden zum meist gesuchten Mann der Welt. Am 2. Mai 2011 erschoss ihn schließlich ein Sonderkommando der US Navy Seals in seinem Versteck im pakistanischen Abbottabat.

bpb, Hintergrund aktuell, 9/11 und die Folgen, auf: www.bpb.de (Stand: 29.11.2012)

OEF-A
- *Operation Enduring Freedom – Afghanistan* unter Führung der USA
- Teil weltweiter Operationen zur Terrorismus-Bekämpfung
- nicht eindeutig durch UN-Sicherheitsrat legitimiert

M 3 ● Woran misst die NATO ihren Erfolg in Afghanistan? Ziele ab 2008/09

Mit der Vereinbarung [von 2009], bis zum Jahr 2011 rund 134.000 afghanische Soldaten und 82.000 Polizisten ausbilden zu wollen, gibt es nun ein konkretes Ziel, das die Mission eingrenzt. [...]
Es gehe „nicht darum, unsere Demokratie auf Afghanistan zu übertragen“, sagte Jung [Bundesverteidigungsminister 2005-2009] und fügte hinzu: „Unser Auftrag ist ein Sicherheitsauftrag.“ Ein Rückfall Afghanistans in die Zeit, in der es Ausbildungslager für Terroristen war, solle verhindert werden. [...] Bislang hat die Regierung [...] in Bundestagsdebatten gerne als Erfolg herausgestellt, dass auch ein Stück Demokratieexport bereits gelungen sei, wenn etwa darauf verwiesen wurde, dass Mädchen inzwischen wieder zur Schule gehen können. Die Taliban hatten Mädchen und Frauen komplett aus dem öffentlichen Leben verbannt. [...]
Gleichwohl ermuntern die USA die Regierung des afghanischen Präsidenten Hamid Karsai zu einem Dialog mit den gemäßigten Taliban. So forderte Außenministerin Hillary Clinton in Den Haag, dass die extremistischen Taliban von denen getrennt werden müssten, die sich ihnen nur aus Verzweiflung angeschlossen hätten. Eine Beteiligung von gemäßigten Taliban an einer afghanischen Regierung würde das Land aber sicher auf einen anderen Pfad führen als den einer Demokratie nach westlichem Muster. Aber dieser Weg könnte schneller Richtung Exit, also zum Abzug der ausländischen Truppen führen.

Auf: www.derwesten.de, 1.4.2009

M 4 ● NATO-Ziele erreicht?

a) Entwicklung der Zahl afghanischer Streitkräfte

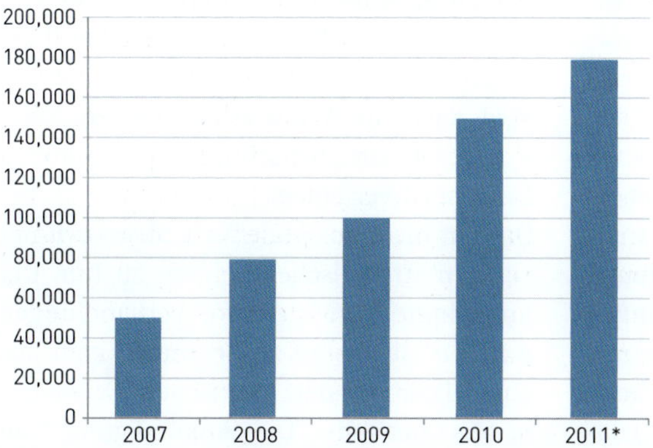

b) Entwicklung der Zahl afghanischer Polizeikräfte

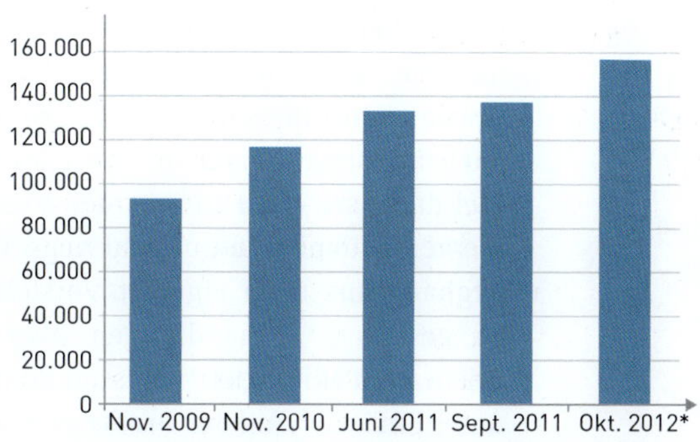

**Prognose Zahlen: a) Ian S. Livingston, Michael O'Hanlon, Brookings Afghanistan Index. 30.1.2012, S. 1; b) Bundesregierung der Bundesrepublik Deutschland, Fortschrittsbericht Afghanistan zur Unterrichtung des Deutschen Bundestages. Dezember 2011, S. 23*

M 5 NATO-Ziele verfehlt?

a) Getötete Zivilisten in Afghanistan

Regierungsgegner verursachten, z.B. durch Selbstmordanschläge, 2.332 Todesfälle afghanischer Zivilisten im Jahr 2011 im Zusammenhang des Afghanistan-Krieges, 14% mehr als 2010. Somit sind Regierungsgegner im Jahr 2011 für 77% der Todesfälle von Zivilisten im Kontext des Konflikts verantwortlich.

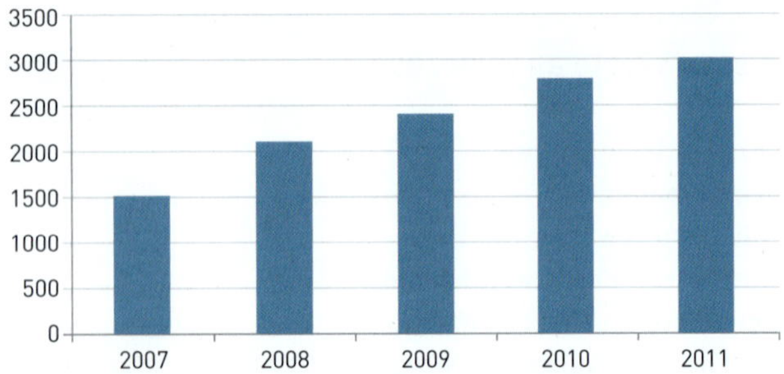

Zahlen: United Nations Assistance Mission in Afghanistan (UNAMA), Afghanistan Annual Report 2011, Kabul 2012, S. 1

b) Entwicklung der Korruption in Afghanistan

Die Nichtregierungsorganisation Transparency International *veröffentlicht jährlich den* Annual Corruption Perceptions Index (CPI), *in dem die Länder nach dem Maß der Bestechlichkeit von Regierung, Verwaltung, Sicherheitskräften und Wirtschaft eingestuft werden:*

Jahr	Rang Afghanistan	Zahl der untersuchten Länder
2005	117	159
2006	k.A.	163
2007	172	180
2008	176	180
2009	179	180
2010	176	178
2011	180	182

Zahlen: Ian S. Livingston, Michael O'Hanlon, Brookings Afghanistan Index, 30.1.2012, S. 26

M 6 Die Situation in Afghanistan gegen Ende des Einsatzes – ein Kommentar

Eine Afghanin beschreibt den mentalen Zustand ihrer Landsleute so: Wir machen uns seit mehr als drei Jahrzehnten immer wieder Hoffnung auf Frieden, manchmal dauert dieses Wunschdenken eine Woche lang an, manchmal einen Monat, manchmal ein Jahr. [...]

Wie schwierig ein innerer Friedensschluss in Afghanistan auch immer zu erreichen ist – die Rolle der Nachbarn bleibt eine zusätzliche Hypothek. Die US-Regierung hat bereits nach dem spektakulären Taliban-Anschlag auf das Botschaftsviertel in Kabul [im September 2011] sämtliche Zurückhaltung abgelegt: Sie bezichtigte den Geheimdienst ihres offiziellen Verbündeten Pakistan, seine Finger im Spiel zu haben. Ziel dabei sei, mit Hilfe vermeintlich steuerbarer Kämpfer die Nachkriegsordnung Afghanistans nach eigenen Vorstellungen zu gestalten. Verhandlungen über einen Frieden am Hindukusch müssen denn auch unter Einbeziehung der Drahtzieher in Islamabad auf den Weg gebracht werden – vor allem seit feststeht, dass die Taliban militärisch nicht zu besiegen sind. Und deren Rückzugsgebiete befinden sich nun einmal in Pakistan.

Eine langfristige Friedenslösung für die Region lässt sich allerdings auch nicht ohne den pakistanischen Erzfeind Indien und nicht ohne Iran erzielen. Die amerikanische Regierung hat es bislang versäumt, einen solchen diplomatischen Kraftakt zu wagen. Afghanistan bleibt damit ein Land, in dem die Nachbarn ihre Stellvertreterkonflikte ausfechten. [...] Der Westen ist auf bestem Weg dazu, in Afghanistan sein zentrales Kriegsziel, die Schaffung eines stabilen Landes, zu verfehlen.

Das hat nicht ausschließlich, aber auch mit eigenen strategischen Fehlern zu tun. Der unbedingte Wunsch etwa, Verhandlungen mit den Islamisten zu beginnen, kam aus einer Position der politischen Schwäche heraus zustande. Die Ankündigung von

Stellvertreterkonflikt

Konflikt, in dem sich zwei (oder mehr) Länder nicht direkt, sondern in und „vertreten" durch Drittstaaten gewaltsam auseinandersetzen

US-Präsident Barack Obama, bis zum Jahr 2014 alle Kampftruppen vom Hindukusch abzuziehen, war mehr von den Verhältnissen in Washington als den Zuständen in Kabul motiviert. [...] Obama wollte den kriegsmüden Amerikanern eine Exit-Strategie präsentieren. Seine Verbündeten sind dankbar auf diesen Zug aufgesprungen, schließlich ist nahezu in allen Ländern des Westens die Afghanistan-Müdigkeit groß. [...]

Aber die Aufständischen verlagerten sich auf eine asymmetrische Kriegsführung mit spektakulären Attacken auf symbolträchtige Einrichtungen und hochrangige Persönlichkeiten [...]. Die Taliban sehen sich definitiv nicht auf der Verliererstraße. Warum sollten sie auch über einen Frieden verhandeln, wenn sie nur noch abwarten müssen, bis die Schutzmacht der Regierung Karsai verschwindet?

Tobias Matern, Fern jeden Friedens, in: Süddeutsche Zeitung, 26.9.2011

M 7 ● Getötete Soldaten aus NATO-Staaten im Afghanistan-Krieg

	Insgesamt	davon aus ...		
		USA	Großbritannien	Deutschland
2001	12	12	0	0
2002	70	49	3	10
2003	58	48	0	6
2004	60	52	1	0
2005	131	99	1	4
2006	191	98	39	0
2007	232	117	42	7
2008	295	155	51	3
2009	521	317	108	7
2010	711	499	103	9
2011	566	418	46	7
2012	405	310	44	0

Zahlen: www.icasualties.org (Stand: 7.1.2013)

Aufgaben

1. Analysieren Sie die Karikatur (M 1).
2. Geben Sie die Motive und die (sich verändernden) Ziele der NATO(-Staaten) für eine Militärintervention in Afghanistan seit 2001 wieder (M 2, M 3).
3. Analysieren Sie die Statistiken zur Entwicklung der Sicherheit in Afghanistan und stellen Sie deren Aussagen einander gegenüber (M 4, M 5).
4. Erörtern Sie, ob es sich bei der Afghanistan-Intervention der NATO um einen sicherheitspolitischen Erfolg handelt (M 3 - M 7).

   Vorschlag: Führen Sie eine Podiumsdiskussion durch zu der Frage „Afghanistan-Mission der NATO – ein sicherheitspolitischer Erfolg für Afghanistan und den Westen?“ Beteiligte: Anders Fogh Rasmussen (NATO-Generalsekretär), Peter Eigen (Vorsitzender des Beirats von Transparency International), Thomas de Maizière (Bundesminister der Verteidigung), Bismillah Muhammadi Khan (Innenminister Afghanistans).

F Stellen Sie die Ergebnisse der sog. Afghanistan-Konferenz 2001 dar. Beurteilen Sie im Anschluss deren Tauglichkeit zur Friedensschaffung in bzw. Stabilisierung von Afghanistan. (http://www.auswaertiges-amt.de/cae/servlet/contentblob/400792/publicationFile/4538/VereinbarungAfg.pdf)

4.2.2 Kann die NATO im 21. Jahrhundert Frieden sichern?

M 8 ● Was ist von der NATO zukünftig zu erwarten?

a)
Die NATO schwindet dahin... weil sie keine Lösungen für neue Bedrohungen anbieten kann. [...] Die NATO wird überhäuft mit neuen Aufgaben, Mitgliedern und Einsätzen [...]. [Sie hat] sich von einer verschworenen Allianz im Angesicht des Kalten Krieges zu einem lockeren Zusammenschluss gleichgesinnter Staaten gewandelt [...].

Peter van Ham, Direktor der Global Governance-Abteilung des niederländischen Instituts für internationale Beziehungen Clingendael in Den Haag

b)
Die NATO ist nötiger denn je... weil nur sie den Rahmen für multilaterale Einsätze bieten kann. [...] [Aus] dem Zerfall von Staaten, Bürgerkriegen und ethnischen Konflikten rühren [...] Entwicklungen, die unmittelbar die Sicherheit von Bündnismitgliedern berühren und die deshalb gemeinsames Handeln erfordern. [...] [M]assive Verletzung von Menschenrechten, wie sie in ethnischen Vertreibungen und Genoziden geschieht, [erfordern] Maßnahmen der internationalen Gemeinschaft [...], die von der NATO durchgeführt werden [...]. Keine dieser Aufgaben kann von einem Staat allein, selbst nicht von den USA, mit Aussicht auf Erfolg in Angriff genommen werden.

Karl Kaiser, Gastprofessor am Weatherhead Center for International Affairs und der Kennedy School of Government der Harvard University

Friedensstifter oder Fachidiot? Was die NATO noch – oder nicht mehr kann, IP, März 2008, S. 16 ff.

M 9 ● Grundsätze der NATO – der Nordatlantikvertrag von 1949

Artikel 1

Die Parteien verpflichten sich, in Übereinstimmung mit der Satzung der Vereinten Nationen, jeden internationalen Streitfall, an dem sie beteiligt sind, auf friedlichem Wege so zu regeln, dass der internationale Friede, die Sicherheit und die Gerechtigkeit nicht gefährdet werden, und sich in ihren internationalen Beziehungen jeder Gewaltandrohung oder Gewaltanwendung zu enthalten, die mit den Zielen der Vereinten Nationen nicht vereinbar sind.

Artikel 5

Die Parteien vereinbaren, dass ein bewaffneter Angriff gegen eine oder mehrere von ihnen in Europa oder Nordamerika als ein Angriff gegen sie alle angesehen wird; sie vereinbaren daher, dass im Falle eines solchen bewaffneten Angriffs jede von ihnen in Ausübung des in Artikel 51 der Satzung der Vereinten Nationen anerkannten Rechts der individuellen oder kollektiven Selbstverteidigung der Partei oder den Parteien, die angegriffen werden, Beistand leistet, indem jede von ihnen unverzüglich für sich und im Zusammenwirken mit den anderen Parteien die Maßnahmen, einschließlich der Anwendung von Waffengewalt, trifft, die sie für erforderlich erachtet, um die Sicherheit des nordatlantischen Gebiets wiederherzustellen und zu erhalten.

Artikel 6[1]

Im Sinne des Artikels 5 gilt als bewaffneter Angriff auf eine oder mehrere der Parteien jeder bewaffnete Angriff

- auf das Gebiet eines dieser Staaten in Europa oder Nordamerika, auf das Gebiet der Türkei oder auf die der Gebietshoheit einer der Parteien unterliegenden Inseln im nordatlantischen Gebiet nördlich des Wendekreises des Krebses;

- auf die Streitkräfte, Schiffe oder Flugzeuge einer der Parteien, wenn sie sich in oder über diesen Gebieten oder irgendeinem anderen europäischen Gebiet, in dem eine der Parteien bei Inkrafttreten des Vertrags eine Besatzung unterhält oder wenn sie sich im Mittelmeer oder im nordatlantischen Gebiet nördlich des Wendekreises des Krebses befinden.

www.nato.int/docu/other/de/treaty-de.htm

[1]In der anlässlich des Beitritts Griechenlands und der Türkei 1952 durch Artikel 2 des Protokolls zum Nordatlantikvertrag geänderten Fassung.

Wendekreis des Krebses

- 23°26'16" nördlicher Breite
- Grenze zwischen Tropen und Subtropen

M 10 ● Politische und militärische Organisation der NATO

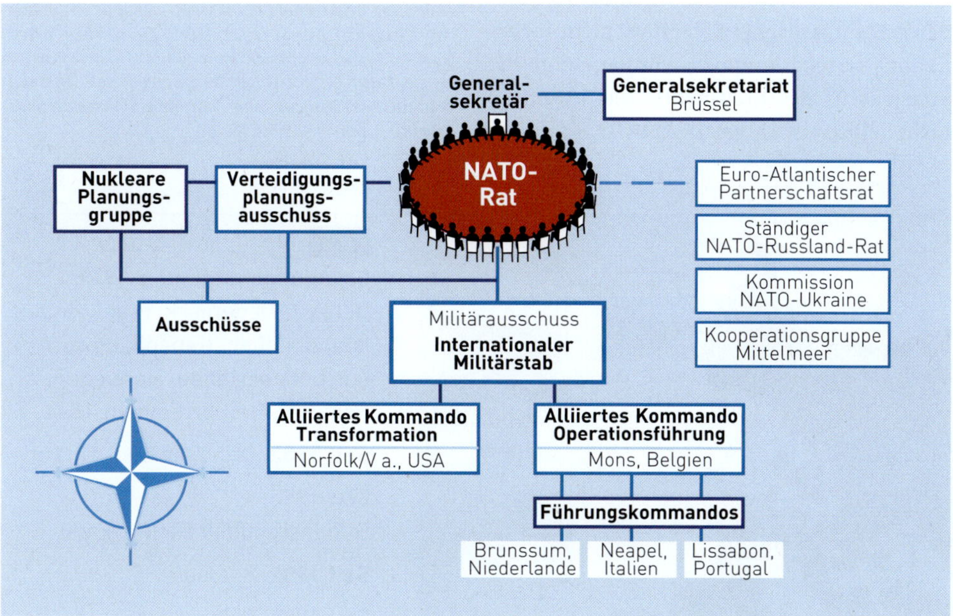

Bergmoser + Höller Verlag AG, 621101

NATO-Rat

- höchstes NATO-Organ bestehend aus den Verteidigungsministern der Mitglieder bzw. ständiger Botschafter
- Beschlüsse nach dem Einstimmigkeitsprinzip

M 11 ● Geschichte der NATO in drei Phasen

Die erste Phase, der Ost-West Konflikt, war mit rund 40 Jahren Dauer die bei weitem längste und dominiert noch heute in weiten Teilen der Öffentlichkeit das Bild der Allianz. In dieser Phase war die NATO in erster Linie ein Instrument westlicher Selbstbehauptung gegen eine politisch-militärische Herausforderung durch die Sowjetunion und ihrer Verbündeten. Militärische Aufgabe der NATO war die Verteidigung des Bündnisterritoriums gegen eine Invasion – eine Aufgabe, die [...] ausschließlich durch Abschreckung, d.h. durch die bloße Androhung von Gewalt, wahrgenommen werden konnte. [...]

Die zweite Phase der NATO, vom Fall der Berliner Mauer 1989 bis zu den Terrorangriffen auf die USA im September 2001, war geprägt von einer zunehmenden gesamteuropäischen Verantwortung des Bündnisses. Politisch äußerte sich diese Verantwortung im Aufbau partnerschaftlicher Beziehungen mit den ehemaligen Gegnern in Mittel- und Osteuropa. Militärisch manifestierte sich die gesamteuropäische Rolle der NATO in ihren „peacekeeping“-Operationen auf dem westlichen Balkan. Diese Einsätze waren bereits Ausdruck der Tatsache, dass ein passiver, allein auf Abschreckung gegründeter Ansatz in den neuen Konflikten keine Wirkung mehr haben würde. Ebenso machten sie deutlich, dass Bündnisinteressen und Bündnisraum nicht mehr deckungsgleich waren und die NATO in die Lage versetzt werden musste, auch jenseits des eigenen Bündnisterritoriums handeln zu können. [...][1]

Die Terroranschläge vom 11. September 2001 markierten den Beginn der dritten Phase der NATO. Nun war endgültig deutlich geworden, dass die größten Bedrohungen transatlantischer Sicherheit nicht mehr [...] aus Europa kommen würden, sondern von jenseits des Kontinents. Das traditionelle Selbstverständnis der NATO als eines rein „eurozentrischen" Bündnisses war damit obsolet. [...] Durch die Anwendung der kollektiven Beistandsverpflichtung auf den Terrorangriff eines „non-state actor" wurde die NATO selbst zum Teil einer globalen Auseinandersetzung.

Michael Rühle, Entwicklungslinien des atlantischen Bündnisses, in: Aus Politik und Zeitgeschichte 43, 2006, S. 4

[1]Im bis 2010 gültigen NATO-Strategiepapier „The Alliance's Strategie Concept" vom 24.4.1999 findet sich diese Erweiterung des Aktions- über den Bündnisraum hinaus („out-of-area") sowie die – sehr umstrittene – Möglichkeit, auch ohne einen UN-Beschluss in einem Nicht-Mitgliedsland zu intervenieren. Erstmals war die NATO nicht mehr nur reines Verteidigungsbündnis („out-of-defense").

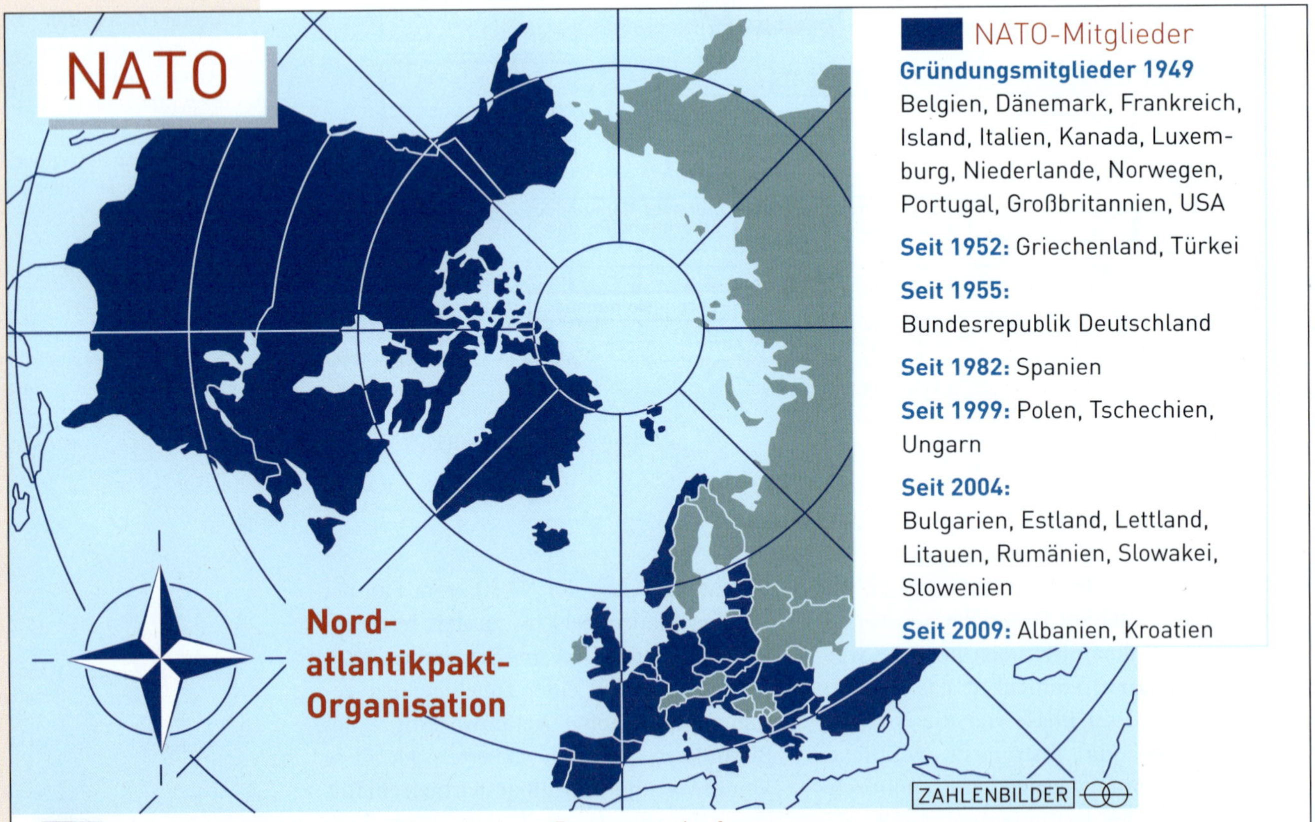

Nach: Bergmoser + Höller Verlag AG, 62110

M 12 ● Die NATO-Strategie von 2010

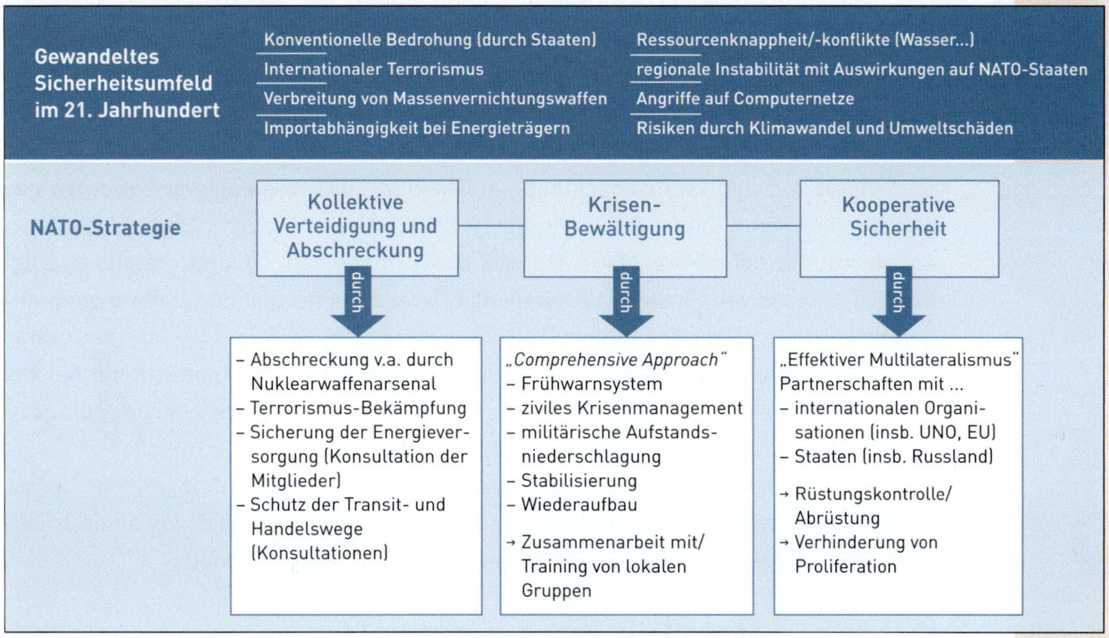

Autorengrafik

M 13 ● Widerstrebende Bündnis-Interessen der NATO-Mitglieder

Innerhalb der NATO ist ein intellektueller und politischer Kampf im Gange, den man durch drei miteinander im Konflikt stehende Denkschulen in der Organisation erklären kann: Die USA bedienen sich der NATO, um mit Hilfe der NATO-Erweiterung ihren Einfluss in Osteuropa und Zentralasien zu stärken. Die neuen Mitgliedstaaten der NATO in Osteuropa [z.B. Polen] dagegen definieren damit ihre Sicherheit gegenüber Russland. Und die anderen NATO-Mitglieder [z.B. Deutschland] sind an einer strategischen, wirtschaftlichen und politischen Partnerschaft mit Russland interessiert. Diese Denkschulen sind in den meisten Fragen verschiedener Ansicht, handle es sich um die Raketenabwehr, die NATO-Erweiterung um die Ukraine und Georgien oder die Lastenverteilung innerhalb der Allianz.

Ulrich Weisser, in: Die Zukunft der NATO. 140. Bergedorfer Gesprächskreis, Hamburg 2008, S. 42
Vizeadmiral Ulrich Weisser war von 1992 bis 1998 Leiter des Planungsstabes beim Bundesminister der Verteidigung, Bonn.

Aufgaben

1. Positionieren Sie sich vorläufig zu den beiden Zitaten zum zukünftigen Einfluss der NATO. Begründen Sie Ihre erste Einschätzung (M 8).
2. Charakterisieren Sie die Entwicklung der NATO seit 1990 als Reaktion auf die Veränderungen der geopolitischen Machtverhältnisse (seit 1989) und des gewandelten „Sicherheitsumfelds" seit 1989/90 und 2001 (M 9 - M 12).
3. Erläutern Sie die möglichen „internen Blockaden" der NATO (M 13).
4. Überprüfen Sie die Zitate (M 8) vor dem Hintergrund des Afghanistan-Engagements der NATO sowie der NATO-Strategie von 2010 (sowie ggf. aktueller Einsätze).
5. Entwickeln Sie Kriterien, nach denen sich die NATO für oder gegen die Beteiligung an einer militärischen Intervention entscheiden sollte.

F Stellen Sie die Geschichte, die aktuelle Zusammensetzung und die Ziele der Schanghaier Organisation für Zusammenarbeit (SOZ) dar und beurteilen Sie anschließend die Frage, ob es sich dabei um einen (zukünftigen) Gegenspieler der NATO „im Osten" handeln (wird).

ORIENTIERUNGSWISSEN

Entwicklung der NATO
M 9, M 11

Die „Northern Atlantic Treaty Organization" (NATO) umfasste bei ihrer Gründung 1949 zwölf Mitgliedstaaten und hatte den Zweck, ein militärisches Gegengewicht gegen den Warschauer Pakt in Osteuropa zu bilden. Definiertes Ziel war die Verteidigung des eigenen Territoriums mit dem primären Mittel der Abschreckung. Die zweite Phase begann mit dem Zusammenbruch des Warschauer Paktes 1989/1990 und endete mit den Terroranschlägen in den USA 2001. Sie war geprägt durch das aktive militärische Eingreifen in die Staatszerfallskriege im ehemaligen Jugoslawien, also durch out-of-area-Einsätze. Die dritte Phase seit 2001 ist erstens geprägt durch den massiven Einsatz in Afghanistan, zweitens durch die Aufnahme ehemaliger Warschauer-Pakt-Staaten (z.B. Polen, Tschechische Republik, die baltischen Staaten, Kroatien) sowie durch eine deutliche Ausweitung der Agenda nicht nur auf Terrorismus-Bekämpfung, sondern auch etwa auf Ressourcensicherung, die präventive Stabilisierung von Regionen und Cyber-Attacken.
Insgesamt ist also von einer Ausweitung sowohl des Bündnisraums und der Operationsgebiete sowie der inhaltlichen Aufgaben zu sprechen als auch von einer drastischen Änderung der Mittel hin zur Anwendung militärischer Gewalt.

Afghanistan-Einsatz der NATO – Anlass und Entwicklungen
M 2, M 3

Nach den al-Qaida-Terroranschlägen am 9.11.2001 in den USA wurde bislang zum einzigen Mal vom NATO-Rat der sogenannte Bündnisfall ausgerufen, der die NATO-Allierten verpflichtet, dem angegriffenen Mitglied militärisch beizustehen. Die NATO-Soldaten operierten im Rahmen der UN-Mission ISAF in Afghanistan mit den Zielen Terrorismusbekämpfung, Absicherung des zivilen Aufbaus, Sicherung der Regierung und Demokratisierung. Insbesondere der letzte Punkt wurde aber spätestens 2009 mangels Erreichbarkeit fallengelassen.

Afghanistan-Einsatz der NATO – Bilanz
M 6

Die NATO blickt auf eine gemischte Bilanz des Einsatzes zurück. Zwar sind einige Erfolge im Bildungsbereich zu verzeichnen, und die Zahl der afghanischen Sicherheitskräfte erreicht zahlenmäßig das angestrebte Niveau. Aber weder kann für die Loyalität der afghanischen Armee und Polizei gebürgt werden noch ist die Korruption nachhaltig bekämpft worden. Zudem kamen 2011 mehr Zivilisten durch militärische Gewalt um als jemals zuvor. Auch die westlichen Truppen hatten gerade in den Jahren 2009 bis 2011 schmerzhafte Verluste zu tragen.

Zukunft der NATO
M 12

Zwar hat die Libyen-Krise 2011 gezeigt, dass die Nordatlantikorganisation nach wie vor das handlungsfähigste Militärbündnis ist. Aber es drohen interne Konflikte zwischen den USA, die ihren auch militärischen weltweiten Führungsanspruch behaupten wollen, den Westeuropäern, die auf einer unbedingten Bindung an die UNO beharren und ein gutes Verhältnis zu Russland anstreben (auch zur Energieversorgung), sowie den neuen osteuropäischen NATO-Staaten, die sich – geschichtlich bedingt – in starker Opposition zu Russland befinden.
Strategisch ist die Schwierigkeit einer Überdehnung erkennbar: Die sehr umfassende NATO-Strategie von 2010 ist für Kritiker ein Beleg dafür, dass das Bündnis prinzipiell nahezu für jeden Konflikt in der Welt zuständig sein könnte.

Die Zukunft von Sicherheitsbündnissen prognostizieren

Dass das Militärbündnis auf einem von zwei großen Kriegen verwüsteten Kontinent einen dauerhaften Frieden sichern würde, hatte 1949 kaum einer zu hoffen gewagt. Das ist eine beispiellose Erfolgsgeschichte. Aber daneben ist [...] auch sichtbar geworden, dass die inzwischen größer gewordene NATO an Beweglichkeit und Entscheidungsfreude verloren hat. [...] Die Zukunft der NATO ist ungewiss.

Klassische Verteidigungsbündnisse sind auf die Wahrung des Status quo ausgelegt. Kern ihres Funktionierens ist die Definition des Bündnisfalls: Ein potentieller Angreifer soll wissen, dass er sich die Mitglieder des Bündnisses nicht einzeln vornehmen kann, sondern beim Angriff auf einen es mit allen zu tun bekommt. [...] In den ersten vierzig Jahren hat die NATO immer wieder mit dieser Herausforderung zu tun gehabt, bei der es letzten Endes um die Rolle der USA in Europa ging. Aber diese Herausforderung gibt es nicht mehr.

Die NATO war, wie ein kurzer Blick in ihre Geschichte zeigt, freilich von Anfang an mehr als nur ein klassisches Verteidigungsbündnis. Einem der ersten Generalsekretäre, dem Briten Lord Ismay, wird die Bemerkung zugeschrieben, ihre Aufgabe in Europa sei, die Sowjets draußen, die Amerikaner drinnen und die Deutschen unten zu halten. Zieht man davon die spezifisch britische Perspektive und die Sorgen der unmittelbaren Nachkriegszeit ab, so haben sich die erste und dritte Aufgabe inzwischen erledigt: Die Russen stellen militärisch keine Bedrohung der europäischen Sicherheit dar, sondern sind zum Bestandteil eines europäischen Wirtschaftsverbundes geworden. Öl und Erdgas sind inzwischen wichtiger als Panzer und Raketen. Und bei den Deutschen ist nichts mehr von ihrer einstigen militärischen Aggressivität zu sehen. Bleibt also der zweite Punkt: die Amerikaner dauerhaft an Europa zu interessieren.

Aber hat sich dieses Erfordernis mit dem Wegfall der beiden anderen Herausforderungen nicht ebenfalls erledigt? So jedenfalls argumentieren die NATO-Gegner. Nun kann man darüber streiten, ob die nach wie vor vorhandenen russischen Atomwaffen eine Bedrohung Europas darstellen, derentwegen man auf die USA angewiesen sei. Aber das innereuropäische Misstrauen, das nur durch die USA begrenzt werden kann, ist mit dem Beitritt der neuen Mitglieder eher gewachsen als geschwunden. Polen, Tschechien und manche andere fühlen sich sicherheitspolitisch auf die USA angewiesen – trotz EU-Mitgliedschaft. [...] Es ist fraglich, ob die europäische Stabilität ohne die Präsenz der USA Bestand hätte. Aber welchen Preis werden die Europäer dafür zu zahlen haben, und wie werden dabei die Lasten verteilt? Diese Frage ist bislang unbeantwortet geblieben. An ihr entscheidet sich die Zukunft der NATO.

Herfried Münkler, in: Frankfurter Rundschau, 8.4.2009

Herfried Münkler ist Professor für Politikwissenschaft an der Humboldt-Universität zu Berlin.

Aufgaben

1. Geben Sie die Bedeutung der NATO für die europäischen Staaten nach Herfried Münkler wieder.
2. „Es ist fraglich, ob die europäische Stabilität ohne die Präsenz der USA Bestand hätte." Erläutern Sie diese Aussage.
3. Entwickeln Sie vor dem Hintergrund von Münklers Ausführungen ein strategisches Programm, das es der NATO (auch) zukünftig erlauben würde, als wesentlicher sicherheitspolitischer Spieler aufzutreten.

4.3 Die Vereinten Nationen – Wächter über Frieden und Sicherheit?

4.3.1 Vom lokalen Protest zum Bürgerkrieg – die Eskalation des Syrien-Konflikts

M 1 Krieg in der Geisterstadt – ein „Ortstermin"

Nur das Summen eines Kampfhubschraubers, der über der Stadt kreist, ist zu hören. Zwölf Rebellen beobachten aus den vergitterten Fenstern einer Schule den Himmel, bereit, in Deckung zu gehen. Das Gebäude wurde mehrfach mit Granaten und Raketen beschossen. Unterrichtet wird hier schon lange nicht mehr. Die letzten Lehrer sind vor zwei Wochen geflohen, genau wie fast die gesamten Einwohner von Azaz. Nur ein kleiner Rest ist geblieben. Jene, die zu arm sind für die Flucht. Und einige Aktivisten.

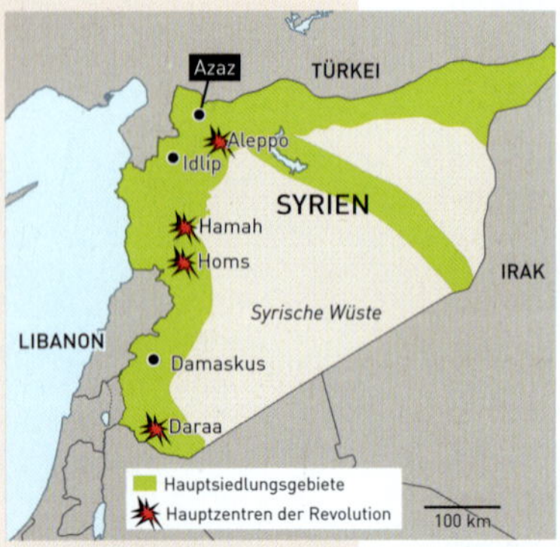

Die Geographie des Konfliktes

Azaz ist eine Geisterstadt, seitdem sich die Rebellen der Freien Syrischen Armee (FSA) und die regulären Truppen des syrischen Machthabers Baschar al-Assad eine Schlacht liefern. Niemand hier weiß, wo die nächsten Granaten einschlagen werden, wann die Hubschrauber über der Stadt kreisen, um Stellungen der Rebellen mit Raketen zu beschießen, wann Panzer in die Stadt rollen, um die Aufständischen zu vertreiben. [...]

Abu Anas [Kommandeur einer der Rebellen-Gruppen in Azaz] sieht sich [ein] Video an, auf dem er und seine Leute die Panzer sprengen. „Mir tut es leid, wenn die Soldaten sterben", sagt Anas, den Kopf auf seine Hände gestützt, der Blick ausdruckslos. „Die meisten möchten desertieren, ich helfe ihnen dabei. Aber sie müssen sich entscheiden." Mehr als vierzig Deserteure kämpfen in Azaz auf der Seite der FSA gegen ihre ehemaligen Kameraden. Zwei davon sind die einstigen Gefreiten Fawaz, 21, und Faris, 20. Sie haben sich Tücher um ihre Gesichter gewickelt, um ihre Identität zu schützen. Sie erzählen vom moralischen Verfall der Regierungstruppen. 16 Monate ihres 18 Monate währenden Wehrdienstes hatten sie abgeleistet, bevor sie fliehen konnten. „Man hatte uns gesagt, dass wir gegen Terroristen kämpfen", erzählt Fawaz. „Anfangs habe ich das auch geglaubt." Aber in Azaz sah er, wie Offiziere Zivilisten erschossen, Frauen vergewaltigten und Häuser plünderten, wie Artillerie, Panzer und Hubschrauber wahllos in Wohnviertel schossen. Viele wollen es ihnen gleichtun, sagen die beiden, trauen sich aber nicht. Fahnenflüchtige werden sofort erschossen. Wie die Mehrheit der Syrer besteht der Großteil der Wehrpflichtigen der Armee aus Sunniten, die nicht auf ihre Landsleute schießen wollen. Mehr als 40.000 Soldaten sollen inzwischen desertiert sein, sie stellen das Rückgrat der FSA. Täglich werden es mehr. [...]

Carsten Stormer, Die Schlacht um Azaz, in: Frankfurter Rundschau, 28.7.2012

Ein Kämpfer der syrischen Rebellen feuert auf Kampfflugzeuge und Helikopter, Aleppo, Syrien, 15.8.2012

M 2 Vom lokalen Protest zum Bürgerkrieg: Ursachen und Dynamik des Syrien-Konflikts

Der syrische Krieg ist von außen nur noch schwer zu durchschauen, weil er ständig sein Gesicht verändert. Vier Phasen gab es bisher. Die erste von März bis Ende April 2011 ist die Zeit friedlicher Demonstrationen. Ermutigt durch den arabischen Frühling fordern nicht nur Angehörige der vernachlässigten sunnitischen Unterschicht Freiheit, Demokratie und soziale Gerechtigkeit. [...] Als Anfang März zornige Väter gegen die Festnahme ihrer Kinder protestieren, schießt der Geheimdienst. Es gibt viele Tote. Der syrische Präsident trägt hierfür die politische Verantwortung. [...] Er trifft die Eltern und versucht, den Konflikt zu beruhigen. Doch es gibt Kräfte, die keine Beruhigung wollen. Ende April sind auf einmal Waffen und Geld da. Hauptsponsor ist wie in Libyen das kleine Qatar, dessen Emir die arabische Revolution als Profilierungschance sieht. [...]

In Phase zwei, von Mai bis August 2011, treten die ersten bewaffneten Kämpfer auf. Darunter Scharfschützen, die merkwürdigerweise sowohl auf Demonstranten als auch auf Sicherheitskräfte schießen. Sie heizen die Lage dramatisch an. Dass es diese Provokateure gibt, ist weitgehend unstreitig; umstritten ist, für wen sie arbeiten. Für inländische oder ausländische Geheimdienste, für Rebellen? [...]

Demonstrieren wird gefährlicher, die Kundgebungen aber werden größer. Auch das Regime organisiert Märsche, an denen bis zu eine Million Menschen teilnehmen, Mitglieder der sunnitischen Mittel- und Oberschicht, Alawiten und Christen. Auch sie fordern Demokratie, aber mit Assad. Zu größeren Gefechten kommt es noch selten. [...]

In der dritten Phase, von August bis Ende 2011, präsentieren sich die bewaffneten Rebellen als Schutztruppe friedlicher Demonstranten. Doch sie spielen diese Rolle nie wirklich. Wo sie mit Demonstranten auftreten, suchen die bewusst die Konfrontation mit den Sicherheitskräften. Diese schlagen hart zurück. Rebellen, Zivilisten, Soldaten und Polizisten sterben. Gleichzeitig greifen extremistische Rebellen zunehmend alawitische Zivilisten an, die sie pauschal als Vertreter des Regimes betrachten. Alawiten rächen sich an Sunniten. Die Kämpfe werden sektiererisch [= gesellschaftliche Gruppen betreffend].

In der vierten Phase, von Anfang 2012 bis heute [Stand: September 2012], verselbständigen sich die bewaffneten Rebellen. Und radikalisieren sich. Zu viele Freunde und Verwandte sind gefallen. Immer mehr Waffen fließen ins Land. [...] Es kommt zu schweren Gefechten mit den staatlichen Sicherheitskräften, die sich ebenfalls radikalisiert haben.

Die demokratischen Demonstranten der ersten Tage werden an den Rand gedrängt. Aus den friedlichen Protesten eines Teils der Bevölkerung ist ein erbarmungsloser Bürgerkrieg zwischen Anhängern der Regierung und Anhängern der bewaffneten Opposition geworden. Die Regierungstruppen bombardieren gnadenlos Wohngebiete, in denen sich Rebellen verbergen. Sie töten dabei auch Zivilisten. Die Rebellen exekutieren immer häufiger „feindliche" Zivilisten. Einige arbeiten eng mit Terrorkommandos von al-Qaida zusammen. [...]

Der Slogan „Assad tötet sein eigenes Volk" geht an der Realität dieses gegenseitigen Mordens vorbei. Beide Seiten töten das „eigene" Volk. Ein Drittel der Getöteten dürften Sicherheitskräfte sein, ein Drittel Rebellen, ein Drittel Zivilisten. Regierung und Rebellen töten wahrscheinlich gleich viele Zivilisten. Wie in den meisten Bürgerkriegen. Die besondere Tragik dieses Bruderkrieges liegt darin, dass beide Seiten nur Marionetten eines großen, zynischen Machtspiels sind. [...]

Dieses Machtspiel wird auf vier Ebenen ausgetragen. Auf der ersten Ebene versuchen die USA, Qatar und Saudi-Arabien, den Iran-Verbündeten Assad zu stürzen, um dadurch den Einfluss Teherans im Mitt-

Opferzahlen in Syrien

Schätzung der Toten seit Ausbruch der Kämpfe (März 2011)

UNO: 60.000 (Jan. 2013)

Oppositionelle Syrische Beobachtungsstelle für Menschenrechte: ca. 32.000 (Okt. 2012) leren Osten zu schwächen. Iran ist ihnen durch Bushs törichten Irakkrieg zu mächtig geworden. Auf der zweiten Ebene kämpfen extremistische Sunniten und al-Qaida-Kämpfer aus aller Welt gegen das „ketzerische“ Schiiten- und Alawitentum. Auf der dritten versuchen die USA [...] Russland aus dem Mittleren Osten zu verdrängen. Moskau wehrt sich. Auf der vierten schließlich ringen Regierung und Opposition unter großen Blutopfern um die Macht in Syrien. Die Kämpfer ahnen nicht, dass sie am Ende erneut die Vormacht Anderer anerkennen sollen. Und wieder verraten werden. [...]

Jürgen Todenhöfer, Volk gegen Volk, in: Süddeutsche Zeitung, 3.9.2012

Jürgen Todenhöfer war von 1972-1990 Bundestagsabgeordneter (CDU), danach Medien-Manager. Er reist weltweit in Krisenregionen und wurde im November 2011 als einer der wenigen westlichen Journalisten zu Syriens Präsidenten Assad vorgelassen.

M 3 ● Der Aufstand in Syrien als regionaler Krisenherd

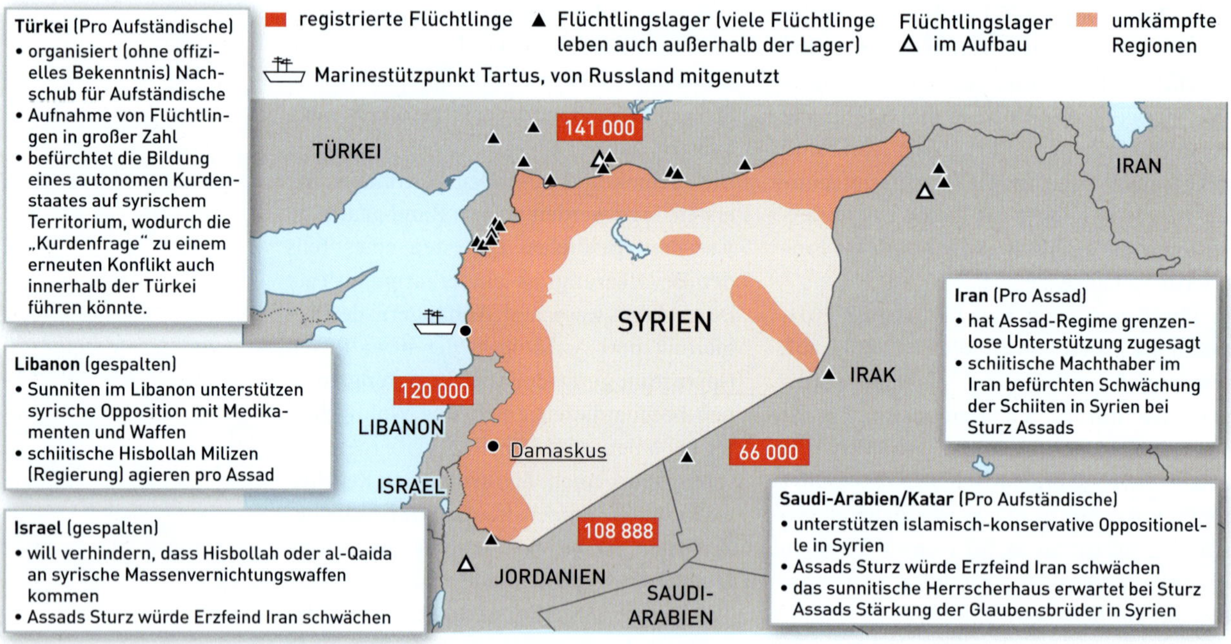

Nach: dpa 17970 , 17185, Zahlen: UNHCR (Stand: 21.12.2012); Texte: Nach: www.welt.de

Aufgaben

1. a) Beschreiben Sie die Auswirkungen des Konfliktgeschehens im syrischen Bürgerkrieg für die Betroffenen (Zivilbevölkerung, Aufständische, Soldaten der syrischen Armee) (M 1).

   b) Erläutern Sie die Eskalation lokaler Anti-Regime-Proteste (M 2) zum syrischen Bürgerkrieg sowie die damit verbundenen Folgen.
   Vorschlag: Visualisieren Sie die Konfliktdynamik in einem Flussdiagramm.

2. Analysieren Sie den Syrien-Konflikt. Beachten Sie dabei insbesondere Konfliktursachen, -gegenstände sowie die beteiligten Akteure der unterschiedlichen Ebenen.
   Vorschlag: Visualisieren Sie Ihre Konfliktanalyse in einem Strukturbild.

3. Diskutieren Sie die (mögliche) Verantwortung der Weltgemeinschaft für die Befriedung des Konfliktes und die Bewältigung seiner humanitären Folgen.

METHODE

Internationale Konflikte strukturiert analysieren

Die vorliegende Übersicht zeigt Untersuchungsbereiche und Leitfragen auf, mit denen inner- und zwischenstaatliche Konflikte analysiert werden können. Dabei ist es wichtig, dass Sie bei der Analyse eines konkreten Konflikts Aspekte fokussieren, die für diesen besonders relevant sind, also für Ihre konkrete Untersuchungsaufgabe eine Auswahl und Reduktion der Untersuchungsaspekte vornehmen.

1. Konfliktinhalt	
Fragen an den Konflikt	**Bearbeitungsvorschläge**
• Worum geht es in dem Konflikt? • Welche Streitfragen und welche Konfliktebenen gibt es? • Welche unterschiedlichen Konfliktgruppen gibt es? • Wer ist in welcher Weise von dem Konflikt betroffen?	Den Konfliktgegenstand ermitteln, Akteure und deren Interessen analysieren. Die Situation der Bevölkerung im Konflikt darstellen. Die Konfliktebenen (lokal, regional, national, zwischenstaatlich und international) unterscheiden.

2. Konfliktverlauf	
Fragen an den Konflikt	**Bearbeitungsvorschläge**
• Welche konkreten Anlässe gab es? • Welche Stationen und Entwicklungen sind festzustellen? • Wie sieht die Geschichte des gesamten Konflikts aus? • Wie (in)kompatibel sind die jeweiligen Forderungen der Konfliktbeteiligten? • Wie verhalten sich die internationalen Hauptakteure? • Welche Unterstützungen / Sanktionen liegen ihrerseits vor?	Eine knappe Vorgeschichte ermitteln ist hilfreich, um die Konfliktparteien verstehen zu können. Aufmerksamkeit auf Probleme im internationalen System als Hintergrund der Konflikte richten. Ergebnisse beschreiben und Entwicklungstendenzen der internationalen Politik beurteilen, z. B. Verträge, Boykottmaßnahmen, militärische Interventionen.

3. Konfliktstrukturen	
Fragen an den Konflikt	**Bearbeitungsvorschläge**
• Welche Interessen spielen in dem Konflikt eine Rolle und lassen sich Interessen bündeln? • Welche Machtmittel (wirtschaftliche, militärische, rechtliche, religiöse, ethnische ...) werden eingesetzt? • Welche strukturellen Ursachen hat der Konflikt?	Machtverhältnisse einschätzen und Folgen abschätzen, z. B. politische, ökonomische, militärische Stärke. Die Struktur des internationalen Systems analysieren und angemessene politisch-institutionelle Reaktionen ableiten.

4. Konfliktprognose	
Fragen an den Konflikt	**Bearbeitungsvorschläge**
• Wie wird sich der Konflikt weiterentwickeln? • Welche Kompromiss- und Lösungskonzepte werden vorgelegt? • Gibt es Lösungsmöglichkeiten und welche weiteren Vorschläge sind denkbar? • Sind existierende Organisationen geeignet, die Aufgabe einer Prävention / Befriedung von Konflikten wirksam leisten zu können?	Kompromisse suchen und beurteilen, z. B. Verhandlungen, Verständigung, gemeinsame Projekte. Alternative Lösungsmöglichkeiten einordnen und beurteilen. Den Reformbedarf vor dem Hintergrund gewandelter Friedensgefährdungen ermitteln und Chancen einschätzen.

5. (Mediale) Wahrnehmung und Beurteilung des Konflikts	
Fragen an den Konflikt	**Bearbeitungsvorschläge**
• Welche Rolle spielen die Medien in dem Konflikt / wie gestaltet sich die mediale Darstellung? • Wie sind erzielte Ergebnisse politisch zu beurteilen?	Die Präsenz des Konflikts in den Medien ermitteln und verfolgen. Die Themensetzung (Agenda-Setting) und Parteinahme von Medien unterscheiden.

Die Vereinten Nationen (VN)

Die Vereinten Nationen (international: UNO = United Nations Organization) wurden am 24.10.1945 von damals 51 Staaten unter dem Eindruck der Katastrophe des Zweiten Weltkrieges mit dem Ziel gegründet, durch eine globale Organisation künftig Frieden und Sicherheit in der Welt zu gewährleisten.
Seither hat sich die Zahl der Mitgliedstaaten auf 193 (2012) erhöht, und die Vereinten Nationen haben ihre Tätigkeitsbereiche auf zahlreiche weitere Weltprobleme, wie zum Beispiel die Bekämpfung des Hungers oder den Menschenrechtsschutz, ausgeweitet.

UN-Charta

Den vollständigen Text der Charta finden Sie unter www.un.org/Depts/german/un_charta/charta.pdf.
Für den Zusammenhang dieses Kapitels sind die Präambel sowie die Artikel 1 und 2 von Relevanz.

4.3.2 Der Bürgerkrieg in Syrien – ein Fall für die Vereinten Nationen?

M 4 ● Ziele und Grundsätze der Vereinten Nationen

Die Charta der Vereinten Nationen fußt auf zwei grundlegenden Prinzipien:

Wesentliches Ziel der Vereinten Nationen ist es „den Weltfrieden und die internationale Sicherheit zu wahren."
(Kapitel I, Artikel 1 (1) der Charta)

„Die Organisation [der Vereinten Nationen] beruht auf dem Grundsatz der souveränen Gleichheit aller ihrer Mitglieder."
(Kapitel I, Artikel 2 (1) der Charta)

Nach den Erfahrungen mit dem Völkerbund, vor dem Hintergrund zweier Weltkriege und massiver Verletzungen der Menschenrechte [...] wurde mit den V[ereinten] N[ationen] ein neuer Versuch zur Regulierung des internationalen Systems und zur Schaffung von dauerhafter Sicherheit unternommen. „Fest entschlossen, künftige Geschlechter von der Geißel des Krieges zu befreien", sollten Bedingungen geschaffen werden, unter denen „Gerechtigkeit und die Achtung vor den Verpflichtungen aus Verträgen [...] gewahrt werden können, den sozialen Fortschritt und einen besseren Lebensstandard in größerer Freiheit zu fördern" (Präambel der VN-Charta). [...]
[Die VN] beruhen auf dem **Grundsatz der souveränen Gleichheit** aller ihrer Mitglieder, dem Prinzip der friedlichen Beilegung von Streitigkeiten und dem **Gewaltverbot** (von dem lediglich die vom Sicherheitsrat autorisierten Zwangsmaßnahmen und die individuelle bzw. kollektive Selbstverteidigung ausgenommen sind), der grundsätzlichen Beistandspflicht gegenüber der Weltorganisation und dem – inzwischen umstrittenen – Verbot der Einmischung in die „Angelegenheiten, die ihrem Wesen nach zu inneren Zuständigkeiten eines Staates gehören" (Art. 2 Abs. 7 [**Nicht-Einmischungsgebot**]).
Die rechtliche Einordnung der Ziele und Grundsätze ist in mehrfacher Hinsicht unklar, [...] [da] eine Prioritätensetzung hinsichtlich der Ziele aus der Charta nicht direkt ableitbar [ist] [...].

Johannes Varwick, in: Wichard Woyke (Hg.), Handwörterbuch Internationale Politik, Bonn 2011, S. 545 f.

M 5 ● Von der Nicht-Einmischung zur Schutzverantwortung – ein neues völkerrechtliches Prinzip?

Seit den 1990er Jahren hat sich in der internationalen Gemeinschaft ein Verständnis dafür etabliert, dass Gerechtigkeit, wirtschaftliches Wachstum und Wohlstand eine Voraussetzung für dauerhaften Frieden in einem Land sind. Dabei werden Entwicklungs- und Menschenrechtsfragen zunehmend mit Fragen der internationalen Sicherheit verbunden. [...] Dieser wachsende Konsens spiegelt sich in der Vorstellung einer Schutzverantwortung der internationalen Gemeinschaft (englisch: Responsibility to Protect; abgekürzt R2P) wider. Diese Verantwortung zum Schutze des Menschen vor schweren Menschenrechtsverletzungen und Brüchen des humanitären Völkerrechts stellt einen neuen und ganzheitlichen Ansatz der internationalen Politik dar. Befürworter des Konzepts sehen dies als historischen Schritt zur Verhinderung schwerster Massenverbrechen. [...]
[Dieses Konzept erfordert] ein konzeptio-

nelles Überdenken des Begriffs der staatlichen Souveränität und ein Abwiegen zwischen individuellen Rechten und staatlicher Verantwortung: „Diese Ansätze sehen alle eine Verlagerung des Grundverständnisses von Souveränität weg von absoluten Rechten von Staatsoberhäuptern hin zu einer Respektierung des Volkswillens und internen Governance-Formen, basierend auf internationalen Standards der Demokratie und Menschenrechte. [...] Auf einer Werteskala steht die Souveränität eines Staates nicht höher als die Menschenrechte seiner Bewohner" (ICISS 2001, S. 11).
Die Schutzverantwortung der internationalen Gemeinschaft hat sich in den letzten Jahren zu einem der dringlichsten Anliegen der internationalen Politik zum Schutz vor massiven Menschenrechtsverletzungen, Kriegsverbrechen und Völkermord entwickelt. Auf der Plenarsitzung der UN-Vollversammlung (World Summit) im September 2005 in New York erkannten zum ersten Mal alle Mitgliedstaaten der Vereinten Nationen offiziell ihre Verantwortung zum Schutz ihrer Bürger an [...]. Die Legitimität der Intervention aus humanitären Gründen ist [dabei] die zentrale Frage.

Rolf Schwarz, Libyen und das Dilemma externer Interventionen, in: Der Bürger im Staat, 1-2/2012, S. 34 ff.

M 6 ● „R2P konkret": Dreigeteilte Schutzverantwortung

[Im] Responsibility to Protect-Bericht [ist die] Verantwortung zu schützen [...] dreigeteilt: Sie besteht erstens aus einer Verantwortung zur Prävention („responsibility to prevent"). Hier geht es um wirtschaftliche oder politische Unterstützungsmaßnahmen, die das Entstehen von Gewaltkonflikten verhindern sollen. Zweitens soll die Verantwortung zu reagieren („responsibility to react") greifen, und zwar dann, wenn sich die Präventionsmaßnahmen als unzureichend erwiesen haben und eine akute Bedrohung des Lebens einer großen Anzahl von Menschen vorliegt. Und drittens geht es um den Wiederaufbau („responsibility to rebuild") in Nachkriegssituationen. [...]
Einerseits bindet [der Vorschlag] den Einsatz von militärischer Gewalt an ein Mandat des UN-Sicherheitsrats. Andererseits aber plädiert er für die Einschränkung des Vetorechts der fünf ständigen Sicherheitsrats-Mitglieder, falls sich dieser als unfähig erweist, tätig zu werden. Hinzu kommt, dass der Bericht bei der Suche nach möglichen Gründen für Militärinterventionen Anleihen bei der Theorie des gerechten Krieges macht, so wenn etwa eine gerechte Sache verfolgt werde, oder wenn als primäre Motivation die Rettung von Menschenleben behauptet wird [...]. In solchen Fällen könnten nämlich Staatengruppen oder einzelne Staaten auch ohne Beschluss des Sicherheitsrats intervenieren.

Lena Jöst, Peter Strutynski, Humanitär intervenieren – aber nur mit humanitären Mitteln, in: Wissenschaft & Frieden 2009-1, S. 6

Aufgaben

1. Fassen Sie die Ziele und Grundsätze der Vereinten Nationen zusammen (M 4).
2. a) „Befürworter des Konzepts (R2P) sehen dies als historischen Schritt zur Verhinderung schwerster Massenverbrechen" (M 5). Erläutern Sie die Ziele und beabsichtigte Funktion der internationalen Schutzverantwortung (M 6).
   b) Analysieren Sie die Konsequenzen einer (möglichen) völkerrechtlichen Normierung der internationalen Schutzverantwortung für die Geltung der Charta der UN.
3. Überprüfen Sie auf der Basis Ihrer Ergebnisse, ob bzw. unter welchen Bedingungen der Syrien-Konflikt in den Zuständigkeitsbereich der Vereinten Nationen fällt.

F zu Aufgabe 3
Berücksichtigen Sie dabei auch das Spannungsverhältnis verschiedener Grundsätze der Weltgemeinschaft.

F Fächerübergriff Geschichte
Stellen Sie die vertraglichen Grundlagen, die Arbeitsweise des Völkerbundes (ab 1920) dar und analysieren Sie seine (problematische) Rolle für die Friedenssicherung vor dem Zweiten Weltkrieg.

F Stellen Sie die Gründungsgeschichte der Vereinten Nationen dar.

Erklärungen und Resolutionen – die politische Rhetorik des Sicherheitsrates

Die UN-Charta sieht als Dokument der Beschlüsse des Sicherheitsrates in erster Linie Resolutionen vor, die rechtlich für alle Mitgliedstaaten bindend sind.
Da Resolutionsentwürfe aufgrund des Vetorechts der Ständigen Mitglieder (vgl. Kap. 4.3.5) zu scheitern drohen, stellen tatsächlich verabschiedete Resolutionen gerade auch in ihrer sprachlichen Gestalt einen Kompromiss zwischen unterschiedlichen Wahrnehmungen und Interessen dar. Sie variieren zwischen dem „Ausdruck tiefer Besorgnis" oder der „Sorge" um den Frieden in einer Region – der schwächeren Form der Aufmerksamkeit des Sicherheitsrates für einen Konflikt – bis hin zur „Kritik" oder gar der „Verurteilung", wobei zu beachten ist, ob dabei eine allgemeine Situation (z.B. „Gewalt in Syrien") oder eine konkrete Konfliktpartei angesprochen wird. Können sich die Mitglieder des Sicherheitsrates auf keinen Resolutionstext einigen, besteht die Möglichkeit, eine „präsidentielle Erklärung" zu beschließen, die aber keinen rechtsverbindlichen Charakter aufweist.

4.3.3 Was können die Vereinten Nationen tun? Maßnahmen der Friedenssicherung am Beispiel Syriens

M 7 ● Syrien und die Vereinten Nationen – Chronologie der Friedensbemühungen

3. August 2011:	Nach Monaten der Gewalt verurteilen die Vereinten Nationen in einer „Präsidentiellen Erklärung" die Gewalt in Syrien. Eine entsprechende Resolution des Sicherheitsrates scheitert am Veto Russlands und Chinas.
23. August 2011:	Der UN-Menschenrechtsrat verurteilt die Gewalt in Syrien.
4. Oktober 2011:	Eine von den EU-Ländern initiierte Resolution des Sicherheitsrates scheitert am Veto Russlands und Chinas.
19. Dezember 2011:	Die UN-Vollversammlung kritisiert Syrien wegen der Gewalt gegen Demonstranten. Syrien erklärt sich bereit, Beobachter der Arabischen Liga einreisen zu lassen.
4. Februar 2012:	Erneut blockieren Russland und China einen Resolutionsentwurf, der eine Verurteilung der syrischen Sicherheitskräfte wegen ihres Vorgehens vorsieht.
16. Februar 2012:	Die UN-Vollversammlung verurteilt die Gewalt des Regimes.
24. Februar 2012:	UN und Arabische Liga ernennen den früheren UN-Generalsekretär Kofi Annan zum Sondergesandten für Syrien; seine Aufgabe besteht darin, auf diplomatischem Wege den Konflikt zu entschärfen.
27. März 2012:	Syrien akzeptiert Annans Friedensplan, der u.a. einen Waffenstillstand vorsieht.
14. April 2012:	Der UN-Sicherheitsrat erteilt einer 300 Mann starken unbewaffneten Beobachtertruppe (UNSMIS) zur Überwachung der Waffenruhe gemäß des Friedensplanes das Mandat. Es ist die erste vom Sicherheitsrat verabschiedete Resolution zum Syrien-Konflikt.
27. Mai 2012:	Der UN-Sicherheitsrat macht Damaskus für ein Massaker an mehr als 100 Zivilisten in Hula verantwortlich.
29. Mai 2012:	Mehrere westliche Staaten weisen die Diplomaten Syriens aus.
30. Juni 2012:	Die fünf UN-Vetomächte einigen sich auf einen von Annan vorgelegten Fahrplan für einen politischen Übergangsprozess. In Damaskus sollen Vertreter des Regimes und der Opposition eine Übergangregierung bilden.
19. Juli 2012:	Zum dritten Mal scheitert eine Resolution des UN-Sicherheitsrates am Veto Russlands und Chinas.
2. August 2012:	Der Sondergesandte für Syrien, Kofi Annan, erklärt, sein Amt nicht über den 31. August hinaus verlängern zu wollen.
16. August 2012:	Der UN-Sicherheitsrat beschließt für den 19. August die Beendigung der Beobachtermission UNSMIS, da die Bedingungen für eine Fortsetzung nicht mehr gegeben seien.

Zusammenstellung des Autors (Stand: Januar 2013)

M 8 Was können die Vereinten Nationen tun? Konfliktprävention und Konfliktintervention

Die Charta der Vereinten Nationen eröffnet ihren Mitgliedstaaten unterschiedliche, hinsichtlich ihres Drohpotenzials gestufte Instrumente der Konfliktprävention und Konfliktintervention:

Friedliche Beilegung von Konflikten (Kapitel VI)	Zwangsmaßnahmen bei Bedrohung oder Bruch des Friedens (Kapitel VII)	
	• Recht auf individuelle bzw. kollektive Selbstverteidigung aller Mitgliedstaaten gemäß Art. 51	
grundlegende Prinzipien		
• Primat der staatlichen Souveränität • sowie zwischenstaatlicher Lösungen auf dem Verhandlungsweg	• Primat der kollektiven Sicherheit	
„Durchschlagskraft" des UN-Sicherheitsrates		
	• Weisungs- und Entscheidungsbefugnis gegenüber Konfliktparteien *unter Voraussetzung* • der Feststellung seiner Zuständigkeit aufgrund von Friedensbedrohung, Friedensbruch oder Angriffshandlung (Artikel 39)	
Konkrete Maßnahmen unter Beteiligung der Vereinten Nationen		
• Vermittlungsvorschlag des Sicherheitsrates (Art. 38) auf Ersuchen der Konfliktparteien	• nicht-militärische Sanktionen (Art. 41) wie Wirtschaftsboykott, Unterbrechung von Verkehrs-Wegen und diplomatischen Beziehungen	• militärisches Handeln zur Wiederherstellung (Erzwingung) des Friedens (Art. 42 ff.): „Demonstrationen, Blockaden und sonstige Einsätze"

von der Prävention → zur → Intervention

Autorengrafik

Aufgaben

1. Analysieren Sie die Rolle der Vereinten Nationen bei der Lösung (Deeskalation, Befriedung) des Syrien-Konflikts (M 7).
2. a) Erläutern Sie Möglichkeiten und Grenzen einer Lösung des Syrien-Konflikts im Rahmen der Charta der Vereinten Nationen (M 8).
   b) Ordnen Sie die im Syrien-Konflikt ergriffenen Maßnahmen (M 7) in das Instrumentarium der UNO (M 8) ein.
3. „Das Scheitern des Friedensplanes für Syrien demonstriert die Zahnlosigkeit der Vereinten Nationen gegenüber den sicherheitspolitischen Herausforderungen der Gegenwart." Erörtern Sie diese These.

4.3.4 Humanitäre Interventionen im Dienste der internationalen Schutzverantwortung – eine sinnvolle Weiterentwicklung des Völkerrechts?

M 9 Kontrovers diskutiert: R2P – eine begrüßenswerte Weiterentwicklung des Völkerrechts?

Libyen und die UN-Resolution 1973

Libyen war bereits im Jahr 2011 Schauplatz von Aufständen, die vom regierungstreuen Militär des Gaddafi-Regimes brutal niedergeschlagen wurden und somit Parallelen zum Fall Syrien aufweisen. Die in diesem Zusammenhang vom UN-Sicherheitsrat beschlossene Resolution 1973, die u. a. die militärische Durchsetzung einer Flugverbotszone über Libyen vorsah, gilt als Präzedenzfall für das Konzept der Schutzverantwortung, mit der diese Intervention ausdrücklich legitimiert wurde.

a) Pro: Ein gerechter Krieg im Dienste der Schutzverantwortung

[...] Wohl selten war eine internationale militärische Intervention politisch und völkerrechtlich so weitreichend abgesichert wie der Krieg in Libyen. Die Rebellen, die gegen Gaddafi kämpfen, haben um Hilfe gebeten. Die Arabische Liga, bemerkenswert genug, hat dem Eingreifen ihren Segen gegeben. China und Russland haben sich bei der Abstimmung im Sicherheitsrat enthalten, statt ihr Veto einzulegen gegen eine multilaterale Intervention, deren humanitäre Intention viel klarer ist als die Verbindung zu irgendwelchen nationalen Interessen der Koalitionäre. Das ist umso erstaunlicher, als Resolution 1973 so weit geht wie kein anderer UN-Beschluss zuvor. Erlaubt werden ja nicht nur die Errichtung einer Flugverbotszone über Libyen, sondern „alle notwendigen Maßnahmen", um „Zivilisten und von Zivilisten bewohnte Gebiete zu schützen". Damit ließe sich wohl auch der kurzfristige Einsatz von Bodentruppen stützen, explizit ausgeschlossen wird nur die Entsendung einer Besatzungstruppe. Für die Vereinten Nationen ist das ein revolutionärer Schritt. Zum ersten Mal wird mit humanitärer Begründung eine internationale Intervention in einen Bürgerkrieg zugelassen. Mehr noch: Einige der nun Krieg führenden westlichen Länder verstehen darunter auch die Option des regime change, obwohl dies im UN-Mandat nun ausdrücklich nicht formuliert ist. [...]
Nach dem Konzept der „Schutzverantwortung" – wohlgemerkt keine völkerrechtlich verbindliche, sondern eine „sich herausbildende" Norm – kann sich die internationale Staatengemeinschaft, um schlimmste Menschenrechtsverletzungen zu verhindern, über die Souveränität eines Staates hinwegsetzen und intervenieren. Vorausgesetzt, der Ernst der Bedrohung, die Redlichkeit der Motive und die Verhältnismäßigkeit der Mittel lassen es zu. Vorausgesetzt, alle anderen Mittel sind vorher ausgeschöpft. Vorausgesetzt, man macht die Lage durch das Eingreifen nicht schlimmer. Ist Gaddafis Feldzug gegen die eigene Bevölkerung ein Verbrechen gegen die Menschlichkeit? Wahrscheinlich. Will man lieber warten, bis man es genau weiß? Lieber nicht. Stellt er eine Bedrohung des internationalen Friedens dar? Allerdings, schon allein wegen der Fragilität der ganzen Region. Wurden alle nicht-militärischen Mittel ausgeschöpft? Nein, aber um die Wirkung von Sanktionen abzuwarten, war es für die Menschen in Bengasi zu spät. Sind die Kampfeinsätze dieser Koalition der Willigen verhältnismäßig? Bislang vermutlich ja. Aber es hat womöglich schon zivile Opfer gegeben, und wenn nicht, wird es sie wahrscheinlich geben. „Chirurgisch präzise" Militärschläge kommen nur im Lehrbuch der Propaganda vor. Und allein aus der Absicht, durch Anwendung von Gewalt Schlimmeres zu verhindern, erfolgt keine verbriefte Unschuld derer, die diese Gewalt anwenden oder befürworten. Aber trotzdem bleibt dieser Kriegseinsatz nach allem, was wir wissen, fürs Erste richtig und gerecht. [...]

Andrea Böhm, Heinrich Wefing, Gerecht und gefährlich, in: DIE ZEIT 13/2011

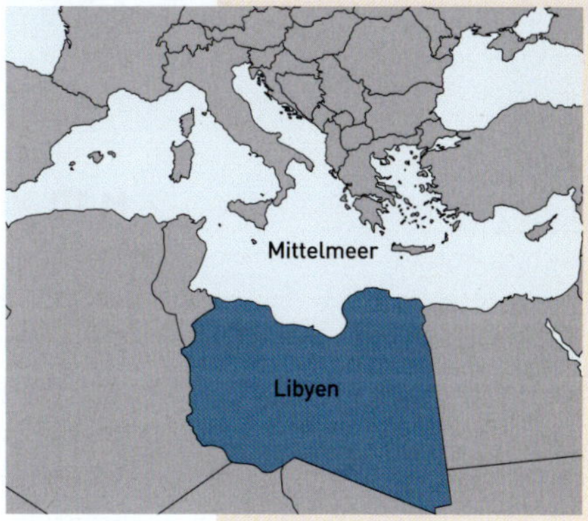

b) Kontra: Krieg auf brüchigem Fundament

In der Renaissance [...] entstand das Konzept des gerechten Krieges aus humanitären Motiven. Der spanische Rechtsphilosoph Francisco de Vitoria [...] gilt heute als geistiger Vater der Vereinten Nationen. Für ihn bestand ein Verantwortungszusammenhang der Menschheit, der nicht an den Grenzen eines Staats halt macht. Das wesentliche Kriterium des gerechten Kriegs ist für ihn eine Unrechtmäßigkeit, die eine Zivilbevölkerung erleidet – etwa, wenn ihr das Recht auf körperliche Unversehrtheit genommen wird oder ihre ökonomische und politische Teilhabe am Gemeinwesen. Wenn ein solches Unrecht systematisch ist, etwa weil eine Regierung den Bürgern grundsätzlich die politische und ökonomische Teilhabe verweigert, ist es nach Vitoria Pflicht, diese Regierung von außen zu stürzen. Das war schon damals ist eine gefährlich offene Definition. [...]
Wie lässt sich der Libyen-Einsatz nun aus der Perspektive dieser Idee bewerten? [Der Philosoph] Michael Walzer, ein bekannter Anhänger Vitorias, sieht ihn als nicht gerechtfertigt an. Denn der bloße Wunsch, einen Diktator loszuwerden, reiche nicht für ein Blutvergießen aus. Nur schwere Verbrechen gegen die Menschlichkeit, etwa ein Genozid, könnten eine Intervention legitimieren. Einen Genozid aber hat Gaddafi ganz offensichtlich nicht begangen. Doch auch Verstöße gegen Menschenrechte, wie sie in Libyen an der Tagesordnung waren und sind – Folter, Bombardieren von Zivilisten –, rechtfertigen aus der Perspektive Vitorias eine Intervention, die dieses Unrecht behebt. [...]
Allerdings: Die UN-Charta sieht im Grunde genommen keine Intervention zur Durchsetzung positiver Menschenrechte wie politischer Teilhabe vor, sondern beschränkt sich auf negative Kriterien. Vor allem die Gefährdung des Weltfriedens und der internationalen Sicherheit ist ihr zufolge Grund für ein Einschreiten. Von Gaddafis Regime geht aber akut keine aus.
Ohnehin stellt sich die Frage, weshalb in Libyen und nicht auch anderswo interveniert wird. [...]
Die Legitimation des Libyen-Einsatzes nach Vitoria ist schon dann brüchig, wenn bei Bombardements Zivilisten getötet werden. Wenn die, die Gaddafi heute angreifen, vom Handel mit ihm profitierten. Oder wenn westliche Firmen mit dem Wiederaufbau des Landes betraut würden und einen günstigeren Zugang zu den Ölressourcen erhielten. Jede Art von Vorteil der Akteure des gerechten Kriegs steht demnach seiner Legitimität entgegen. Nach Vitorias Maßstäben für einen gerechten Krieg – und auch denen der Vereinten Nationen – steht das Vorgehen der internationalen Gemeinschaft auf einem brüchigen Fundament. [...]

Johannes Thumfart, Die Idee des gerechten Krieges, auf: DIE ZEIT online, 1.4.2011

Aufgaben

1. Arbeiten Sie (arbeitsteilig) die Positionen zur völkerrechtlichen Norm der Schutzverantwortung (M 9) sowie ihre jeweiligen Argumente (Wertbezüge, Grundannahmen zur Funktionsweise internationaler Politik bzw. zum Verhältnis von Recht und Politik) heraus.
2. a) Erörtern Sie, ob die Vereinten Nationen in Syrien auf der Grundlage der „Responsibility to Protect" intervenieren sollten.
   b) Nehmen Sie – ausgehend von den in M 9 vorgestellten Positionen – zu der Frage Stellung, ob es sich beim Konzept der „Responsibility to Protect" um eine sinnvolle Weiterentwicklung des Völkerrechts handelt.
   Vorschlag: Führen Sie eine „strukturierte Kontroverse" in 4er-Gruppen durch.

F Stellen Sie Hintergründe und Verlauf des Libyen-Konfliktes (Konfliktanalyse) dar. Gehen Sie dabei vor allem auf die Reaktionen der internationalen Staatengemeinschaft ein und nehmen Sie einen Ausblick auf die gegenwärtige (Post-Konflikt) Situation vor.

4.3.5 Zwischen Kooperation und Blockade: Die Rolle des Sicherheitsrates in der Konfliktlösung

M 10 Wer ist zuständig? Die Hauptorgane der Vereinten Nationen

Das im Laufe der Jahre entstandene, äußerst komplexe UN-System besteht aus den **Hauptorganen** und den durch die UNO geschaffenen Hilfsorganisationen (z. B. Kinderhilfswerk UNICEF, Entwicklungsprogramm UNDP) sowie den durch Abkommen an die UNO gebundenen Sonderorganisationen (z. B. Welterziehungsorganisation UNESCO, Internationaler Währungsfonds IWF). [...]

Die in der Regel einmal jährlich über mehrere Monate tagende **Generalversammlung**, in der alle Mitgliedstaaten gleichberechtigt vertreten sind, stellt in erster Linie ein Diskussionsforum für Weltprobleme dar. Sie gibt Empfehlungen, die allerdings die Mitgliedstaaten oder den Sicherheitsrat nicht binden, ist aber für Fragen der UN-Organisation, wie etwa von Reformvorhaben, das Entscheidungsorgan.

Der **Sicherheitsrat** besteht aus fünf ständigen und zehn nichtständigen, von der Generalversammlung auf zwei Jahre gewählten Mitgliedern. Der Sicherheitsrat stellt fest, ob eine Bedrohung des Friedens vorliegt, und kann Zwangsmaßnahmen zur Wahrung des Weltfriedens beschließen, die von Wirtschaftssanktionen bis zur Anwendung von Waffengewalt zur Herstellung und Sicherung des Friedens reichen [vgl. M 8]. „Beschlüsse des Sicherheitsrates [...] bedürfen der Zustimmung von neun Mitgliedern einschließlich sämtlicher ständigen Mitglieder“ (Art. 27 Charta der Vereinten Nationen). Mit einem Nein kann also jedes ständige Mitglied Beschlüsse verhindern, besitzt also das Vetorecht. Die UNO-Mitglieder sind verpflichtet, die Resolutionen des Sicherheitsrates umzusetzen; bei militärischen Einsätzen ist die UNO allerdings immer darauf angewiesen, dass ausreichend Streitkräfte zur Verfügung gestellt werden.

Der **UN-Generalsekretär** ist der höchste

Die gegenwärtigen Mitglieder

Neben den fünf ständigen Mitgliedern sind derzeit folgende zehn Staaten nichtständige Mitglieder des UN-Sicherheitsrates: Aserbaidschan, Guatemala, Marokko, Pakistan, Togo (Amtszeit bis 31.12.2013) sowie Argentinien, Australien, Luxemburg, Ruanda, Südkorea (Amtszeit bis 31.12.2014).

Verwaltungsbeamte und Repräsentant, der den Sicherheitsrat auf, seiner Ansicht nach, bedrohliche Entwicklungen hinweisen kann. Er wird auf Vorschlag des Sicherheitsrates von der Generalversammlung für fünf Jahre gewählt, mit der Möglichkeit einer einmaligen Wiederwahl. Seit 2007 ist der Südkoreaner Ban Ki-Moon Generalsekretär der UN.

Reinhard Reuter, in: Frieden, Sicherheit und internationale Wirtschaft, Bamberg 2011, S. 101

M 11 ● Widerstreit der Positionen im UN-Sicherheitsrat

„Frankreich beruft Sondersitzung des Sicherheitsrates ein"

Im Folgenden können Sie im Rahmen eines Planspiels (Simulation) die Möglichkeiten, den Syrien-Konflikt im Rahmen der Vereinten Nationen zu lösen oder zumindest seine Folgen zu lindern, selbst ausloten und dabei die Funktionsweise des UN-Sicherheitsrates erfahren. Für dieses Spiel wird folgende Situation angenommen:

Vor dem Hintergrund der dargestellten politischen Entwicklungen, der weiteren Eskalation der Gewalt sowie der immer problematischeren humanitären Situation nicht nur in Syrien, sondern auch und gerade in den Flüchtlingscamps der Nachbarstaaten, hat Frankreich in seiner Funktion als amtierender Vorsitzender des UN-Sicherheitsrates eine Sondersitzung des Gremiums einberufen, bei der die Außenminister der Mitgliedstaaten dem Vernehmen nach anwesend sein werden. Erklärtes Ziel des französischen Außenministeriums ist es, die Einigung auf eine Resolution voranzubringen, die gleichermaßen geeignete Maßnahmen zur Befriedung des Konfliktes wie auch zur Linderung der humanitären Katastrophe im Nahen Osten unter dem Dach der Vereinten Nationen ermöglicht.

Autorentext

Frankreich

Frankreich ist Gründungsmitglied und Kernland der EU und tritt für eine gemeinsame Außen- und Sicherheitspolitik ein, die sich eng an die Charta der Vereinten Nationen (militärische Einsätze nur mit UN-Mandat) und an den Menschenrechten orientiert. Alleingänge auf internationaler Ebene werden demgegenüber abgelehnt. Ebenso möchte Frankreich eine Erweiterung des Einflusses der USA, Russlands und Chinas auf die UN-Institutionen verhindern.
Aufgrund seiner Geschichte als Kolonialmacht versteht sich Frankreich noch heute als verantwortlich für die Entwicklungen in Nordafrika und dem Nahen Osten. Die historischen Verbindungen zu Syrien ergeben sich aus dem Völkerbunds-Mandat für Syrien und den Libanon, das Frankreich zwischen 1923 und 1943 wahrnahm.
Im Libyen-Konflikt galt Frankreich als wesentlicher Motor einer internationalen Intervention und beteiligte sich mit eigenen Einheiten an der vom Sicherheitsrat mandatierten Intervention. Frankreich verfügt mit seiner Fremdenlegion und anderen Spezialtruppen durchaus über Erfahrung und eine entsprechende Logistik zum Einsatz in (Halb-)Wüstenregionen.

Bundesrepublik Deutschland

Deutschland ist Gründungsmitglied und Kernland der EU und tritt für eine gemeinsame Außen- und Sicherheitspolitik ein, die sich eng an der Charta der Vereinten Nationen (militärische Einsätze nur mit UN-Mandat) und an den Menschenrechten orientiert. Alleingänge auf internationaler Ebene werden demgegenüber abgelehnt. Trotz der traditionellen Verbundenheit mit den USA (Westbindung nach 1945) wird eine Ausweitung des Einflusses der USA, aber auch Russlands und Chinas auf die UN-Institutionen abgelehnt.
Deutschland engagiert sich unter UN-Mandat im Ausland (z.B. Afghanistan), was jedoch Kritik der Bevölkerung hervorruft und aufgrund knapper Mittel an die Grenzen der militärischen Möglichkeiten führt.
Deutschland ist derzeit (2011/2012) nicht-ständiges Mitglied des UN-Sicherheitsrates, strebt aber mittelfristig einen ständigen Sitz an. Die Reputation Deutschland bei den Vereinten Nationen und insbesondere den westlichen Verbündeten hat jedoch empfindlich gelitten, da man sich bei der Beschlussfassung über eine Intervention in Libyen der Stimme enthalten und auch in der Folge geringes militärisches Engagement gezeigt hatte.

Russische Föderation

In den Jahren nach der Auflösung des Warschauer Paktes als militärisches Gegenbündnis zur NATO (1989/1991) hat Russland weltpolitischen Einfluss eingebüßt. Die EU hat sich um Staaten erweitert, die zum eigenen Einflussgebiet gehörten. Die USA haben zwar ihre formulierte Absicht aufgegeben, auf dem Gebiet der neuen NATO-Partner Polen und Tschechien Raketenabwehrstationen zu errichten, gleichwohl verstößt die Ausdehnung der US-amerikanischen Einflussnahme in Osteuropa (Ukraine, Georgien) gegen die russischen Sicherheitsinteressen und wird daher als Provokation aufgefasst. Trotz der durch Präsident Obama eingeleiteten Entspannung zwischen den USA und Russland will Moskau eine Ausweitung des Machtbereichs von USA und NATO verhindern und zu einer stärkeren weltpolitischen Rolle zurückfinden.
Während die russische Regierung dem „Arabischen Frühling" eher als Zuschauer folgte, verfolgt es im Syrien-Konflikt fundamentale ökonomische und geopolitische Interessen: Russische Energiekonzerne sind in großem Umfang in Syrien engagiert, die russische Rüstungsindustrie sieht in Syrien einen sehr wichtigen Abnehmer. Zudem besitzt Russland im syrischen Tartus seinen einzigen Marinestützpunkt außerhalb des „postsowjetischen" Raumes mit direktem Zugang zum Mittelmeer – ein geostrategisch unverzichtbarer Stützpunkt, der nicht durch einen Regimewechsel in Damaskus gefährdet werden sollte.
Nicht zuletzt agiert Russland im Sicherheitsrat als Gegenmacht zu westlichen Interventionsplänen, um nach der Schwächung der eigenen Machtposition im Libyen-Konflikt wieder weltpolitische Stärke zu demonstrieren: In diesem Fall war nach eigener Auffassung die – von Russland mitgetragene – Einrichtung einer Flugverbotszone als „Freifahrtschein" für eine „Intervention zum Umsturz" missbraucht worden.

Vereinigte Staaten von Amerika

In den Jahren nach der Auflösung des Warschauer Paktes (1989/1991) und dem Ende der Blockkonfrontation haben die USA massiv weltpolitischen Einfluss gewonnen. Sie gelten als die derzeit einzig verbliebene militärische, politische und wirtschaftliche Weltmacht. Allerdings ist auch diese Position fragil: die Kampfeinsätze in Afghanistan und im Irak haben die USA finanziell und militärisch bis an die Grenzen belastet, hinzu kommt eine nachhaltige ökonomische Verunsicherung in Folge der globalen Wirtschafts- und Finanzkrise.
Trotz dieser Probleme sind die USA weiterhin bemüht, ihren Machteinfluss in Osteuropa und dem Nahen Osten zu sichern bzw. auszuweiten, um sowohl die eigenen ökonomischen (Ressourcenbeschaffung) als auch sicherheitspolitischen (Bekämpfung von Terrorismus und Proliferation in Regionen begrenzter Staatlichkeit) Interessen zu wahren. Dabei treten – wie im Falle Georgiens (2008) oder im Atomkonflikt mit dem Iran – immer wieder Konflikte mit Russland zu Tage. Zudem verstehen sich die USA als „Schutzmacht" Israels, das einen – womöglich gar atomaren – Angriff aus dem Iran fürchtet.
Den Entwicklungen des „Arabischen Frühlings" als Demokratisierungsprozess stehen die USA unter Verweis auf den Grundwert der Freiheit grundsätzlich positiv gegenüber; so waren die USA auch federführend an der Intervention in Libyen beteiligt. Syrien gilt den USA aufgrund seiner prononciert anti-amerikanischen Haltung sowie der engen Bindung an den (vermutlich) an einem Atomprogramm arbeitenden Iran als „Sicherheitsrisiko" im Nahen Osten; gleichwohl befürchten die USA eine „Kettenreaktion" im Falle einer militärischen Intervention, die zu einer weiteren Destabilisierung der Region und dem Aufflammen weiterer Konflikte – etwa zwischen Iran und Israel – führen könnte.

Volksrepublik China

China ist das bevölkerungsreichste Land der Erde und hat seinen weltpolitischen Einfluss in den vergangenen 15 Jahren auf der Grundlage eines enormen Wirtschaftswachstums erheblich steigern können. Gewachsen ist dadurch das Selbstvertrauen in internationalen Verhandlungen und der Wunsch, den weltpolitischen Einfluss der USA und der EU zu begrenzen, ohne diese Räume als wichtige Handelspartner (Export) zu verlieren.
Dies wird auch als erforderlich angesehen, um nach der Schwächung der eigenen Machtposition im Libyen-Konflikt wieder weltpolitische Stärke zu demonstrieren: In diesem Fall war nach eigener Auffassung die – von China durch Enthaltung akzeptierte – Einrichtung einer Flugverbotszone als „Freifahrtschein" für eine „Intervention zum Umsturz" missbraucht worden.
Nicht zuletzt aufgrund des eigenen Umgangs mit politischer Opposition und religiösen Minderheiten verfolgt China die außenpolitische Doktrin der Nichteinmischung in innere Angelegenheiten souveräner Staaten. Der – durch die rasante Industrialisierung entstandene – wachsende Energiebedarf wird zum Beispiel durch Öl und Gas aus dem Iran und Syrien gedeckt. Die exklusiven, auf der Doktrin der Nichteinmischung basierenden Beziehungen zu vom Westen „geächteten" Staaten sichern deren Ressourcenlieferungen an China.

Entwurf für eine Resolution des Sicherheitsrates der Vereinten Nationen

Die Delegation ________________ schlägt den geehrten Mitgliedern des Sicherheitsrates folgenden Text zur Beschlussfassung am ____________ vor:

Resolution des Weltsicherheitsrates Nr. 4321 vom ___________

Der Sicherheitsrat gibt seiner __________________ ❶ über ________________ ❷ in Syrien Ausdruck.

Er unterstreicht, dass ___________ ❸

Der Sicherheitsrat ___________ ❹ ___________ ❺ des/der gegenwärtigen ________________ ❻ :

1. ___________ ❼

2. ___________ ❽

❶ Beunruhigung, Sorge, Kritik ...
❷ die Situation, Lage, Aggression, den Krieg, den Bürgerkrieg, das unangemessene Vorgehen gegen Zivilisten ...
❸ *Hier sollten Sie sich auf die Charta der Vereinten Nationen beziehen.*
❹ ruft dazu auf, fordert dringend auf, bittet, ersucht zu prüfen ...
❺ die Parteien, die Streitparteien, die syrische Regierung ...
❻ Konfliktes, Kampfes, Krieges, Auseinandersetzung ...
❼ z. B. ... jede militärische Handlung einzustellen ...
❽ *Hier sollten Sie das Vorgehen der UNO (Art. 41 und 42 der Charta der Vereinten Nationen) konkretisieren.*

M 12 ● Der UN-Sicherheitsrat: ein neoabsolutistisches Organ!?

Einem [...] denkbaren und wünschenswerten Übergang [zu einem „Weltinnenrecht"] steht jedoch ein Sachverhalt eklatant entgegen: die problematische Rolle des Sicherheitsrates – eines Gremiums, in dem sich eine althergebrachte Mächtekonstellation wiederfindet, deren Mitglieder de facto und gemäß der Konstruktion des Sicherheitsrates auch letztlich de jure nationale Interessenpolitik à la carte betreiben können, wenn sie dies nur wollen. Da die Entscheidungen dieses Gremiums überdies, sofern gemäß Kap. VII der Charta erfolgt, rechtsverbindlichen Charakter haben [...], ein parlamentarischer Vorlauf oder eine entsprechende institutionell verbindliche Begleitdiskussion auf breiter Basis innerhalb der VN, im Übrigen auch eine rechtliche Kontrolle der Beschlüsse des Sicherheitsrates nicht vorgesehen sind [...], handelt es sich beim Sicherheitsrat um ein Organ der Vereinten Nationen von [...] neoabsolutistischem Zuschnitt.

Dieter Senghaas, Weltordnung in einer zerklüfteten Welt, Berlin 2012, S. 148

Dieter Senghaas ist Politikwissenschaftler und Friedensforscher.

M 13 ● (Historische) Berechtigung des Weltsicherheitsrates

Die Verantwortung für den Weltfrieden hat nach dem Wortlaut der Charta der Sicherheitsrat. „Um ein schnelles und wirksames Handeln der Vereinten Nationen zu gewährleisten", so Art. 24 Abs. 1 der Charta, „übertragen ihre Mitglieder dem Sicherheitsrat die Hauptverantwortung für die Wahrung des Weltfriedens und die internationale Sicherheit und erkennen an, dass der Sicherheitsrat bei der Wahrnehmung der sich aus dieser Verantwortung ergebenden Pflichten in ihrem Namen handelt." Verglichen mit dem komplizierten Prozedere zwischen Rat und Bundesversammlung zur Zeit des Völkerbunds ist das eine klare Regelung. Sie sagt aber noch nichts Näheres darüber aus, wie eine solche Friedensordnung funktionieren soll. Sicher war nur, dass dazu Eingriffe in die nationale Souveränität erlaubt sein mussten. Ohne Beschränkung der staatlichen Handlungsfreiheit würde es keinen internationalen, auf dem Prinzip des wechselseitigen Nachgebens basierenden Friedensplan geben können. Aus diesem Grund findet sich in Art. 25 der Charta die Bestimmung, dass die Beschlüsse des Sicherheitsrates eine für alle UN-Mitgliedstaaten bindende Wirkung besitzen. Und aus demselben Grund findet sich zwei Artikel weiter eine andere Bestimmung, die [...] die Voraussetzung für dessen Durchsetzung ist. Denn ohne die Einbindung der Großmächte in eine internationale Friedensordnung, das hatte der Völkerbund gezeigt, ist diese Ordnung zum Scheitern verurteilt. Darum besagt Art. 27 Abs. 3, dass für Beschlüsse des Sicherheitsrates über Fragen, die nicht lediglich Verfahrensfragen sind, über Fragen also, die den Frieden und allgemein die internationale Sicherheit betreffen, die Zustimmung aller fünf ständigen Mitglieder des Sicherheitsrates [...] notwendig ist. Mit anderen Worten, es sollte kein Beschluss gefasst werden können, der nicht von den ständigen Sicherheitsratsmitgliedern getragen oder der, wie es sich mittlerweile als weniger strikte Variante durchgesetzt hat, nicht zumindest durch Stimmenthaltung, das heißt durch den Verzicht auf das Vetorecht, hingenommen werden kann. [...]

Man mag [die Tatsache, dass sich die Großmächte selbst eine privilegierte Stellung einräumten] als Ausdruck eines allseitigen Machtkalküls sehen, sollte jedoch nicht vergessen, dass die Hauptlast im Kampf gegen die Achsenmächte [das nationalsozialistische Deutschland, Italien und Japan] von Großbritannien, der Sowjetunion und den USA getragen worden war und dass die damaligen politischen Realitäten langfristige Stabilität nur durch Etablierung eines militärisch starken Machtzentrums erreichbar machten.

Gerd Hankel, Die UNO, Hamburg 2006, S. 32 f.

Gerd Hankel ist Mitarbeiter des Hamburger Instituts für Sozialforschung.

Aufgaben

1. Simulieren Sie die von Frankreich einberufene Sondersitzung des UN-Sicherheitsrates. Sie übernehmen dabei die Rolle der Außenminister der teilnehmenden Staaten sowie weiterer Delegationsmitglieder und argumentieren auf der Grundlage Ihrer Positionskarten (M 11) sowie der UN-Charta (vgl. M 4 – 6, M 8). Abweichend von den Regelungen der UN-Charta kommt im Spiel ein Resolutionsentwurf zustande, wenn ihm mindestens drei Mitglieder des UN-Sicherheitsrates einschließlich aller ständigen Mitglieder zustimmen.
2. Im Zusammenhang des Syrien-Konfliktes sind im Frühjahr 2012 mehrere Resolutionsentwürfe, die eine Verurteilung der syrischen Regierung und die Ergreifung von Sanktionsmaßnahmen vorsahen, im UN-Sicherheitsrat gescheitert (vgl. M 7).
   Erläutern Sie die darin zum Ausdruck kommenden Schwierigkeiten einer Einigung im UN-Sicherheitsrat. Unterscheiden Sie dabei die drei Dimensionen des Politischen.
3. Insgesamt „handelt es sich beim Sicherheitsrat um ein Organ der Vereinten Nationen von [...] neoabsolutistischem Zuschnitt" (M 12).
   Beurteilen Sie ausgehend von M 12/M 13 die Konstruktion des UN-Sicherheitsrates (Zusammensetzung, Mehrheitsregel, Zuständigkeit für die „Wahrung des Weltfriedens") anhand der Kategorien Effizienz und Legitimität.
4. In der jüngeren Debatte um eine Reform des UN-Sicherheitsrates werden unter anderem (a) die Übertragung seiner Befugnisse an die Generalversammlung und (b) die Abschaffung des Vetorechtes der ständigen Mitglieder gefordert. Nehmen Sie zu diesen Forderungen anhand der Kategorien Effizienz (Schnelligkeit und Genauigkeit der Entscheidung, politische Durchsetzbarkeit) sowie Legitimität (Transparenz, Repräsentativität) begründet Stellung.

H zu Aufgabe 1
Analysieren Sie die Positionen und Interessen der vorgestellten Mitgliedstaaten des UN-Sicherheitsrates zum Syrien-Konflikt und seiner Lösung durch die internationale Staatengemeinschaft (M 11).
Vorschlag: Visualisieren Sie die Interessenkonstellation in einem Schaubild.

H zu Aufgabe 2
Die drei Dimensionen des Politischen sind:

- Polity: die Spielregeln von Politik (Verfassung, Verträge)
- Politics: die von Macht und Interesse gekennzeichneten Aushandlungsprozesse zwischen politischen Akteuren
- Policy: die konkreten politischen Ziele sowie diesen zugrunde liegende Werte und Normen

Konkretisieren Sie die drei Dimensionen für die Verhandlungen im Rahmen des UN-Sicherheitsrates, ehe Sie mit der Bearbeitung der Aufgabe beginnen.

Der Syrien-Konflikt
M 2, M 3

Der Bürgerkrieg in Syrien entzündete sich 2011 zunächst an regimekritischen Demonstrationen nach Vorbild des „Arabischen Frühlings", die von syrischen Sicherheitskräften mit Waffengewalt niedergeschlagen wurden. Spätestens seit Sommer 2011 spielen Rebellentruppen, die vom Ausland mit Waffen versorgt werden, eine wichtige Rolle im Konflikt, in dem zahlreiche Zivilisten von beiden Konfliktparteien getötet wurden.

Neben der nationalen Ebene ist der Konflikt auch auf vielfache Weise in die regionale und globale Sicherheitsarchitektur eingewoben, was seine Lösung erschwert. So verfolgen regionale Mächte wie die Türkei oder Iran bei der Unterstützung der Rebellen- bzw. Regierungsseite eigene Interessen und erfahren zudem durch massive Flüchtlingsströme eine mögliche Destabilisierung des eigenen Staatsgebietes. Auch die USA und Russland sind mit eigenen Interessen, die sie im UN-Sicherheitsrat verfolgen, stark in den Konflikt involviert.

Gründung und Aufgabenfelder der UNO
M 4

Am 24. Oktober 1945 wurden die Vereinten Nationen (UNO = United Nations Organization) von damals 51 Staaten begründet. Sie entstanden unter dem Eindruck der Katastrophe des Zweiten Weltkriegs mit dem Ziel, durch eine globale Organisation künftig Frieden und Sicherheit in der Welt zu gewährleisten. Seither hat sich die Zahl der Mitgliedstaaten auf 193 (2012) erhöht, und die Vereinten Nationen haben ihre Tätigkeitsbereiche auf alle Weltprobleme – von der Bekämpfung des Hungers bis zum Klimawandel, von der Kinderarbeit bis zur Überschuldung vieler Entwicklungsländer – ausgedehnt.

Ziele und Grundsätze der Charta
M 8, M 10

Die Vereinten Nationen sind eine internationale Organisation, die auf der freiwilligen Zusammenarbeit der beteiligten Staaten beruht, ohne dass diese auf Souveränitätsrechte verzichten (im Gegensatz etwa zur EU). Die Generalversammlung stellt in erster Linie ein Diskussionsforum für Weltprobleme dar. Alle Mitgliedstaaten sind in diesem Organ vertreten, wobei jeder Staat bei Abstimmungen eine Stimme hat. Während die Generalversammlung nach innen bindende Beschlüsse fassen kann (z. B. Wahl von nichtständigen Mitgliedern des Sicherheitsrats, Haushaltsbeschlüsse), kann sie in politischen Fragen nur Empfehlungen abgeben (z. B. gegenüber dem Sicherheitsrat).

Der Sicherheitsrat ist besonders im Hinblick auf die Friedenssicherung das eigentliche Entscheidungsorgan. Er besteht aus fünf ständigen Mitgliedern mit Vetorecht und zehn nichtständigen, von der Generalversammlung auf zwei Jahre gewählten Mitgliedern. Der Sicherheitsrat stellt fest, ob eine Bedrohung des Friedens vorliegt, und kann Zwangsmaßnahmen zur Wahrung des Weltfriedens beschließen, die von Wirtschaftssanktionen bis zum Einsatz von Waffengewalt reichen. Die UNO-Mitglieder sind verpflichtet, die Resolutionen des Sicherheitsrats umzusetzen, die UNO ist allerdings immer darauf angewiesen, dass ausreichend Mittel zur Verfügung gestellt werden.

Der UN-Generalsekretär (seit 2007 Ban Ki-Moon, Südkorea) ist der höchste Verwaltungsbeamte und Repräsentant der UNO. Er kann die Aufmerksamkeit des Sicherheitsrats auf Angelegenheiten richten, die nach seiner Auffassung eine Gefahr für den Weltfrieden darstellen, und erstattet der Generalversammlung jährlich Bericht. Auf Vorschlag des Sicherheitsrats wird er von der Generalversammlung auf fünf Jahre gewählt.

Strukturelle Probleme der UNO und das Konzept der Schutzverantwortung
M 5, M 6

Als mit dem Ende des Ost-West-Konflikts die Konfrontation der ständigen Mitglieder mit Vetorecht beendet war, hoffte man auf ein effektiveres Wirken des Sicherheitsrats. Immer wieder aber zeigte es sich, dass Interessengegensätze zwischen den fünf Großen des Sicherheitsrats die rechtzeitige Verabschiedung wirksamer Resolutionen zur Beendigung schwerster Menschenrechtsverletzungen verhinderten.
Das 2005 in einer Resolution verabschiedete Konzept der „Responsibility to Protect" (R2P) sollte das Spannungsverhältnis zwischen Menschenrechtsschutz und staatlicher Souveränität auflösen und kann als Ausdruck eines gewandelten Verständnisses des Völkerrechts interpretiert werden. Es war jedoch bislang lediglich in einem Fall (Libyen 2011) expliziter Bezugspunkt einer humanitären Intervention unter UN-Mandat, obwohl es vielfach weltweit zu gewaltbedingten humanitären Katastrophen gekommen war.
Dass es häufig nicht zur Anwendung der in Kapitel VI und VII der UN-Charta festgelegten Instrumente zur Beendigung von Konflikten kommt, hat mehrere Ursachen:

- Oft kann sich der Sicherheitsrat nicht auf effektive Sanktionen einigen, weil die Vetomächte Resolutionen verhindern, die nicht ihren nationalen Interessen entsprechen.
- Um Friedensmissionen durchführen zu können, ist die UNO auf die Beteiligung von Mitgliedstaaten angewiesen. Die in der UN-Charta festgelegte Verpflichtung zur Unterstützung wird in der Praxis kaum beachtet.
- Die in der UN-Charta festgelegten Maßnahmen zielen auf zwischenstaatliche Konflikte. Nachdem aber heute innerstaatliche Konflikte dominieren, geraten bei möglichen Interventionen das Verbot, sich in innerstaatliche Angelegenheiten einzumischen (Interventionsverbot), mit dem ebenfalls in der UN-Charta verankerten Schutz der Menschenrechte und dem Selbstbestimmungsrecht der Völker in Konflikt.

Diese strukturellen Probleme zeigen sich auch in der internationalen Bearbeitung des Syrien-Konfliktes: insbesondere Russland blockiert mit seiner Vetoposition aus in erster Linie strategischen Gründen bislang sämtliche Versuche, im Sicherheitsrat eine Resolution zu verabschieden, die geeignet ist, den Konflikt zu deeskalieren. Unterstützt wird Russland dabei von China, das analog zu seiner außenpolitischen Doktrin alle UN-Maßnahmen zu unterbinden versucht, die zu einer Aufweichung des Interventionsverbotes führen könnten.

KOMPETENZEN ANWENDEN

Möglichkeiten und Grenzen sicherheitspolitischer Akteure analysieren und beurteilen

Schwarwel

Obama erwägt Intervention – Russland warnt den Westen

US-Präsident Obama droht Syrien so deutlich wie nie mit einer Intervention – jetzt reagieren Assads traditionelle Verbündete, Russland und China. [...] Außenminister Sergej Lawrow hat die westlichen Länder ermahnt, keine einseitigen Maßnahmen gegen Syrien vorzunehmen. Moskau und Peking seien sich einig, dass Verletzungen des Völkerrechts und der Charta der Vereinten Nationen unzulässig seien, sagte Lawrow bei einem Treffen mit einem chinesischen Top-Diplomaten in Moskau. Ein Vorgehen ohne Beschluss des Sicherheitsrats sei nicht legitim. „Das ist der einzige Weg in der gegenwärtigen Lage“, sagte Lawrow. „Das ist sehr, sehr wichtig.“ Außenminister Lawrows Aussage folgt auf die Drohung von US-Präsident Barack Obama. Er hatte die Assad-Regierung und „alle Akteure in der Region“ unmissverständlich gewarnt: Im Falle des Einsatzes von biologischen oder chemischen Waffen im Syrien-Konflikt würden die USA mit einer Militäraktion antworten, so Obama. Mit der Verwendung solcher Massenvernichtungswaffen würde eine „rote Linie“ überschritten. [...]

heb/Reuters/dpa auf Spiegel online, 21.8.2012

Aufgaben

1. Analysieren Sie die Karikatur.
2. Erläutern Sie – ausgehend von der Karikatur – Möglichkeiten und Grenzen, innerstaatliche Konflikte wie den Syrien-Konflikt im Rahmen der Vereinten Nationen zu befrieden. Gehen Sie dabei gleichermaßen auf die zur Verfügung stehenden Instrumente und die dafür erforderlichen Entscheidungsprozesse ein.
3. Erörtern Sie, ob (bzw. unter welchen Bedingungen) humanitäre Interventionen im Sinne der „Responsibility to Protect“ auch ohne Mandat des UN-Sicherheitsrates umgesetzt werden sollten.

4.4 Global Governance – Modell für ein friedliches 21. Jahrhundert?

4.4.1 Auf dem Weg zum „Weltinnenrecht"? Der Internationale Strafgerichtshof

M 1 Die Vision einer universellen Strafjustiz

Der US-amerikanische Chefankläger der Nürnberger Prozesse, Robert H. Jackson, entwarf in seiner Rede zur Prozesseröffnung am 21. November 1945 grundlegende Ideen eines modernen Völkerstrafrechts:

And let me make clear that while this law is first applied against German aggressors, the law includes, and if it is to serve a useful purpose it must condemn aggression by any other nation, including those which sit here not in judgment. We are able to do away with domestic tyranny and violence and aggression by those in power against their own people only when we make all men answerable to the law. This trial represents mankind's desperate effort to apply the discipline of the law to statesmen who have used their powers of state to attack the foundations of the world's peace and to commit aggressions against the rights of their neighbors.

Zitiert nach: Wolfgang Kaleck, Mit zweierlei Maß. Der Westen und das Völkerstrafrecht, Berlin 2012, S. 30

M 2 Anklage und Urteil gegen einen Kriegsverbrecher

Der ehemalige kongolesische Rebellenchef Thomas Lubanga während der Urteilsverkündung im Gerichtssaal in Den Haag am 14.3.2012.

Es ist ein Meilenstein in der Geschichte der Weltjustiz. Am 14.3.2012 fällte der Internationale Strafgerichtshof (IStGH) in Den Haag sein erstes Urteil überhaupt: Einstimmig sprach er Thomas Lubanga, Gründer und Chef einer Miliz im Kongo, wegen Kriegsverbrechen schuldig.[1] Zwischen 2002 und 2003 hatten Truppen, die unter dem Kommando Lubangas standen, zahlreiche Kinder unter 15 Jahren aus ihren Häusern oder aus den Schulen verschleppt, militärisch ausgebildet und in den Krieg geschickt. [...]

Lubanga, geboren 1960, hatte im Zweiten Kongokrieg (1998-2003) mit Hilfe aus Uganda im Jahr 2000 die Patriotischen Kräfte für die Befreiung des Kongo (FPLC) gegründet, eine Miliz, der zahlreiche Kriegsverbrechen angelastet werden. Doch beschränkte sich die Anklage des Welt-

strafgerichtshofs auf die Rekrutierung und den Einsatz von Kindersoldaten, um den Prozess nicht unnötig in die Länge zu ziehen. Der unwiderlegbare Nachweis anderer Verbrechen wäre wohl schwieriger, jedenfalls aber extrem zeitraubend gewesen. Dass Lubanga auf Dorfversammlungen vor Kindersoldaten öffentliche Reden gehalten hat und dass seine eigene Leibgarde auch aus Kindern bestand, ist bewiesen.
Im Gerichtsverfahren gegen Lubanga, das 2010 eröffnet wurde, kamen 67 Zeugen zu Wort, unter ihnen auch frühere Kindersoldaten. 129 Opfer durften am Prozess teilnehmen und den Zeugen auch Fragen stellen. Lubanga, der auf nicht schuldig plädiert hatte, kann Berufung einlegen. Sobald das Urteil auf Französisch vorliegt, hat er 30 Tage Zeit, Einspruch zu erheben. Lubanga wurde nach der Ermordung von neun Blauhelm-Soldaten der UN-Mission 2005 im Kongo festgenommen. Als der IStGH im Jahr danach einen Haftbefehl gegen ihn erließ, wurde der Milizenführer nach Den Haag ausgeliefert. Er war der erste Häftling des Weltstrafgerichts, das 2002 seine Tätigkeit aufgenommen hatte. [...]

Thomas Schmid, Historisches Urteil, in: Frankfurter Rundschau, 15.3.2012

[1] *Das Strafmaß wurde im Juli 2012 auf 14 Jahre Haft festgelegt.*

Internationaler Strafgerichtshof (IStGH)
engl.: International Criminal Court (ICC)

M 3 ● Die Institutionalisierung des Völkerstrafrechts – der Internationale Strafgerichtshof

Jahrtausendlang war der Krieg ein rechtsfreier Raum. „Unter Waffen schweigen die Gesetze“, hatte schon der römische Politiker und Philosoph Cicero gewusst. Im Mittelalter sprachen die christlichen Kreuzfahrer vom Heiligen Krieg und brandschatzten Dörfer und Städte, vergewaltigten und ermordeten Ungläubige. Erst im ausgehenden 19. Jahrhundert wurden in internationalen Abkommen Kriegshandlungen rechtliche Grenzen gesetzt, vor allem in der Haager Landkriegsordnung von 1899. Doch wer die missachtete, hatte in der Regel nichts zu fürchten. Das Recht, einen Angriffskrieg zu führen, galt zudem bis in die Zeit zwischen den beiden Weltkriegen als selbstverständliches Attribut eines souveränen Staates. [...]
Ein Meilenstein in der Geschichte des Kriegsvölkerrechts waren die Nürnberger Prozesse. Die [nationalsozialistischen] Hauptverantwortlichen für Kriegsverbrechen und die Verbrechen gegen die Menschlichkeit kamen in Nürnberg vor ein Gericht der Alliierten. Doch der Kalte Krieg blockierte dann jede Weiterentwicklung einer internationalen Justiz. Erst nach dem Fall der Berliner Mauer und dem Ende des Sowjetreiches konnte der Sicherheitsrat der Vereinten Nationen zwei internationale

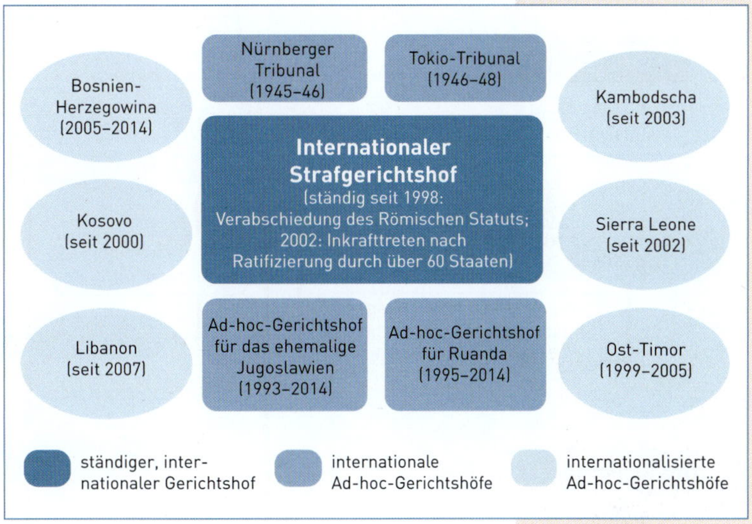

Nach: Nürnberger Menschenrechtszentrum 2006 (aktualisiert)

[Ad-hoc-]Tribunale schaffen – zur Aburteilung der Kriegsverbrechen im ehemaligen Jugoslawien und in Ruanda.
Die beiden Tribunale beförderten die Entwicklung einer regional und zeitlich nicht begrenzten Weltjustiz, deren gewiss höchst unvollkommener Ausdruck der ICC ist. Er wurde durch einen internationalen Vertrag [Römisches Statut] ins Leben gerufen, was ihm mehr Legitimität verleiht, als wenn er auf Anordnung des UN-Sicherheitsrats entstanden wäre. Bis heute sind ihm 121

Staaten beigetreten. 32 weitere Staaten haben sein Statut unterzeichnet, aber noch nicht ratifiziert. Nachdem der 60. Staat seine Ratifikationsurkunde hinterlegt hatte, konnte das Gericht vor zehn Jahren, am 1. Juli 2002, seine Arbeit aufnehmen.
Nach eigenen Statut kann der ICC nur Völkermord, Kriegsverbrechen, Verbrechen gegen die Menschlichkeit und Verbrechen der Aggression (Angriffskrieg)[1] verfolgen, die nach dem 1. Juli 2002 begangen wurden. Und er ist nur zuständig, wenn die nationale Gerichtsbarkeit nicht fähig oder willens ist, die genannten Verbrechen zu ahnden [Prinzip der Komplementarität]. Die wichtigste Einschränkung aber: Der ICC kann nur Täter zur Rechenschaft ziehen, die einem Staat angehören, der sein Statut ratifiziert hat oder die ihr Verbrechen in einem der Vertragsstaaten begangen haben. In allen andern Fällen kann er nur tätig werden, wenn er vom Sicherheitsrat der Vereinten Nationen dazu ermächtigt wird. [...]

Thomas Schmid, Der schwierige Weg zu einer Weltjustiz, in: Frankfurter Rundschau, 27.6.2012

[1] Was eine kriegerische Aggression ist, darauf konnten sich die Unterzeichnerstaaten erst auf der Konferenz in Kampala 2010 einigen. Die vertragliche Definiton ist allerdings noch nicht in Kraft getreten und findet in der Gerichtsbarkeit des IStGH noch keine Anwendung. (Stand: Januar 2013)

M 4 ● Aufbau und Arbeitsweise des ICC

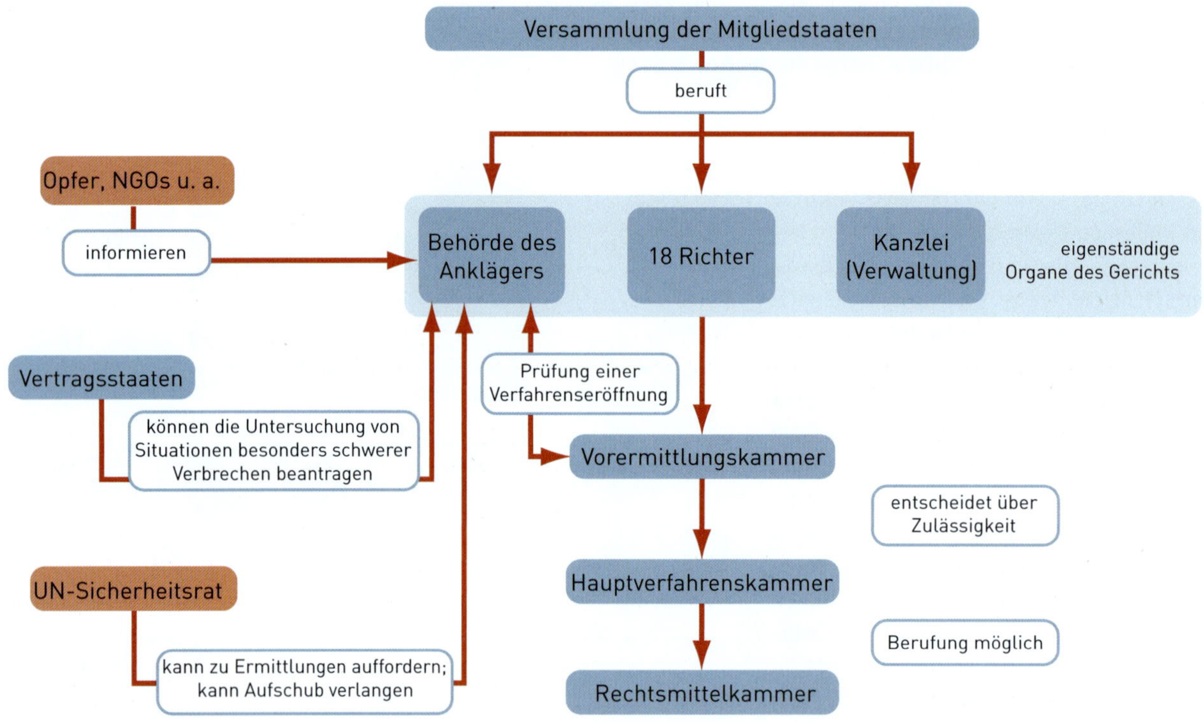

Rechtsgrundlage des ICC ist ein völkerrechtlicher Vertrag, dem jeder Staat freiwillig beitreten kann. Dieser Vertrag ist die Gründungsurkunde des ICC. Nach dem Ort, wo dieser Vertrag 1998 beschlossen wurde, nennt man ihn das „Römische Statut".

Der ICC ist ein eigenständiges völkerrechtliches Organ, aber mit den UN durch einen Kooperationsvertrag verbunden. Sein oberstes Organ ist die „Versammlung der Vertragsstaaten". Der ICC ist ein unabhängiges Gericht. Einmal im Amt, unterliegen die Richter keinen Weisungen. Politische Einflüsse sollen so weit als möglich ausgeschlossen bleiben.

Das Statut räumt dem Sicherheitsrat der UN zwei Befugnisse ein:

1. Antrag auf Einleitung von Ermittlungen nach Kap. VII der UN-Charta, wobei das Gericht bei der Ergebnisfindung unabhängig ist.
2. Ersuchen auf zeitweiligen Aufschub von Ermittlungen oder der Strafverfolgung auf der Grundlage des Statuts für ein Jahr (mit Verlängerungsmöglichkeit), wenn eine entsprechende Resolution des Rates nach Kap. VII der UN-Charta zugrunde liegt.

Nach: Nürnberger Menschenrechtszentrum, Der Weg zum Internationalen Strafgerichtshof, 2006, S. 11

M 5 ● Gefangene der globalen Realpolitik

[...] Just die Großmächte USA, Russland und China, aber auch Staaten wie Iran und Israel [haben] den Vertrag nicht ratifiziert. Ermittlungen wegen israelischer Kriegsverbrechen im Gaza-Streifen würde der UN-Sicherheitsrat, in dem die USA ein Vetorecht haben, mit Sicherheit nie billigen. Ermittlungen gegen amerikanische, russische oder chinesische Kriegsverbrecher sind erst recht ausgeschlossen. Hier stößt also der ICC an seine Schranken. Er muss sich mit dem begnügen, was politisch machbar ist. Auch deshalb geriet er in den Ruch, neokoloniale Politik zu betreiben.

In der Tat ermittelt das ICC förmlich nur gegen afrikanische Täter. Allerdings haben im letzten Jahrzehnt die schlimmsten Kriege gerade in Afrika, vor allem im Kongo gewütet. Zudem haben drei der fünf betroffenen afrikanischen Staaten die Strafverfolgung von sich aus an den ICC überwiesen. In den beiden anderen wurde sie vom UN-Sicherheitsrat autorisiert. Der umstrittenste Fall war Omar al-Baschir, der amtierende sudanesische Staatschef.

Als der Argentinier Luis Moreno Ocampo, [...] [ehemaliger] Chefankläger des ICC, gegen ihn einen Haftbefehl wegen Völkermord in Darfur durchsetzte, schlug ihm Kritik entgegen. Die Maßnahme erschwere eine friedliche Lösung des Konflikts um den Südsudan. Auch im Fall Syrien könnte Gerechtigkeit gegen das Bedürfnis nach Frieden stehen. Soll man Präsident Baschar al-Assad im Ausland Asyl gewähren, um eine Friedenslösung zu erleichtern? [...]

Thomas Schmid, Der schwierige Weg zu einer Weltjustiz, in: Frankfurter Rundschau, 27.6.2012

Gerhard Mester, Baaske Cartoons

Die USA hatten, nachdem Präsident Bill Clinton im letzten Moment das Statut unterzeichnet hatte, unter George W. Bush junior (Person in der Karikatur) die Unterschrift zurückgezogen.

Aufgaben

1. Beschreiben Sie das Selbstverständnis, die Aufgaben sowie die Arbeitsweise des Internationalen Strafgerichtshofes (M 1 - M 4).
2. a) Für die vergangenen Jahrzehnte behaupten politische Beobachter eine zunehmende Verrechtlichung als wesentliches Merkmal der Weltpolitik.
   Charakterisieren Sie die Einrichtung des Internationalen Strafgerichtshofes als Teil dieses Prozesses (M 1 - M 4).
   b) Es gilt „weiterhin, dass Recht zunächst aus Macht erwächst" (Stefan Oeter, Völkerrechtler).
   Erläutern Sie – ausgehend von dieser These und am Beispiel des Völkerstrafrechts – Schwierigkeiten im Prozess der Verrechtlichung internationaler Beziehungen (M 2 - M 5).
3. Der ICC als „Meilenstein" auf dem Weg der Verrechtlichung internationaler Beziehungen – Erfolg oder Misserfolg? Nehmen Sie zu dieser Frage begründet Stellung.

F Recherchieren Sie zu gegenwärtigen Verfahren (Anklagepunkte, Stand des Verfahrens, Urteil bzw. Aussicht auf Verurteilung), die am ICC oder nicht-ständigen internationalen bzw. internationalisierten Gerichtshöfen anhängig sind (Beispiele: Charles Taylor, Liberia; Radovan Karadzic, Serbien; Denis Sassou-Nguesso, Kongo).

4.4.2 Global Governance – Welt(ordnungs)politik im 21. Jahrhundert

M 6 ● Was ist Global Governance?

Die sogenannte Globalisierung bzw. gesellschaftliche Denationalisierung hält für das nationalstaatliche Regieren in der OECD-Welt zahlreiche neue Herausforderungen bereit. Man denke an das Ozonloch, den Klimawandel und die Biodiversität im Umweltbereich, den Terrorismus und den Bürgerkrieg im Sicherheitsbereich oder an Banken-, Währungs- und Finanzkrisen im Wohlfahrtsbereich. All diese neuen Herausforderungen zeigen die Grenzen nationalstaatlichen Regierens. Den globalen Klimawandel kann keine Regierung alleine aufhalten, ebenso wie sie alleine den transnationalen Terrorismus erfolgreich bekämpfen oder internationale Finanzkrisen verhindern kann. Auch die Regierungen mächtiger OECD-Staaten sind hier von der Kooperation mit Regierungen anderer Staaten abhängig. [...] Deshalb wird im Zeitalter der Globalisierung Global Governance als notwendig erachtet.

Aber was ist Global Governance? Global Governance ergibt sich dadurch, dass sich verschiedene Steuerungsformen auf unterschiedlichen Entscheidungsebenen zu einem Gesamtarrangement von Governance by, with and without Government verbinden. Im Falle von Governance by Government (nationalstaatliches Regieren) sind es nationale Regierungen, die nationalstaatliche Regelungen hierarchisch setzen und auch durchsetzen. Geschwindigkeitsbeschränkungen auf Schnellstraßen sind ein einfaches Beispiel. Auf internationaler Ebene steht die Option Governance by Governments nicht zur Verfügung, weil es keinen Weltstaat gibt. Jenseits des Nationalstaates ist also zumindest Governance with Governments (internationales Regieren) erforderlich. In diesem Fall koordinieren und harmonisieren nationale Regierungen ihre Politik, um grenzüberschreitende Problemlagen zu bewältigen. Die wechselseitige Verpflichtung, auf diskriminierende Handelspolitiken zu verzichten, ist hierfür ein Beispiel. Governance without Governments (transnationales Regieren) meint in diesem Kontext schließlich, dass sich gesellschaftliche Gruppierungen grenzüberschreitend weitgehend selbst verregeln, um unerwünschte Interaktionsergebnisse zu vermeiden. Die Vergabe von Domain Names im Internet durch die Internet Corporation for Assigned Names and Numbers (ICANN) wird hierfür häufig als Beispiel angeführt. Eine Mischform ergibt sich, wenn Staaten in sogenannten Private-Public-Partnerships Teil eines transnationalen Arrangements werden, ohne dass sie einen privilegierten Status erhalten und daher einen Akteurstyp unter anderen darstellen. Die World Commission on Dams ist ein Beispiel hierfür. Es ist das Gesamtarrangement dieser verschiedenen Steuerungsformen, die Global Governance ausmachen. Mit anderen Worten: Global Governance = Governance by + Governance with + Governance without Governments.

Die einzelnen Steuerungsformen von Global Governance sind also nicht neu. Insbesondere war neben dem nationalstaatlichen Regieren (Governance by Government) schon früh ein internationales Regieren (Governance with Government) verbreitet. So haben sich vor allem nach 1945 zahlreiche Institutionen von der UNO bis zum Allgemeinen Zoll- und Handelsabkommen (GATT), vom Internationalen Währungsfonds (IWF) bis [...] zur International Maritim Organization (IMO) damit beschäftigt, kollektiv bindende Regelungen zu generieren und zu implementieren, um gesellschaftliche Grundwerte besser zu realisieren.

Global Governance zeichnet sich dadurch aus, dass die Regierungen das Regieren nicht mehr vollständig kontrollieren. Zum einen findet eine Vergesellschaftung des Regierens jenseits des Staates statt. Demnach wird internationales Regieren nicht mehr allein als Sache der Regierungen angesehen. Vielmehr sind gesellschaftliche Gruppen vermehrt am Regieren jenseits des Staates beteiligt oder nehmen dieses Regieren sogar selbst vor. Dementsprechend sind es nicht mehr nur die von den Regierungen vertretenen nationalen Interessen, sondern vermehrt auch andere gesellschaftliche Interessen, die in das Regieren eingebracht werden können. Zum anderen zeichnet sich eine Verrechtlichung des Regierens jenseits des Staates ab. Der Streit über unterschiedliche Regelanwendungen und Regelauslegungen erfolgt nicht mehr ausschließlich in an Interessen und Konsens orientierten politischen Verhandlungsprozessen, sondern wird immer mehr durch ein an Recht orientiertes juristisches Argumentieren geprägt. Dafür sorgen nicht zuletzt supranationale, quasi-gerichtliche Organe, die von den Staaten partiell unabhängig das Regieren beeinflussen können.

Bernhard Zangl, Michael Zürn (Hg.), Verrechtlichung – Baustein für Global Governance?, Bonn 2004, S. 13 ff.

M 7 ● Wer gestaltet die Weltpolitik?

Akteure in den internationalen Beziehungen sind die Organisationen, die auf die internationalen Rahmenbedingungen [...] Einfluss nehmen. Vier Akteurstypen sind zu unterscheiden:

1. Die prominentesten Akteure in den internationalen Beziehungen sind spätestens seit dem Westfälischen Frieden von 1648, in dem sich die Staaten für die internationalen Beziehungen gegenseitig als die einzigen legitimen Vertreter „ihrer" Gesellschaften anerkannten, fraglos die Regierungen von souveränen Staaten. Dementsprechend standen lange Zeit die grenzüberschreitenden Aktivitäten von Regierungen im Mittelpunkt der Analyse internationaler Beziehungen.
2. Neben den Regierungen von Staaten haben internationale Organisationen (IGOs), die von den Regierungen souveräner Staaten gegründet wurden, bereits sehr früh als Akteure der internationalen Beziehungen Anerkennung gefunden. Die wichtigsten internationalen Organisationen sind heute die Vereinten Nationen und die Europäische Union.
3. Als Akteure der internationalen Beziehungen haben auch Nichtregierungsorganisationen (NGOs, Non Governmental Organizations), die einen Zusammenschluss von Individuen innerhalb eines Staates bilden, Beachtung gefunden. Dementsprechend werden national konstituierte Interessengruppen wie Gewerkschaften, Arbeitgeberverbände, Umweltorganisationen, Parteien, Interessengruppen und Unternehmen in der Analyse der internationalen Beziehungen als gesellschaftliches Umfeld von Regierungen konzeptualisiert.
4. Nichtregierungsorganisationen, die sich über die Grenzen von Staaten hinweg organisieren (INGOs, International Non Governmental Organizations)[1] gelten als zunehmend wichtige Akteure der internationalen Politik. Deshalb werden transnationale Unternehmen (TNCs, Transnational Corporations) wie IBM oder Siemens sowie transnationale Organisationen (TNOs, Transnational Organizations) wie Greenpeace und amnesty international vermehrt in die Analyse internationaler Beziehungen einbezogen.

Bernhard Zangl, Michael Zürn, Frieden und Krieg, Frankfurt a. M. 2003, S. 60, 61

[1]Da viele NGOs heute auch international tätig sind, wird in der Praxis häufig nicht zwischen INGO und NGO unterschieden.

M 8 (Welt-)Regieren in internationalen Institutionen

Politische bzw. gesellschaftliche Problemlagen machen im Zeitalter der Globalisierung kaum mehr Halt vor staatlichen Grenzen. Daher erscheint es naheliegend, dass immer mehr politische Entscheidungen nicht auf einzel-, sondern auf internationaler (also: zwischen- bzw. überstaatlicher) Ebene getroffen werden. Diese Entwicklung wird bereits deutlich, wenn man sich die quantitative Ausweitung internationaler Beziehungen verdeutlicht; so stieg die Anzahl internationaler Organisationen von gut 100 im Jahre 1949 auf inzwischen über 300, und die Anzahl internationaler Verträge ist von knapp 2.000 im Jahr 1949 auf etwa 55.000 im Jahr 1997 angewachsen (vgl. Zangl/Zürn 2003).

Internationale Politik nimmt dabei jedoch sehr unterschiedliche Organisationsformen an, die u.a. ihre Reichweite oder Durchsetzungsfähigkeit beeinflussen. Die folgende Tabelle stellt die vier idealtypischen Organisationsformen dar.

Organisationsform:	Internationale Organisationen	Internationale Regime	Internationale Netzwerke	Internationale Ordnungsprinzipien
Problemfeldbezug: Regelungen für ein spezifisches Politikfeld vs. Allgemeingültigkeit	Allgemeingültigkeit und spezifische Politikfelder	Spezifisches Politikfeld	Spezifisches Politikfeld	Allgemeingültigkeit
Akteursqualität: selbstständiges Handeln als Akteur vs. Verhandlungsarena für (national)staatliche und gesellschaftliche Akteure	Verhandlungsarena mit Verselbstständigungstendenzen der Organisation und ihrer Leitung	Verhandlungsarena	Verhandlungsarena	keine
Art der Normen: Inhaltlich konkrete Normen und/oder prozedurale Normen (Verfahrensregeln)	Inhaltlich konkret und prozedural	Inhaltlich konkret und prozedural	Prozedural	Prozedural
Beispiele	OSZE, OECD ...	GATT, Menschenrechtsregime der UNO ...	Weltwirtschaftsgipfel ...	Souveränitätsprinzip der Staaten ...

Zusammenstellung des Autors nach: Bernhard Zangl, Michael Zürn, Frieden und Krieg, Frankfurt/Main 2003, S. 88 ff., S. 158 f.

M 9 Die Rolle der Nichtregierungsorganisationen in der Weltpolitik

Was sind NGOs?

[...] NGOs [sollen] als private Non-Profit-Organisationen mit folgenden Eigenschaften definiert werden: Sie gehen aus der freiwilligen Assoziation von Menschen hervor, sind von staatlichen Weisungen unabhängig, auf eine gewisse Dauer hin angelegt, nicht gewinnorientiert und haben eine formelle, satzungsmäßige Form. Internationale NGOs (INGOs) haben transnationale Ziele, Operationen und Verbindungen.

Ein kurzer Blick auf die Realität zeigt, dass nur ein Teil der NGOs dieser Definition „in Reinform" entspricht. Stattdessen bewegen sich viele Organisationen in einer Grauzone zwischen politisch-finanzieller Unabhängigkeit und starker Anbindung an staatliche und multilaterale [= mehrstaatliche] Geber. Verschiedenste Verflechtungen zwischen NGOs, Staat und Politik gehören zum Alltag in der humanitären Hilfe, der Entwicklungs- und Friedenspolitik. [...]

Hinsichtlich der Tätigkeitsprofile lässt sich zwischen einem operational und einem public policy profile unterscheiden. Bei Ersterem steht die konkrete, operative Arbeit vor Ort im Vordergrund. Bei der politikorientierten Arbeit versuchen NGOs hingegen, Öffentlichkeit [...] herzustellen sowie politische und gesellschaftliche Entscheidungsträger in ihrer Agenda, Problemwahrnehmung und ihren Entscheidungen zu beeinflussen.

Nutzen und Nachteile von NGOs

NGOs werden in Wissenschaft, Politik und Öffentlichkeit einige [...] Vorteile zugeschrieben, die ihnen zunächst einmal einen „guten Ruf" verschafft haben. Zuvörderst ist ihre politische Unabhängigkeit zu nennen – eine Eigenschaft, die [ihren] Argumenten und Aktionen [...] in der Öffentlichkeit eine hohe Glaubwürdigkeit verleiht. NGOs gelten auch als besonders flexibel und effektiv: Sie können – auch kurzfristig – mitunter erhebliche Ressourcen mobilisieren, etwa um rasch auf Notfallsituationen zu reagieren oder Opfer von Menschenrechtsverletzungen zu unterstützen. [...]

Das ursprünglich hohe Ansehen von NGOs [...] hat mittlerweile deutliche Kratzer abbekommen; skeptische Stimmen [...] [verweisen auf den] Kritikpunkt der problematischen Legitimität. NGOs stehen – je einflussreicher sie werden – unter Rechtfertigungszwang, denn sie gründen ihre Existenz und ihren Einfluss ja nicht auf allgemeine Wahlen. Dieses Defizit können sie zum Teil durch einen internen demokratischen Aufbau sowie durch die Verwirklichung von Prinzipien wie Verantwortlichkeit, Gleichheit und Transparenz kompensieren. Freilich sind solche Prinzipien [...] immer schwieriger umzusetzen. [...] Allerdings haben NGOs einen Vorteil: Gelingt es ihnen, als gesellschaftliche Sensoren und Stimmen staatlichen Akteuren und Akteuren, die legitimiert Macht ausüben, Entscheidungsorientierungen zu geben bzw. diese zu kontrollieren, erhalten sie in der öffentlichen Wahrnehmung einen „Bonus".

Da sich staatliche und multilaterale Akteure oft als nicht flexibel genug erweisen, angemessen auf neue Herausforderungen zu reagieren, entstehen Freiräume, in denen sich privat betriebene Weltpolitik als sachorientierter und effektiver als das klassische Modell rein nationalstaatlich geprägter Weltpolitik erweisen kann. Private Akteure können sich also – trotz Schwächen in ihrer internen Verfasstheit – profilieren und legitimieren, indem sie zu demokratischen Grundnormen und fairen Verfahren (Input-Legitimität) sowie zu einer effektiven und gerechten Leistungserbringung (Output-Legitimität) auf globaler Ebene beitragen.

Thomas Debiel, Monika Sticht, Entwicklungspolitik, Katastrophenhilfe und Konfliktbearbeitung, in: Achim Brunnengräber et al., NGOs im Prozess der Globalisierung, Bonn 2005, S. 129 ff.

Aufgaben

1. Arbeiten Sie die wesentlichen Elemente von Global Governance heraus (M 6, M 7).
2. a) Die konkrete politische Umsetzung von Global Governance kann „by, with and without government" (vgl. M 6, Zeile 28, 66 ff.) erfolgen. Erklären Sie mit Hilfe dieser Unterscheidung die Funktionsweise und Reichweite der unterschiedlichen Organisationsformen transnationalen Regierens (M 8).
   b) Ordnen Sie die Organisationsformen des Weltregierens im Bereich der internationalen Sicherheitspolitik (UNO, vgl. Kap. 4.3), der internationalen Strafverfolgung (ICC, vgl. Kap. 4.4.1), der Klimapolitik (vgl. Kap. 3) sowie der Weltwirtschaftsordnung (WTO, vgl. Kap. 2.1, Finanzarchitektur, vgl. Kap. 2.2) in die Typologie der Global-Governance-Architektur ein.
3. Für Organisationen des Weltregierens wie die WTO (vgl. Kap. 2.1) wird häufig gefordert, NGOs (M 9) als offizielle Verhandlungs- und Vertragspartner in die jeweilige Organisation einzubeziehen. Erörtern Sie diese Forderung anhand der Kategorien Effizienz und Legitimität.

H zu Aufgabe 1
Berücksichtigen Sie als zentrale Aspekte der Global-Governance-Architektur die unterschiedlichen Ebenen des Regierens (nationalstaatlich, international, transnational) sowie die Charakteristika *Vergesellschaftung* und *Verrechtlichung*.

H zu Aufgabe 3
Konkretisieren Sie, ehe Sie mit der kategorialen Bewertung beginnen, mögliche „Leistungen", die NGOs im Rahmen internationaler Organisationen erbringen könnten.

F Analysieren und beurteilen Sie die Rolle von NGOs (amnesty international, human rights watch) in der internationalen Menschenrechtspolitik und insbesondere bei der (Straf-)Verfolgung von Verbrechen gegen die Menschlichkeit.

ORIENTIERUNGSWISSEN

Der internationale Strafgerichtshof
M 3, M 4

Der am 1. Juli 2002 in Den Haag errichtete Internationale Strafgerichtshof (IStGH) ist die erste internationale und ständige Rechtsinstanz, die Einzelpersonen für schwere Menschenrechtsverletzungen wie Völkermord, Verbrechen gegen die Menschlichkeit oder Kriegsverbrechen zur Verantwortung ziehen kann.
Der IStGH ist kein Organ der Vereinten Nationen, sondern wurde von den beteiligten Staaten als unabhängige Instanz errichtet und ausgestattet; sie üben die Kontrolle aus. Die Richter und der Chefankläger werden auf neun Jahre gewählt (keine Wiederwahl möglich).

Grenzen und Probleme des IStGH
M 5

121 Staaten haben das Römische Statut zum Internationalen Strafgerichtshof ratifiziert (Stand: Oktober 2012), wichtige Staaten wie die USA, China, Russland oder Indien sind jedoch nicht beigetreten. Das Fernbleiben bedeutender Länder schwächt den Gerichtshof in seiner internationalen Bedeutung. Die USA befürchten vor allem politisch motivierte Anklagen gegen amerikanische Staatsbürger bzw. Soldaten. Gerade vor diesem Hintergrund haben die sich gegenwärtig v.a. auf Afrika beziehenden Aktivitäten des Gerichts zu dem Vorwurf einer einseitigen bzw. politisch motivierten Strafjustiz geführt.

Der Global Governance-Ansatz: Ziele und Akteure
M 6, M 7, M 9

Global Governance bezeichnet den praktischen Versuch, in einem System geteilter und sich überlappender Souveränitäten politische Steuerungsfähigkeit wiederzuerlangen und Konflikte friedlich zu lösen.
Im Zentrum dieser neuen „Weltordnungspolitik" stehen internationale Organisationen wie die Vereinten Nationen, die EU oder die WTO. Darüber hinaus gewinnen stabile und dynamische multilaterale Abkommen und Konferenzen (internationale Regime) zunehmend an Bedeutung. In Form von Verträgen oder allgemeinen Normen stellen sie notwendige Regeln für die Zusammenarbeit von Staaten bereit.
Internationale Ordnungsprinzipien wie das Völkerrecht bilden einen wichtigen Bezugspunkt, mit dem sich die Rechtmäßigkeit staatlichen Handelns beurteilen lässt. Somit lässt sich auch die Einrichtung des IStGH in das von einer zunehmenden Verrechtlichung internationaler Politik charakterisierte Global-Governance-Modell einordnen.
Zunehmend treten auch Nichtregierungsorganisationen (NGOs) als neue Akteure globaler Politik in Erscheinung. Sie sind durch ihre Verankerung in der Zivilgesellschaft für viele die Hoffnungsträger einer mehr bürgerorientierten, demokratischeren Weltgesellschaft.

Grenzen von Global Governance

Einstimmig zu treffende Entscheidungen sind in großen multilateralen Verhandlungssystemen nur schwer herbeizuführen – und die Umsetzung einmal getroffener Entscheidungen hängt ganz vom Willen der Nationalstaaten ab, die ein Vertragssystem begründet haben. Da es kein internationales Gewaltmonopol gibt, können vor allem mächtige Staaten nicht gezwungen werden, internationale Vereinbarungen einzuhalten oder gar aktiv zu unterstützen, wie u. a. an der eingeschränkten Universalität des IStGH deutlich wird.

Strategien der Verrechtlichung internationaler Beziehungen analysieren und beurteilen

Tony Blair und George W. Bush gehören vor den Internationalen Strafgerichtshof in Den Haag. Sie müssen sich für den Irakkrieg, den sie 2003 vom Zaun gebrochen haben, verantworten. Das Gericht soll über ihre Schuld oder Unschuld befinden. Diese Forderung gibt es schon seit geraumer Zeit. Doch bisher ist sie kaum gehört worden. [...] Nun aber will ein Mann Bush und Blair in Den Haag vor Gericht sehen, den man nicht so einfach abtun kann: Bischof Desmond Tutu. Der südafrikanische Friedensnobelpreisträger und Held der Antiapartheitbewegung schrieb dieser Tage in einem Gastbeitrag im englischen Observer: „Mehr als 110.000 Iraker haben in diesem Konflikt seit 2003 ihr Leben verloren, Millionen sind vertrieben worden. 4.500 amerikanische Soldaten sind getötet und mehr als 32.000 verletzt worden. In einer gerechten Welt würde das allein ausreichen, dass diejenigen, die dieses Leid und diesen Verlust an Menschenleben verursacht haben, denselben Weg beschreiten müssen wie manche ihrer afrikanischen Kollegen, die sich für ihre Taten in Den Haag verantworten mussten."

[...] Ist es überhaupt möglich, die beiden vor Gericht zu bringen? [...] Den Haag wäre formal für Bush nicht zuständig, wohl aber für Blair. [...] Es ist [jedoch] schwer vorstellbar, dass Blair in Den Haag vor Gericht kommt. Trotzdem muss das „Unvorstellbare" verlangt werden, im Namen der Gerechtigkeit, die ja vom Gericht repräsentiert wird; aber auch im Namen einer wohlverstandenen Realpolitik.

Der Gerichtshof in Den Haag leidet unter dem Vorwurf der Einseitigkeit. Er habe bisher nur Afrikaner angeklagt [...] oder verurteilt [...]. Er sei daher nichts weiter als ein Instrument des weißen Westens. Der Vorwurf ist beides: ungerecht und gerechtfertigt. Ungerecht ist er, weil das Haager Gericht irgendwo beginnen muss. Gerechtfertigt ist er, weil das Gericht dort mit seiner Arbeit begann, wo es politisch am einfachsten durchzusetzen war, in Afrika, in Kleinstaaten, bei abgehalfterten Diktatoren.

Einem Gericht, das Blair anklagt, könnte man „Klassenjustiz" nicht mehr vorwerfen. Das würde der Idee einer internationalen Gerechtigkeit weltweit insgesamt mehr Gewicht verleihen, weil es nicht mehr ein Gericht der Weißen wäre. Das ist im Kern die symbolische Botschaft von Bischof Desmond Tutu. Gerechtigkeit muss für alle gelten. Und nur Gerechtigkeit schafft auf Dauer Frieden.

Die Urteile in Den Haag haben abschreckende Wirkung. Das ist bei aller Unvollkommenheit ein starkes Argument für die Arbeit des Strafgerichtshofs. Die Urteile, die in Den Haag gefällt werden, hinterlassen einen tiefen Eindruck. Auch der skrupelloseste Kriegsverbrecher im hintersten Winkel der Erde kann sich künftig nicht mehr sicher sein, dass er nicht eines Tages wegen seiner Taten zur Verantwortung gezogen wird.

Das Argument gilt aber auch für Männer wie Bush und Blair. Eine Anklage gegen Blair in Den Haag würde einen heilsamen Schock auslösen. [...] Das ist die realpolitische Dimension des „unvorstellbaren" Prozesses gegen Blair.

Ulrich Ladurner, Kriegsherren im Westen, in: Die Zeit, 6.9.2012

Aufgaben

1. Fassen Sie Ladurners Argumentation zur politischen Funktion des IStGH zusammen.
2. Erläutern Sie vor dem Hintergrund der Forderung Ladurners die Möglichkeiten und Grenzen des IStGH, die ihm zugewiesenen Aufgaben wahrzunehmen.
3. Erörtern Sie – unter Berücksichtigung der Leitbegriffe „Recht" und „Macht" – die Position Ladurners.

*Die zentrale Fundstelle eines Begriffes ist **fett** gedruckt.*

A

B

C

D

E

F

G

H

I

K

L

M

N

O

P

R

S

T

U

V

W

Adidas AG, Herzogenaurach – S. 14; AFP Agence France-Presse GmbH, Berlin – S. 52; AMNESTY INTERNATIONAL. Sektion der Bundesrepublik Deutschland e.V., Berlin – S. 96; Kirk Anderson, St. Paul/USA – S. 39

Baaske Cartoons / Dieter Hanitzsch, Müllheim – S. 75; Baaske Cartoons / Gerhard Mester, Müllheim – S. 93, 157; Baaske Cartoons / Thomas Plassmann, Müllheim – S. 8; Bergmoser + Höller Verlag, Aachen – S. 131, 132, 146; Berliner Morgenpost – S. 14; Brot für die Welt, Berlin – S. 107; Bundeszentrale für politische Bildung, Bonn – S. 11, 62, 120

Corbis GmbH / Justin Guariglia, Düsseldorf – Einband

Der Spiegel, Hamburg – S. 67; DIZ Süddeutscher Verlag, Bilderdienst, München – S. 88, 108; dpa Infografik, Frankfurt – S. 6, 13, 20, 26, 32, 50, 72, 81, 82, 84, 138; dpa Picture-Alliance, Frankfurt – S. 90; dpa Picture-Alliance / 91050 United Archives TopFo – S. 106; dpa Picture-Alliance / ANP POOL, Evert-Jan Daniel Pool – S. 154; dpa Picture-Alliance / AP, Chaosoi Cheong – S. 78; dpa Picture-Alliance / Ferhat Bouda – S. 102; dpa Picture-Alliance / EPA, Rahat Dar – S. 15; dpa Picture-Alliance / EPA Mircea Rosca – S. 22; dpa Picture-Alliance / EPA, Stringer – S. 136; dpa Picture-Alliance / Wolfgang Kumm – S. 118; dpa Picture-Alliance / Kerim Okten – S. 119; dpa Picture-Alliance / Carsten Rehder – S. 117; dpa Picture-Alliance / Reiss – S. 106; dpa Picture-Alliance / Joel Robine – S. 78; dpa Picture-Alliance / Roland Weihrauch – S. 90

Fotolia / ag visuell – S. 50

Horst Haitzinger, München – S. 24, 34, 36; Emad Hajjaj, Amman – S. 115; http://www.bundeswehr.de – S. 122/123; http://www.focus.de – S. 94; http://www.kaltoons.com – S. 66; http://www.wikipedia / Flickr – S. 104

iStockphoto / Aleksej – S. 37

Kevin Kallaugher – S. 66; Kurt Fuchs Presse Foto-Design, Erlangen – S. 17

Le monde diplomatique, Atlas der Globalisierung 2012, S. 39, 72f., 17 – S. 50, 83, 86

Nürnberger Menschenrechtszentrum / NMRZ, Nürnberg – S. 155, 156

Gerhard Polt, Heute wegen Tod geschlossen, Zürich 2001, S. 29 – S. 42

Kersten Ringe, Hannover – S. 80

Schwarwel, Leipzig – S. 153; Axel Springer Verlag / BILD vom 15.12.2005 – S. 94; Klaus Stuttmann, Berlin – S. 77, 126

Thinkstock / Hemer – S. 12; Thinkstock / iStockphoto – S. 78 (2); Thinkstock / Photodisc – S. 78; Thinkstock / Stockbyte – S. 6, 69

Thomson Reuters / Ammar Awad, Berlin – S. 112; toonpool.com GmbH / Martin Erl, Berlin – S. 72

Ullstein-Bild / ddp, Berlin – S. 90; Ullstein-Bild / JOKER, Alexander Stein, Berlin – S. 78

Version-Foto / Christian Ditsch, Berlin – S. 22

Harald Welzer, Klimakriege, Fischer TB Verlag, Frankfurt – S. 83